LE TAVOLE D'ORO

DELLO STESSO AUTORE

L'odore del mondo

Radhika Jha

L'elefante e la Maruti

traduzione di
Gioia Guerzoni

NERI POZZA EDITORE

Titolo originale:
The Elephant and the Maruti. Stories

ISBN 88-7305-953-8

Il nostro indirizzo internet è: www.neripozza.it

Il matrimonio

Meenakshi, figlia di Bunny Kapil
sposa
Sanjeev, figlio del signore e della signora P.N. Agarwal

Data: sabato 21 aprile 1995
Ricevimento del Barat: ore 7.30
Matrimonio: ore 20.00

Luogo: Lucky Farms, Chatterpur

La busta mi fu consegnata a mano da un corriere specializzato in matrimoni. Insieme all'invito, il ragazzo mi porse un piccolo biglietto da visita. «Shaandaar Services», c'era scritto. «Più grandi e migliori feste di matrimonio dipendono da una buona consegna. Nessuno è dimenticato». Era un tipo alla moda, con i capelli lisciati dal gel, la coda e le scarpe similoccidentali.

Vagamente intimorita, aprii la busta di seta crespa ed estrassi il biglietto più stravagante che avessi mai visto: un Ganesh in oro vero che, una volta staccato dal cartoncino, diventava un pendente con un sottilissimo filo d'oro. Fissai i nomi sul biglietto. Conoscevo due Sanjeev, uno era un nipote, l'altro era già sposato, e non mi veniva in mente nessuna Meenakshi. Di sicuro mi sarei ricordata di una ragazza con un nome così bello.

Era stata una stagione di matrimoni.

A partire da ottobre, quando la terra si raffreddava abbastanza perché le donne potessero indossare le *sari* di seta, gli inviti incominciavano a fioccare. Al principio della stagione soltanto cinque delle mie compagne di scuola erano sposate, ad aprile ne rimanevano solo tre ancora nubili. Oltre a quelli delle mie amiche, ero andata a una moltitudine di matrimoni meno importanti, di cugini vicini e lontani, di secondo o terzo grado. Questo sarebbe stato il ventiquattresimo matrimonio a cui partecipavo quell'anno.

Soppesai sul palmo il Ganesh dopo averlo staccato dal biglietto. Era abbastanza pesante e di squisita fattura: un Ganesh danzante con un piede alzato, una fiaschetta di vino in una mano e il tamburello di Shiva nell'altra. Gli occhi sonnolenti e socchiusi, la bocca sensuale che si abbassava un poco agli angoli davano al dio dalla testa d'elefante un'aria vagamente dissoluta, un'espressione che conoscevo già. Cercai di ricordare in quale museo o mostra l'avessi visto, ma il dettaglio continuava a sfuggirmi. Alla fine lasciai perdere, e il biglietto, come gli sposi, rimase avvolto dal mistero. Feci scivolare il pendente nella borsa.

Per tutta la settimana non riuscii a fare a meno di toccare continuamente il piccolo Ganesh, sfiorandone la sagoma liscia, sinuosa, la piega della bocca sotto le zanne appuntite, la curva della proboscide. Venerdì ricordai: era Barra. Barrabundla stava per sposarsi, e Meenakshi era il suo vero nome!

Mi tornò tutto alla mente in un lampo. Il ciondolo era la copia di quello che Barrabundla portava sempre al collo quando eravamo al college. Era un Ganesh portafortuna cesellato dal nonno paterno, un orafo di Lahore. Ma l'originale risale a prima della Partizione.

Barrabundla e io eravamo agli antipodi come carattere, ma in collegio eravamo nella stessa classe e avevamo i letti vicini. Sembrava proprio che il destino avesse deciso di farci diventare amiche. Barra era sempre nei guai con gli insegnanti. Quasi tutte le domeniche, mentre noi ce ne stavamo in città a bighellonare in "abiti civili", la povera Barra doveva rimanere dentro in punizione.

Ricordo bene cosa scatenava le punizioni. Una volta fu durante la lezione di matematica. Stavamo studiando le equazioni quadratiche. Barra fissava qualcosa fuori dalla finestra, canticchiando con un filo di voce. L'insegnante di matematica, il signor Sandas, un uomo alto più di un metro e ottanta, corpulento, che si era laureato al National Sports College di Patiala e allenava anche la squadra di cricket della scuola, le disse di mettersi nell'angolo contro la parete. Barra rifiutò, dicendo che soffriva di claustrofobia. Il signor Sandas sembrava confuso. «Classe cosa?» gridò. Barra non rispose, e continuò a contemplare la nebbiolina fuori dalla finestra. Il professore avanzò fino al suo banco. La sovrastava, fissandola con le spesse sopracciglia nere che formavano una dritta linea nera. «Alzati e ripeti quello che hai detto. Classe fobia?»

Tutta la classe scoppiò a ridere.

Alla fine lei lo guardò. «Ho detto claustrofobia», rispose.

Il signor Sandas non riusciva ancora a capire che cosa intendesse. Probabilmente non aveva mai sentito quella parola prima di allora. Così le disse di uscire dall'aula. Barra prese i suoi libri e si allontanò con un gran sorriso. «Presentati in classe per la punizione!» gridò alla sua sagoma ormai distante.

Barra, obbediente, si presentò quella domenica, anche se con un'ora di ritardo. L'insegnante non c'era. Aveva lasciato sulla lavagna un messaggio scarabocchiato in una grossa calligrafia irregolare. «Vieni a casa mia nel Commons».

Il quartiere residenziale dove viveva il professore era assolutamente proibito alle ragazze. Barra non riusciva a prendere una decisione. Se ci fosse andata, la capoclasse l'avrebbe con ogni probabilità castigata. Se non ci fosse andata, il signor Sandas l'avrebbe denunciata al preside per non aver scontato la punizione. Alla fine s'incamminò su per la ripida strada di collina fino al cottage appollaiato appena sopra il *dhobighat*, le scuderie abbandonate che ora fungevano da lavanderia.

Quando rientrammo all'ora del tè, Barra non c'era. Non si fece vedere neanche a cena. Alla sera, appena prima che le luci venissero spente, Barra entrò trafelata in dormitorio. Sembrava stanca. Si spogliò e si infilò nel letto.

«Allora, com'è andata?» le chiesi, sinceramente preoccupata.

Mi guardò senza vedermi. «Benissimo. Sapevi che il tredici e il sette sono numeri sacri e li puoi usare per costruire un edificio alto fino al cielo?»

«Davvero? Non sapevo che il signor Sandas si interessasse di numeri magici».

«Sì, e anche gli esseri umani hanno dei numeri, che si ottengono sommando le lettere del nome o qualcosa del genere. Per quello certe persone si sentono tanto attratte l'una dall'altra. Io sono un tredici, lui un sette».

«Cosa? Ma è assurdo. Scommetto che se l'è inventato».

«No. C'entra con l'algebra».

Ero molto colpita. «È questo che ti ha insegnato durante la punizione? Perché non ce ne parla anche in classe? Le lezioni sarebbero molto più stimolanti».

«È un uomo molto interessante». La sua voce si fece all'improvviso più profonda. Poi mi girò la schiena e si addormentò.

La domenica successiva era di nuovo in punizione. Solo che questa volta arrivò in orario. La domenica dopo, stessa cosa. Ci abituammo al fatto che Barra scomparisse verso le nove di domenica mattina solo per rientrare all'imbrunire.

Alla fine la cosa cominciò a destare sospetti. Fu quella ficcanaso di Nanda, la capoclasse, a insospettirsi per prima, perché i voti di Barra in matematica peggioravano nonostante venisse punita con lezioni extra ogni domenica. Così una domenica le tesero un tranello. Nanda la ficcanaso e il suo amante Fats Futtehalli si avvicinarono di soppiatto all'aula al secondo piano della Burns Hall, dove Barra avrebbe dovuto essere in punizione, e sbirciarono dalle finestre chiuse. La stanza era buia e silenziosa. Barra non c'era. Alla fine la trovarono – lunga distesa e priva di sensi sul pavimento di legno dell'appartamento vuoto del signor Sandas, nuda come un verme tranne che per la mantellina sportiva di seta nera e rossa dell'insegnante, quella che indossava tutte le sere a cena, estate e inverno. In una mano stringeva una foto del signor Sandas, nell'altra uno scacciamosche antico, con il manico d'argento finemente cesellato, del tipo usato nei rituali tantrici. Quanto al signor Sandas, forse gli spiriti che venerava lo avevano messo in guardia su quello che sarebbe successo, perché se l'era svignata nel cuore della notte. Barra fu ritirata da scuola con grande discrezione.

La iscrissero a una scuola di Delhi e non la vidi più, finché l'anno scorso, la sera del mio venticinquesimo compleanno, la incrociai nei bagni del Mumtaz Hotel. Anche se non la vedevo da tempo era impossibile non riconoscerla. Perché ormai tutti conoscevano Barra.

Il nome, Barrabundla, derivava dalle sue dimensioni. Il suo corpo assomigliava a una tinozza di gelato, molle e appiccicoso, sul punto di disfarsi in pieghe di petto, pancia, fianchi e cosce. Tutta quell'abbondanza era racchiusa in una pelle del colore del nocciolo di mango, liscia e scivolosa. Gli uomini perdevano la testa. Ventre, seni e natiche ampie e burrose, lei li faceva impazzire dal desiderio. Solo che, alla fine, era lei a mangiarseli.

Per dieci anni era stata la regina indiscussa della vita mondana di Delhi. Non c'era festa a cui non venisse invitata, dal ballo annuale del club del polo agli incontri tra il partito al governo e i cittadini. Ogni mercoledì sera entrava nel supertrendy Blues Bar nel momento esatto in cui il locale brulicava di corpi e fuori c'era una lunga fila di giovani di belle speranze. La direzione le riservava un tavolo in testa alla sala, che rimaneva visibilmente vuoto finché non arrivava lei, facendosi strada tra i corpi, un tocco su una natica qui, un colpo d'anca là. Teneva corte fino all'alba, concedendo favori e accettando omaggi con grazia innata. Il giovedì si faceva vedere al Camel Court, l'esclusivo night club dello Sheraton. Il venerdì, se non c'era qualche festa a cui andare, la organizzava lei, in casa di uno dei suoi ragazzi. E di sabato beveva e ballava al Darthvader, il club-discoteca appena fuori città, dove le servivano la colazione alle sette.

Ma non erano le feste a renderla famosa: il nome di Barra era sulla bocca di tutti e su tutte le riviste. Si era sparsa la voce che stesse scrivendo un libro sui suoi amanti, e spesso compariva sulle pagine dedicate alla moda, non come modella, ma per commentare gli abiti indossati dalle altre, come il completo che Pooja Mehra, l'ultima attricetta in voga, aveva indossato al Camel Court il fine settimana precedente: «Ha un gusto pessimo, povera piccola, e le gambe come due stecchini»; oppure spiegava come esprimere la propria personalità con il trucco più appropriato. Che parlasse di politica, filosofia o arte, del suo attuale fidanzato o della sua opinione sugli omosessuali di Delhi («Ho tantissimi amici gay, alcuni molto intimi»), Barrabundla faceva notizia.

Il bagno brulicava di ragazzine intente ad applicarsi il rossetto, a spazzolarsi i lunghi capelli lucidi e dritti e a sollevare leggermente le gonne corte e aderenti sulle lunghe gambe magre. Barra e io spiccavamo tra quella folla.

Mi guardò incuriosita, poi sgranò gli occhi.

«Mio Dio! Sei proprio tu, tesoro?»

«Ciao, Barra».

«Sono secoli che non ci vediamo! Dove ti eri nascosta? Sei rimasta in quella scuola orripilante fino alla fine?»

Mi misi a ridere. Mi faceva un gran piacere che mi avesse riconosciuta.

«Dimmi un po', sei felicemente sposata?»

Scrollai il capo.

«Qualcosa in cantiere?» mi chiese ridacchiando.

«Non direi. Adesso lavoro in un giornale. E tu?»

Un'ombra le scurì il volto. Guardò i corpi ossuti nello specchio. «Prima o poi dovrò decidermi. Forse oggi, forse domani». Ridacchiò e mi fece l'occhiolino. «Meglio domani che oggi, sai cosa voglio dire».

«Sì, lo so».

«Tutte le promesse spose sembrano fatte con lo stampino. È terribile».

Lucky Farms si trovava all'estremità meridionale del villaggio di Chatterpur, in un groviglio di strade sterrate senza nessun cartello, con ai lati alti muri sormontati da vetri rotti. Inizialmente la strada era piuttosto larga, fiancheggiata da muri di granito liscio con cancellate di ferro battuto; sui cancelli spiccavano i nomi: Mehra Farmhouse (in oro inciso su granito), Kul Dhan (Sunny Sidhu, Bunny Sidhu e Tiger Singh Sidhu), Anandparbat, Streedhan (S.N. e Minni Verma). Poi la strada incominciò a svoltare e ad attorcigliarsi su se stessa e i muri su entrambi i lati si alzarono. Alla fine le case coloniche lasciarono il posto a cantieri circondati di filo spinato e qua e là si riusciva a intravedere un campo ancora intatto.

Proprio quando stavo per scoraggiarmi del tutto vidi il bagliore giallo solforoso delle lampade alogene, interrotto da ombre nere ondeggianti. L'auto avanzava con cautela sulla strada piena di solchi, stranamente priva del consueto assortimento di BMW, Mercedes, Toyota e Maruti Esteem. In un cantiere deserto nei paraggi, vidi un cavallo bianco tutto bardato e un gruppo di personaggi inzaccherati intorno alle lampade a gas di una banda nuziale. Sembravano minuscoli davanti agli enormi muri che li sovrastavano. Sentii una fitta di nervosismo: forse ero nel posto sbagliato.

La strada svoltò bruscamente a destra e all'improvviso mi trovai di fronte a una gigantesca cancellata nera, sei metri di lastra di ferro puro con tanto di spuntoni in cima da cui pendeva qualche fradicia ghirlanda di tagete. Parcheggiai sul bordo della strada e suonai il campanello. Un minuscolo quadrato di luce si formò nell'uniforme oscurità del cancello. Spuntò il viso sospettoso di un *gurkha*. «Lucky

Farms?» chiesi esitante. «C'è un matrimonio qui?» Per tutta risposta, la guardia chiuse con violenza lo sportellino. Un minuto dopo nel muro di ferro comparve una fessura che si aprì quanto bastava per far passare un essere umano.

Al di là del cancello, su entrambi i lati del vialetto d'entrata, ai cespugli di rose erano stati appesi numerosi lampioncini verdi, rossi e azzurri. Un bar all'aperto, con i bicchieri di cristallo vuoti, chiudeva un angolo del giardino. In un altro angolo c'era il buffet, con i vassoi d'argento vuoti che poggiavano sui fornelli spenti. I prati impeccabili erano deserti. Il *mandapa*, dove doveva svolgersi il matrimonio vero e proprio, non si vedeva da nessuna parte.

Mi ritrovai da sola all'inizio di un lungo viale sabbioso, decorato con petali di rosa e di tagete. Altri petali gialli e rosa erano sparpagliati sul sentiero che portava a una grande villa bianca a un solo piano eretta sul fianco di una collinetta artificiale. Un cameriere apatico mi disse di seguire il sentiero intorno alla casa fino al retro e di entrare dalla porta finestra. Seguii le sue indicazioni e mi ritrovai in una sala enorme. Il pavimento era bianco e nero come una scacchiera, enormi lastre da un metro per un metro di marmo italiano e lucido granito nero. Su un lato della sala c'era una fontana di marmo con al centro un cigno di cristallo, dal cui becco sgorgava un esile rivolo d'acqua colorata di rosa. La sala era inondata dal freddo bagliore lunare dei neon nascosti da sinuose cornici barocche lungo le pareti. Spesse tende di velluto color melanzana coprivano le finestre allineate sul lato opposto. I divani di legno di rosa elaboratamente intagliato erano foderati con lo stesso tessuto. Il tappeto sfoggiava un disegno di enormi rose fucsia su sfondo giallo. Mi ci volle qualche minuto per rendermi conto che c'erano delle persone.

L'età media dei presenti si aggirava sui cinquantacinque anni, il peso medio sui novanta chili, in gran parte grasso ancorato saldamente su fianchi, cosce e natiche o mollemente pendulo in flaccide pance. Gli uomini dai baffi cascanti indossavano gilet e se ne stavano appoggiati alle pareti o dietro le poltrone dove erano accomodate le mogli. Le donne, quasi tutte sposate, erano sedute in una fila di crepitanti sete di Kanchipuram sui divani ricoperti di velluto e parlavano sottovoce con bisbigli a malapena udibili al di sopra del ronzio dell'aria condizionata. Non c'erano sorrisi né risate e circolavano soltanto bibite e stuzzichini.

In mezzo a tutti quei colori, la madre di Barra sembrava più una vedova che la madre della sposa. Era vestita con una semplice *sari* bengalese bianca e non aveva il trucco, le ciglia finte e l'acconciatura ad alveare in cima alla testa di quando andava a trovare sua figlia a scuola. Era tutto cambiato quando, tre anni prima, la madre di Barra aveva saputo che il marito frequentava un'amante in un appartamentino su Kidwai Nagar, a poca distanza dall'abitazione della nonna di Barra. Così la madre di Barra era diventata *sanyasi* e si era trasferita a Rishikesh dove, dopo aver vissuto per un anno con un *sadhu,* aveva ritrovato la pace.

Il padre di Barra era un uomo elegante e giovanile, tutto vestito di nero. L'unico tocco bianco erano i capelli, raccolti in una coda di cavallo. La sua amante indossava una sari a lustrini blu pavone, i capelli lunghi fino alle ginocchia intrecciati con diamanti. La sua risata era più sonora delle altre e continuava a chiedere dov'era la "cara Barrabundla". La madre di Barra manteneva una calma distaccata, ignorando i commenti chiassosi dell'altra donna. Nulla tradiva la sua irritazione, tranne un leggero tremolio dell'occhio sinistro.

L'aria era calda e pesante nonostante i condizionatori. Dai bovindi aperti l'aria fresca si riversava nell'afosa notte primaverile. Le donne si facevano aria con i tovagliolini di carta. Poi un'acuta voce femminile spezzò il silenzio letargico. «Dov'è la bella sposina?»

«Dev'essere nella stanza rosa», rispose un'altra voce.

«Allora passeranno la notte qui?»

«Sì. La casa è dello zio dello sposo. Produce i ricambi per le penne a sfera Bic».

«Davvero? La famiglia della sposa non poteva trovarsi un posto dove celebrare il matrimonio?»

«Ssst. Lo so, lo so. Ma il padre è un alcolizzato, un donnaiolo e in più gioca d'azzardo. Pare che abbia dato all'amante tutti i gioielli della moglie. Vedi la parure di zaffiro che porta...»

«Chi? Dove?»

«Quella donna con la sari blu... è lei», spiegò qualcuno, indicando l'amante del padre di Barra.

«E lo sposo? Che lavoro fa?»

«Oh, fa cinturini per orologi, ma ho sentito dire che vuole espandersi nella bigiotteria».

In quel momento entrò una giovane donna vestita all'ultima moda, il viso una maschera di perfezione. Una spessa riga di eyeliner nero sottolineava lo sguardo misterioso, l'ombretto oro opaco accentuava la curva delle palpebre, le labbra erano di un rosso audace con il contorno nero. Il corpo magrissimo era ricoperto da una tuta color rame scuro. Portava un girocollo d'argento di foggia tribale. Si fermò un secondo sull'entrata e sul suo viso si dipinse un'espressione di sgomento per essere arrivata troppo presto. Poi gettò indietro i lunghi capelli neri che le ricadevano con naturalezza su una guancia e attraversò rapidamente la sala, diretta verso il retro dell'abitazione, dove immaginavo si fossero nascosti tutti i giovani. La seguii.

Un labirinto di corridoi di marmo portava dalla sala con i divani di velluto alla camera della sposa. Su una targa d'ottone incassata nella porta spiccava la scritta «stanza rosa». Sbirciai all'interno pensando che Barra fosse lì a prepararsi. Il pavimento era ricoperto di rose e tageti. Anche le tende di seta erano rosa, con un ricamo di gigli argentati. Allineati contro le pareti c'erano alcuni divanetti rosa rigonfi con paffuti cuscini rossi. Nei vasi disposti sui tavolini di mogano, gladioli color fiamma e tuberose bianche davano il loro contributo alla confusione generale. Ai quattro angoli della stanza, quattro fontane in miniatura spruzzavano acqua colorata di rosa dai minuscoli peni di cupidi ridenti. Nell'aria aleggiava *attar* di rose, che impregnava anche le tende e il pesante mobilio.

Il centro della stanza era dominato da un imponente letto a baldacchino in legno di rosa su cui era drappeggiato un copriletto dorato, anch'esso cosparso di petali di rosa. Ben in vista sul letto enorme c'era un incredibile completo di lingerie rosa e una minuscola camicia da notte, tutta pizzi e trasparenze. Era tutto pronto, in attesa, nulla era stato toccato. I cuscini sui divani erano ordinatamente allineati, i petali di rosa sul pavimento e sul copriletto intatti. In un angolo, un piccolo fagotto bianco e marrone attirò il mio sguardo. Lo spaniel di Barra, Dotty, alzò il muso con uno sguardo interrogativo negli occhi afflitti: dov'era Barrabundla?

In quello stesso istante, Barra sfrecciava a novanta all'ora per le strade di Delhi, con Shiv e la sua novella sposa Parvati nella loro nuova Maruti Esteem.

In un turbinio frusciante di seta color pesca, Barra comparve.

«Oh, mi dispiace, sono in ritardo. Ho perso la cognizione del tempo», si scusò senza troppa convinzione.

«Al tuo matrimonio?» ribatté asciutta sua madre.

«E allora, cosa te ne importa? Non ti sposi mica tu, no?»

«Grazie a Dio no. Sarei morta di vergogna».

«Grazie. Ora, ti dispiace uscire dalla mia stanza nuziale, mamma?»

In realtà Barrabundla era nervosa. Alle sei del pomeriggio, invece di prepararsi, si era chiusa in bagno, e dopo essersi spogliata, si era distesa sulle piastrelle bianche e nere e aveva ingurgitato tonnellate di gelato. Quando i suoi amici erano arrivati alle sette per accompagnarla a Lucky Farms, Barra era ancora in bagno. Alle otto, quando i colpi alla porta erano diventati cannonate incessanti, Barra aveva aperto la porta. «Sono pronta», aveva annunciato, con rivoletti di sudore che le colavano sul corpo tra le macchie di gelato rappreso. Poi aveva vomitato.

Gli amici che erano andati a prenderla non erano eccessivamente stupiti. Si aspettavano qualcosa del genere. Barrabundla era famosa per le sue sorprese, perciò tutti andavano alle sue feste. Girava voce che una volta l'aveva fatto con cinque ragazzi contemporaneamente. Realtà o leggenda? Le donne giuravano che era vero, gli uomini non ne erano così sicuri. Ma ciò su cui potevano contare erano la gentilezza e il buonumore inesauribili di Barra, e le grandi bevute che si facevano con lei. Così aveva molti amici tra i membri del sesso opposto. Le donne non contavano, loro si limitavano a seguire gli uomini.

Shiv e Parvati l'avevano spinta sotto la doccia. L'avevano schiaffeggiata un paio di volte, e Shiv le aveva pizzicato l'ultima volta i capezzoli a girasole. Le donne l'avevano asciugata e avevano pigiato il suo corpo nel *lehnga* di seta carico di strass e lustrini. Le avevano infilato dalla testa il *kurta* non troppo lungo e le avevano schiacciato i seni nelle cavità giuste. Non c'era tempo per il *dupatta*, così avevano deciso di lasciarlo per dopo, quando avrebbero raggiunto la fattoria, che distava ancora un'ora abbondante.

«Allora Barra, come ti senti adesso che stai per sposarti?»

«Mi sposo? Oh, ma certo», rise. «Con chi?»

«Stupida, con Sanjeev».

«Dio, mi ero quasi dimenticata di lui. Dov'è?»

Sanjeev se ne stava nel parcheggio fangoso davanti ai cancelli della villa di campagna, insieme agli altri invitati. Stava facendo quello che faceva sempre quando c'era di mezzo un appuntamento con Barra: aspettava. Ma aspettare gli si confaceva. Gli piaceva starsene seduto, gli enormi muscoli palestrati a riposo, i pensieri che gli sfrecciavano a caso per la testa, senza che da lui ci si aspettasse altro se non attendere che Barra arrivasse e prendesse in mano la situazione.

Lo stesso accadeva con il rituale della preparazione. Barra non permetteva mai di guardarla. Rovinava la sorpresa, diceva. Perciò era costretto ad aspettarla in camera da letto, una mosca gigantesca intrappolata in un bozzolo disordinato di vestiti, biancheria sporca e lenzuola, mentre di là il ragno si preparava. Dalla porta del bagno arrivavano i rumori, l'acqua che scorreva, Barra che pisciava, Barra che faceva i gargarismi, tiro di sciacquone, carta strappata, tende della doccia fruscianti, un grido di dolore, Barra che si era fatta male, Barra ansimante, Barra che ridacchiava, Barra che parlava da sola. Da sotto la porta, lievi folate dell'odore di Barra gli arrivavano alle narici riempiendolo di desiderio. Per Sanju il bagno era il tempio di Barra, un luogo di magia e mistero, di onestà e inganno, applicati in strati successivi per ubriacarlo. Sanju giaceva in una specie di trance davanti alla porta del bagno chiusa a chiave. Pian piano il suo corpo si trasformava in liquido e colava nella fessura tra il pavimento e la porta, diventava acqua e ricadeva sul corpo nudo di lei, schiena, braccia, seni, ventre, fianchi e cosce, o si mutava in vapore e si posava come una serie di diamanti sui suoi peli pubici, diventando tutt'uno con il corpo di lei.

Ma per gli altri partecipanti al matrimonio l'attesa era un purgatorio. Il calore era spesso come cioccolata, ostruiva i pori e opprimeva i polmoni. Un tuono spezzò l'aria sospesa, ma fu soffocato quasi subito.

Alla fine cominciò a scendere una pioggia leggera. Dalle tenebre spuntarono milioni di zanzare, che cominciarono ad aggredire tutti i presenti. Gli aloni di luce intorno alle lampade a cherosene della banda si misero a danzare, brulicanti di minuscoli corpi in lotta. Ben presto la pioggia impregnò le raffinate *sari* delle donne e i *kurta* di seta degli uomini, liberando svariati odori, di sudore stantio, di fumo vecchio e di palline di naftalina, e accrescendo il disagio generale. Per Sanju, però, anche la pioggia alimentava il desiderio: l'odore di terra arida e di sudore umido gli ricordavano prepotentemente Barra.

Appena Barra usciva dal bagno, Sanju ci entrava, chiudeva la porta e ispirava a fondo, risucchiando la sua essenza nei polmoni. Poi si slacciava i pantaloni e si guardava nello specchio, con il membro che si inturgidiva tra le boccette e i contenitori e il disordine femminile intorno al lavandino.

«Cazzo, amico, il tuo cavallo ha scoreggiato», annunciò Gothru tappandosi il naso.

«Stronzate».

«No, l'ha appena fatto».

«Merda. Dov'è Barra?»

Sanju era nervoso. L'esemplare che gli avevano dato, un enorme cavallo da tiro bianco, lo impauriva. Quando aveva cercato di montarlo, la bestia si era abbassata di colpo sulle zampe anteriori, come un cammello. Sanju aveva afferrato la criniera per tenersi in equilibrio, ma la dannata bestiaccia aveva cominciato a rialzarsi. Così Sanju era caduto e il suo giacchino dorato si era coperto di fango. Tutti, persino i suoi grandi amici Bappi, Gothru e Sunny, erano scoppiati a ridere. «Se è così che intendi montare tua moglie», aveva gridato qualcuno tra i presenti, «non andrai molto lontano, Sanju».

«Chiudi il becco», gridò Sanju infuriato.

Qualcuno portò una spazzola e cercò di pulire il giacchino, peggiorando solo le cose perché il fango, ancora bagnato, si spalmò come burro di noccioline.

Sanju ci provò di nuovo. Questa volta c'erano quattro uomini a tenere il cavallo, uno per zampa. Sanju si mise accanto al cavallo e immaginò di montare Barra. Afferrò la criniera con la mano destra, mise il piede sinistro nella staffa e, tenendo la sella con l'altra mano, si issò. Il povero animale balzò di lato in preda al panico, e Sanju cadde in avanti, tentando di aggrapparsi a qualcosa. Strinse una manciata di peli e cercò di infilare meglio l'altro piede nella staffa. Il cavallo nitrì, Sanju mollò la presa e afferrò la sella.

«Volete reggere 'sto cavallo?» sibilò agli uomini accanto a

lui, che lo fissavano in modo strano. Sanju alzò lo sguardo e si rese conto con orrore che, chissà come, era salito sul cavallo al contrario. «Oh Dio», gemette. Questa volta, mentre si lasciava scivolare giù dal cavallo, risero in pochi.

Poi, proprio quando stava per riprovarci per la terza volta, Gothru ebbe un'illuminazione. «Ehi amico, aspetta. Ci sono», gridò. Afferrò una sedia e la mise accanto al cavallo. Sanjeev salì sulla sedia e poi montò in sella. Semplice.

«Dammi una sigaretta, *yaar*».

«Mi dispiace *yaar*, ma è l'ultima».

«Vai a chiedere a quelli della banda».

«A dire il vero, avrei bisogno di qualcosa da bere».

«Dovrai aspettare Barrabundla per quello».

Sanju vide sua sorella avvicinarsi con quel suo passo da papera, scura e minacciosa nella vistosa *salwar kameez* rossa. «Dove diavolo è finita?» lo aggredì. Subito notò la giacca macchiata di Sanju. «Cos'hai combinato? Sai che quell'*achkan* che indossi è costato dodicimila rupie? Così conciato non potremo nemmeno darlo allo spazzino».

«Oh, finiscila. Anche tu ti sposerai tra un po'», rispose Sanju con aria stanca, ma lei si arrabbiò ancora di più.

Disse con un sogghigno: «Meglio stare soli che sposare il genere di ragazza che hai scelto tu. Che vergogna per la nostra famiglia... Riesce ad arrivare in ritardo persino al suo matrimonio!» All'improvviso un pensiero le schiarì lievemente il viso. «Dici che verrà? Sei sicuro che non abbia cambiato idea?»

«Sta' zitta. L'ha promesso», brontolò Sanju, sperando che se ne andasse.

Bappi arrivò con la sigaretta. La sorella di Sanju si allontanò subito. Detestava Bappi quanto detestava Sanju, ma in più Bappi le faceva paura. Quando erano a scuola le aveva appiccicato in testa delle gomme da masticare, perché lei gli aveva rubato i giornaletti porno che nascondeva e li aveva mostrati a sua madre. Avevano dovuto raparla a zero e i capelli non le erano mai più ricresciuti così lunghi.

«Il tizio della banda ha voluto dieci rupie», disse Bappi con una smorfia.

«Cosa? È un furto!» gridò Sanju.

«Lo so. Ma ha detto: "Dopotutto è un matrimonio, *sahib*"», ribatté Bappi.

«Va bene, va bene. Hai preso i fiammiferi?»

«Oh merda, mi sono dimenticato».

«Vai a prenderli, cretino. Per dieci rupie a sigaretta almeno potrebbero darci da accendere gratis». Sanju gridava per il nervoso. Gli faceva bene buttarlo fuori. Lo zio di Sanju lo sentì. Si avvicinò al cavallo e porse un accendino al nipote. Sanju inalò profondamente. La punta rossa della sigaretta brillò.

«Allora, cosa ci trovi in quella ragazza, *beta*?» chiese lo zio, alzandosi in punta di piedi vicino al cavallo. Quello zio era il fratello di sua madre, il magnate delle ricariche Bic. Era scapolo, e avrebbe lasciato tutto a Sanju. Era già alticcio, visto che si era servito senza scrupoli degli alcolici trasportati nella Maruti Esteem che aveva seguito a una certa distanza il cavallo da tiro di Sanju.

«Perché hai scelto quella donna quando tua madre avrebbe potuto trovarti una principessa? Che cos'ha di così magico?»

Sanju non riusciva ad aprire bocca. Sapeva che suo zio, l'unico che contava davvero, l'imperatore del commercio di ricambi Bic con una fetta del mercato del settantotto per cento, stava cercando di aiutarlo, di fargli capire che era dalla sua parte.

Continuò a punzecchiarlo in tono divertito. «Su, spiegami, *yaar*. Sono solo un povero scapolo, poco esperto in fatto di donne». Rise della propria battuta e strizzò l'occhio al nipote con fare complice. Tutta la famiglia sapeva che frequentava un bordello a Churiyanwaligali ed era da tempo l'amante di una ballerina musulmana di nome Shabnam.

Bloccato in cima al suo amico a quattro zampe, Sanju

succhiò avidamente la sigaretta e incominciò: «È ... ti entra nella pelle, zio».

Lui lo fissò senza capire.

«No... cioè... no...» ci riprovò Sanju. «È solo che... be', semplicemente la senti sulla pelle anche quando non c'è, come un profu... il suo odore...» La sua voce si affievolì pian piano, mentre si rendeva disperatamente conto di quanto le sue parole sembrassero stupide.

Fissò il viso virile e baffuto dello zio, lucido di minuscoli rivoli di sudore che gli colavano ai lati del naso e nei baffi. In che modo poteva spiegare a suo zio, con quel suo abito bianco di un tessuto lucido da due soldi, che gli aveva presentato le puttane di Old Delhi, come l'essenza di Barra, il nucleo del suo fascino, stesse nel complesso cocktail di odori che la avviluppava e le galleggiava intorno quando si muoveva, e che ti si appiccicava addosso quando ti lasciava, facendoti impazzire di desiderio?

«Il suo odore?» scoppiò a ridere suo zio. «Allora è il profumo, eh? Dovevi proprio cadere in una trappola così stupida... E pensare che avrei potuto comprarti un'intera fabbrica di profumi con un bordello annesso, se è bastato quello a fregarti. Sono davvero deluso, nipote mio». Scrollò il capo. Minuscole gocce di sudore volarono in tutte le direzioni, catturando la luce.

«No zio, non è un profumo in particolare, è... è il suo odore...» tentò di spiegare Sanju.

Da tempo cercava di individuare i vari ingredienti della magia di Barra, ma invano. Se andavano insieme da qualche parte, il suo odore era diluito dall'alcol e dal fumo, e a Sanju non restava che inseguire la fragranza adolescenziale di rose e latte del suo sapone. O il deodorante, o l'acre odore medicinale della sua crema per i brufoli o quello della cipria, secco e leggermente amaro, o lo stagnante odore di petrolio del suo rossetto, la vaselina, lo smalto per le unghie e l'Oil of Olay.

A parte quegli odori ordinari, che rappresentavano comunque le fondamenta del suo fascino, c'erano gli odori più personali: quello dei suoi capelli, del sudore, della pelle, della pipì, odori fungosi, affumicati come il latte bruciacchiato o il rigurgito di un neonato. Qualche volta ritrovava l'aroma secco e farinoso delle sue braccia nell'odore delle ceneri, quello del suo sudore nei rigagnoli lievemente traboccanti del monsone, e dell'interno delle sue cosce nell'incenso, nella frutta troppo matura e nel gelato alla vaniglia. L'odore di un falò all'aperto gli ricordava la fragranza dei suoi capelli e, seduto in macchina a fare benzina nella stazione di servizio vicina al più grande mercato di frutta e verdura di Delhi, percepiva il profumo della sua bocca.

«Bocca», disse ad alta voce, la parola che gli usciva dai polmoni come un sospiro.

«La sua *cosa*? Sembri stregato. Allora quella donna ti ha davvero stregato, come mi ripete sempre tua madre?» Gli occhi dello zio sembravano sgranarsi sempre di più.

«Certo che no, zio. Mia madre è solo gelosa perché non ho sposato una donna scelta da lei. È bellissima, una *gori,* ha dei fianchi meravigliosi, e la pelle... E suo nonno era un funzionario statale».

«E pure povero. Cosa c'entriamo con quella gente? Cosa ne sanno di affari? E si aspettano anche che gli diamo da mangiare. Per voi giovani... la dote non è più di moda, vero? Quello che andava bene ai vostri genitori a voi non basta, giusto?»

«No, zio, è che...»

«E come l'hai conosciuta? Quante volte l'hai vista prima di dirlo alla tua *bechari* madre? E da dove arriva quel nome? Non è nemmeno un nome indù».

«L'ho conosciuta a una festa», ribatté Sanju. Il caldo gli dava alla testa e il ritardo di Barra cominciava a preoccupare anche lui. Un gemito smorzato di Gothru lo costrinse a guardare in basso, e Sanju si morse la lingua per l'orrore quando si ricordò che stava parlando con suo zio.

«Una festa? E così oggi ci si sposa alle feste...» Il tono di suo zio era ingannevolmente dolce.

«La festa di chi?» ringhiò. «Di Gothru? O di Minnu?»

«No, zio. Era di qualcuno che non conosci».

«So tutto delle vostre famose feste, della musica da discoteca e del bere». Suo zio gridava ormai, in un goffo miscuglio di inglese e punjabi.

Sanju cercò disperatamente di zittire suo zio, la cui voce ubriaca si faceva sempre più forte. Le macchine superavano piano lo spiazzo sabbioso, e i passeggeri li fissavano incuriositi.

All'improvviso spuntò il fratello di Barra. «È arrivata. Saremo pronti ad accogliervi tra cinque minuti». All'improvviso tutti si rianimarono. I membri della banda accesero le lampade a gas e accordarono gli strumenti, i cavalli nitrirono e scalpitarono, i cammelli si alzarono, i membri del *barat* indossarono i turbanti rosa e qualcuno porse a Sanju il suo, decorato con oro zecchino e con il velo formato da migliaia di minuscoli diamanti. Le donne, guidate dalla madre e dalla sorella di Sanju, cominciarono a cantare.

La banda attaccò *Amma dekh*. Nipotini e nipotine in abiti di pizzo e lustrini e minuscoli *achkan* dorati cominciarono a ballare. Gothru convinse sua madre a dimenare il sedere enorme ma sodo accanto alle proprie natiche scarne. Bappi faceva volteggiare sua sorella. Il fratello di Barra, un appassionato giocatore di polo come suo nonno, si avvicinò a Sanju e afferrò senza paura le redini del cavallo. Li avrebbe guidati lui. Il gruppo ondeggiava e si trascinava in una fila disordinata, procedendo lentamente sulla strada battuta verso il gigantesco cancello nero. Qualcuno l'aveva ornato con ghirlande di fiori, e sembrava meno inaccessibile. Gli invitati entravano a frotte. Dietro il velo Sanju li osservava: non conosceva nessuno.

Un gruppo di belle ragazze costeggiava il viale d'accesso reggendo le *diyas*. Sanju smontò goffamente da cavallo. Qualcuno sogghignò. Le ragazze, pensò, si sentono tutte così maledettamente superiori, ti sculettano in faccia al Camel Court, sorridono, si fanno offrire una bottiglia di birra da trecento rupie e un minuto dopo ti mandano a quel paese.

I flash delle macchine fotografiche lampeggiavano, la folla (ormai c'erano più o meno cinquecento invitati) gridava e batteva le mani. Sotto il fuoco incrociato dell'entusiastica interpretazione della marcia nuziale di Mendelssohn da parte della banda militare e dell'altrettanto focosa versione di *Choli ke piche kya hai* della banda nuziale, comparve Barrabundla. Indossava il *ghaghra* tradizionale delle spose punjabi, ma era grigio-argento e nero invece che rosso, rosa o degli altri colori che le spose scelgono abitualmente. Enormi rose argentee le si arrampicavano sul ventre, le circondavano il seno ed erompevano in uno splendore perlato sui capezzoli. La tunica di seta aderente comprimeva le sue carni in ordinate sezioni di vita, fianchi e seno.

Con portamento maestoso Barra si aprì un varco tra la folla, fermandosi qua e là per salutare un amico: un politico con una voglia porpora sulla guancia destra, simile a una macchia d'inchiostro, un conte austriaco, il suo parrucchiere eunuco Isaac, Ayesha e il suo amico stilista, Randy, il dj australiano dell'Encounter, il locale più nuovo e alla moda in città. Sanju riconobbe la donna che lo accompagnava, la sensuale Ritu. Shiv, il cui padre fabbricava i fanali della Maruti, era accanto alla moglie evidentemente annoiata, la figlia del generale Rawat. Tutti sciamavano intorno a Barra, centinaia di visi e teste che Sanju aveva visto solo sulle riviste. Scandagliò la folla in cerca dei suoi amici. Non li vedeva. Probabilmente erano al bar, concluse amareggiato.

Rimasto solo sul palco nuziale, perso nelle ombre dense create dalla fulgida entrata di Barra, Sanju si sentì all'improvviso piccolissimo. Ci sta mettendo un sacco di tempo, cos'ha in mente quella donna?

Quando finalmente Barra lo raggiunse sul palco, Sanju le disse in tono irritato: «Perché ci hai messo tanto?»

«Cosa vuoi dire?» ribatté lei, mentre il suo gran sorriso si irrigidiva.

«*Beti*, sei stupenda, proprio come dev'essere una sposa», dichiarò con entusiasmo una delle numerose zie vedove e indigenti di Sanju.

«Voglio dire che ti ho aspettato per quasi tre ore, ecco cosa. Pensavo di tornarmene a casa», disse Sanju in tono bellicoso.

Pian piano, il viso di Barra diventò porpora. «Puoi ancora andartene», gli disse, «troverò qualcuno che mi sposi subito, qui, tra gli invitati».

Prima che lui riuscisse ad aprir bocca, fece un passo verso la folla.

«C'è qualcuno qui che mi vuole sposare? È un'occasione d'oro, perché Sanju ci sta ripensando. Quindi conterò fino a tre, e sposerò il primo che sale su questo palco. È la vostra notte fortunata, ragazzi, perché Sanju non sa bene quello che si perde. Alcuni di voi non sono così stupidi, lo so. Uno...»

La banda smise di suonare. Silenzio, poi qualche esitante risolino, subito soffocato.

Barra proseguì: «Avanti, Shiv, so che ti piacerebbe. Devi solo convertirti e poi potrai avere due mogli, o separarti da quella vacca che hai di fianco». Le risate si fecero più coraggiose.

«Due». Lo zio di Sanju salì sul palco sventolando le mani, sorridente e sudato. «Su, *beti*. Sanju scherzava. Anche tu scherzavi, no? È un bello scherzo. Molto divertente. Ma adesso voi due dovete sposarvi in fretta, altrimenti l'ora propizia passerà, e sarebbe una sventura. Non bisogna scherzare col destino». Il sudore gli colava su tutto il viso.

Anche il padre di Barra salì sul palco e le porse in silenzio una ghirlanda di tageti. Dall'altro lato, la madre di Sanju gli porse la sua ghirlanda senza guardarlo in faccia. Sanju percepì la sua rabbia, la vergogna. «Scusa mamma», le mormorò. La banda *barat* attaccò a suonare con foga, per compensare la precedente interruzione. L'altra banda si unì subito. Si sentiva anche uno *shehnai*.

Sanju si voltò umilmente verso Barra, che adesso gli sorrideva. «Scusami tesoro, è te che voglio sposare», gli bisbigliò. Prese la ghirlanda di tageti con un timido sorriso. Il suo corpo ondeggiò verso di lui, avvolgendolo nel caldo odore di latte e miele. Lo baciò, facendogli scorrere i denti sul labbro inferiore, proprio come gli piaceva, come lei gli aveva insegnato ad apprezzare.

Speranza

Fuori ci sono quarantatré gradi e il sole ha trasformato l'asfalto in una palude glutinosa. Il fiato rovente della *loo* fa danzare le foglie a stiletto degli eucalipti. Sono l'unica cosa che si muova con qualche grazia o energia.

«Otto minuti prima che venga il verde», sottolinea Sheila, gettando un'occhiata al mosaico di macchine e autobus davanti a noi.

«Già», dico con un sorriso. Con lei accanto l'attesa è un piacere.

«Meno male che non guido. Ci sono troppe macchine a Delhi, ormai. Troppe macchine e troppa gente».

Stacco le mani dal volante. L'osservazione comprende anche me?

Su entrambi i lati le auto si pigiano in ogni centimetro di spazio libero finché non ne rimane più. Giro la bocchetta di ventilazione tutta verso di me e mi concentro sulla musica che esce dallo stereo. La mia mente si fonde con la voce che canta e mi sento vicino alla beatitudine, come si può essere in una calda mattina d'estate a Delhi.

Un anno dopo essermi trasferito a Delhi da Patna, la fatiscente capitale del Bihar, per occupare il posto di corrispondente speciale per il *Business and Political Monitor*, Sheila e io ci scontrammo letteralmente al mercato di Kalkaji una domenica mattina. Aveva appena comprato il latte, mentre io ero ancora in fila. Approfittando dei suoi privilegi di donna, aveva saltato la coda. Scorgendomi disse: «Se l'avessi vista prima, avrei preso il latte anche per lei».

Sheila è la donna più bella dell'ufficio. E scrive benissimo, in un inglese perfetto. Non cerca mai le parole nel vocabolario. E poi è indipendente e single. Per questo mi intimoriva tanto che non le avevo mai parlato finché non ci siamo scontrati al banchetto del latte. Il giorno dopo mi si piazzò davanti, di fronte a tutti, e chiese se potevo darle un passaggio fino a casa. Avevo appena comprato la macchina con un leasing sponsorizzato dalla compagnia proprietaria del giornale e ne ero molto orgoglioso. Non avevo risparmiato sugli accessori, vernice speciale, aria condizionata e persino uno stereo con quattro altoparlanti. Nonostante ciò, quando Sheila allungò nell'auto le lunghe gambe fasciate nei jeans, mi sentii un ragazzotto di campagna mal vestito più che un guerriero che conquistava ogni giorno la metropoli nel suo carro nuovo fiammante. Quando mi chiese di accompagnarla il giorno dopo, e poi ancora quello successivo, mi convinsi sempre più che un vero re-guerriero doveva avere una bellissima regina da proteggere. E che quel gioiello era proprio Sheila, donatomi da Delhi, la mia nuova casa.

Un bussare insistente sul finestrino spezza la trama di ritmo e melodia in cui siamo racchiusi. Immagini unte di donne truccate in pose sexy vengono appiccicate al parabrezza, e il ragazzino che ce le ha messe compare all'improvviso sull'altro lato, con gli occhi imploranti.

Sheila increspa le labbra con fare affettato. «Chissà cosa pensa di fare quel ragazzino andando in giro con delle donne mezze nude strette al petto. Non dovrebbero permettergli di vendere quella roba per strada, è osceno».

Gli occhi del ragazzo mi attirano. Sarebbe una bella immagine di apertura per un articolo a tinte forti sul degrado urbano di Delhi: gli occhi ansiosi del ragazzo, le donne vistose e la tomba di Humayun sullo sfondo. Mi volto per dirlo a Sheila, ma noto che sta fissando disgustata un uomo che preme il naso solcato di venuzze sul suo finestrino, sventolando i suoi stracci arancioni. Sheila e io scuotiamo il capo con forza, ma lui non se ne va subito, prima la guarda, per fare il pieno della sua bellezza. Appena se ne va, un altro tizio prende il suo posto e cerca di venderci delle statuette in plastica di Hanuman, Ganesh e Lakshmi. La sua voce fievole è un biascichio monotono, stanco, le parole scorrono l'una nell'altra senza pause. Sheila e io ci guardiamo.

«È sempre peggio. Non c'è nemmeno più lo spazio per respirare», dice Sheila. «Sta diventando una vera e propria invasione». Nella sua voce c'è una sfumatura stridula di panico.

«Sono quasi un esercito», mi sento in dovere di aggiungere.

«Sì, ed è ancora peggio. Non puoi ragionare con i poveri. Non ascoltano nessuno. Devono essere rispediti indietro».

«Rispediti? Dove?» Mi agito a disagio sul sedile.

«So che mi considererai disumana», dice, «ma sono solo pratica. Guardali, pensi che venderebbero schifezze per strada se trovassero qualcosa di meglio da fare?» All'improvviso si anima. «Hai letto il giornale di domenica? Raccontava di una tomba del tredicesimo secolo scomparsa perché alcuni senzatetto del Bangladesh hanno usato le pietre per costruirci delle *jhuggi.* E non era nemmeno in prima pagina, pensa. Che differenza c'è con gli afghani che distruggono Bamiyan, me lo dici?»

«Prima di tutto erano talebani, non afghani». La correggo. Dev'essere preoccupata per qualcosa, mi dico.

«I talebani sono afghani», insiste lei. «Sono musulmani, no? E questi stranieri fanno la stessa cosa qui da noi». Ieri sera deve aver ricevuto delle brutte notizie. Forse un parente in punto di morte. Ci fermiamo a un altro incrocio e mi guardo intorno nervosamente per vedere se ci sono venditori o mendicanti. Miracolosamente l'incrocio è libero. Sheila continua la sua sfuriata. «Sai che ho l'acqua soltanto due ore al giorno? La *jhuggi* invece ha l'acqua tutto il giorno. Non vedo l'ora che arrivino i bulldozer a sgombrare tutto».

Sconvolto dico: «Ma... quelle sono le loro case».

«Da quando in qua i parassiti hanno diritto a una casa?» ribatte lei con freddezza.

Mi giro a guardarla. «Cos'hai oggi, Sheila? C'è qualcosa che non va?» Lei distoglie lo sguardo e rimane in silenzio. Poi dice: «Magari tu sei abituato ai mendicanti, nel tuo paese, ma io no. Quando ero piccola, a Delhi ce n'erano pochissimi. Guarda adesso. Non lo sopporto più, il modo in cui ti piantano gli occhi addosso, chiedendo di più, non importa quello che gli dai. E se dai qualcosa a uno, ne arrivano altri dieci».

Distolgo lo sguardo. Sono senza parole. Chiamare parassita un essere umano mi sembra blasfemo, una sfida agli dei. I miei occhi si posano su un uomo che aspetta sul marciapiede accanto a me. Si regge agevolmente sulle stampelle. Ha gli abiti puliti. Solo la gamba dei pantaloni vuota, ripiegata ordinatamente indietro, e il modo in cui i suoi occhi scandagliano con fare esperto le macchine che passano, tradiscono la sua professione. I nostri occhi si incrociano e, invece di contrarre il viso in una smorfia di disperazione, l'uomo mi sorride. Lo guardo sorpreso. I mendicanti non dovrebbero sorridere. I mendicanti proteggono la città dalla sfortuna, sono come le fontane in cui si gettano le monetine. I mendicanti devono sembrare miserabili.

Ma la gamba mancante mi fa decidere. In fretta, frugo in tasca in cerca di una moneta. Ma a quanto pare Sheila mi ha lanciato un incantesimo. La moneta mi sfugge dalle dita e rimane nascosta in qualche punto tra le pieghe della tasca. Il mendicante mi guarda con un'espressione comprensiva. Tiro giù il finestrino. «Scusi, non riesco a trovare la moneta». Poi aggiungo: «Le darò qualcosa la prossima volta».

«Non importa», mi dice con calma in hindi. «Sarò qui».

Rido, sorpreso dal suo atteggiamento. «Bene, alla prossima allora, lo prometto».

Accanto a me, Sheila tira su col naso ma non dice niente.

La sera Sheila va a una festa in Central Dehli subito dopo il lavoro, quindi non torna con me. C'è un ingorgo di auto dopo l'altro, e io lascio che le macchine mi superino. Non ho fretta di rientrare. Mi si prospetta una lunga serata solitaria con nient'altro che la televisione a tenermi compagnia. All'incrocio di Moolchand vedo l'uomo con le stampelle ancora là, sul bordo della strada. Come dev'essere stanco a starsene in piedi tutto il giorno solo per racimolare qualche rupia, penso.

«Sei tornato presto», scherza il mendicante, riconoscendomi.

«Già. Te l'ho detto che sarei tornato, no?» Ho già pronta una moneta da cinque rupie e gliela porgo.

Sorride. «Grazie, ma non dovevi preoccuparti. Oggi è andata più che bene».

Lo fisso attentamente, cercando di capire se vuole solo ottenere qualcosa di più da me. I miei occhi si posano sulle stampelle e la gamba mancante. La compassione spazza via i miei dubbi e gli faccio scivolare la moneta nella tasca della camicia.

«Cosa ti è successo alla gamba?» gli chiedo.

Ride. «L'ho fatta amputare perché continuava a riempirsi di piaghe e, dato che era insensibile, la carne marciva senza che me ne accorgessi. Così sta meglio, non ti pare?»

Tagliata. Mi si gela il sangue. «Sei un lebbroso», mi esce di bocca.

Sembra sorpreso. «Certo».

«Dio, mi dispiace. Non m'ero reso conto». Ritiro la mano di scatto.

«No, no. Non preoccuparti», dice subito, vedendo il mio gesto involontario. «Sono guarito, adesso».

«Sì, ma... voglio dire... dev'essere stato terribile per te».

Ride in modo strano. «Non è andata poi così male, visto che sono venuto a Delhi». Poi aggiunge: «Farai meglio ad andare. Il semaforo sta per diventare verde».

Il giorno dopo, mentre andiamo in ufficio, racconto a Sheila la storia del mendicante. «Cosa ne pensi?» concludo eccitato.

«Hai incontrato un mendicante a cui piace la città. Perché non dovrebbe? Ottiene tutto quello di cui ha bisogno senza lavorare».

«Ma ama la vita, anche se ha la lebbra e ha dovuto farsi amputare una gamba. C'è qualcosa di molto nobile in questo, non pensi?»

«Non so cosa vuoi dire, mi dispiace», dice freddamente.

Neanch'io sapevo cosa volevo dire. Qualcosa in quel lebbroso mi aveva toccato, riempiendomi di stupore reverenziale, e mi aveva anche spaventato. Speravo che Sheila capisse... le donne sembrano in grado di capire queste cose. Avevo sperato che rimanesse colpita quanto me.

All'incrocio vediamo ancora il lebbroso. Oggi indossa una camicia di un viola vivace, pulita e ben stirata. Cerco un po' di moneta.

«Come va oggi?» chiedo porgendogli i soldi. Sheila ci guarda.

«Bene», dice. Il suo sorriso mi scalda.

«Come ti chiami?» chiedo d'impulso.

«Shibu, Shibu Mondal», risponde.

Pian piano, Shibu Mondal entra a far parte della routine mattutina di arrancare nel traffico con Sheila che si lamenta dell'invasione della sua città. Pregusto il sorriso di quell'uomo, la sua aria appagata nonostante l'invalidità. Persino Sheila ha cominciato a sorridere quando ci avviciniamo all'incrocio. Qualche volta mi prende in giro. «Hai preparato le monete? O te ne do un po' io?»

Poi, un giorno, l'uomo non c'è più. C'è una buca nel punto in cui sta di solito, e magri operai del Bihar ci lavoravano svogliatamente. Fisso quel punto, disperato. Quando viene il verde, mi allontano pian piano, guardandomi in giro nella speranza di scorgerlo. «Non preoccuparti, tornerà. Probabilmente è in vacanza», dice Sheila.

Una settimana dopo la strada è stata riparata, ma Shibu Mondal non c'è. Sono preoccupato, temo che gli sia tornata la lebbra. «La lebbra non torna, sciocco», ride Sheila.

«Ma... e se invece gli tornasse? Dovrebbe ricoverarsi in un lebbrosario, lo so. Quei posti sono peggio delle prigioni».

«Come se questa città fosse meglio», commenta acida.

«Be', lui non la pensa così», rispondo accalorandomi, stufo delle sue critiche continue. In un lampo improvviso di empatia, capisco perché quell'uomo mi affascina. «Lui ama questa città. Ne vede la parte positiva».

«Quale parte positiva?» Sheila sogghigna mentre superiamo il mercato delle verdure di Garhi. «Se tu non fossi un bihari, penserei che stai facendo una battuta».

Freno di colpo davanti a una mandria di mucche che avanza piluccando con delicatezza tra cumuli di frutta scartata, fogli di giornale accartocciati e verdure. Ci devono essere almeno venticinque mucche. Aspettiamo che attraversino la strada. Mi sembrano bellissime, isole di tranquillità nel turbine folle del traffico di Delhi.

Su Sheila hanno un effetto completamente diverso. Si volta verso di me con uno sguardo tormentato. «Guardati in giro con gli occhi di un uomo istruito, per una volta, invece di paragonare costantemente questa città a quel buco schifoso da dove vieni».

Mi irrigidisco. Non mi è mai permesso di dimenticare che non sono di qui?

«Questa città è strangolata dalla sovrappopolazione», prosegue, dimentica di tutto. «Guarda tutti quei vitelli! Non sono vagabondi. I loro proprietari li lasciano pascolare in strada e nei bidoni della spazzatura, così non devono spendere un soldo per nutrirli».

«Però come spazzini sono eccezionali», dico scherzando.

Il viso di Sheila assume l'espressione di meraviglia sprezzante che più detesto.

«Immondizia! Insieme a palazzi che spuntano come funghi, è tutto quello che ci rimane. In meno di vent'anni la città è diventata un gigantesco terreno di riproduzione per batteri». Il suo viso si riempie di disperazione. «Vorrei andarmene, ma non so dove».

«Perché dici che non sai dove andare?» le chiedo, convinto che esageri.

«Questo è l'unico posto dove una donna divorziata può vivere tranquilla».

«Ma... Hai mai pensato di trasferirti a Bombay o a Bangalore?» chiedo, la mia suscettibilità messa a tacere dalla preoccupazione per lei.

Scoppia in una risata isterica. «Non ci arrivi, vero? Bombay è stata invasa dalle orde molto tempo fa. Per sfuggire alle orde, hanno costruito in verticale soffocando la città, rendendo il cielo invisibile. Bangalore è finta, parvenu. È un villaggio con un accantonamento militare al centro. Questa città era diversa, piena di spazio, di cielo, di giardini fioriti. Ma i ricchi la trasformeranno in un'altra Bombay. Perché è così che quei maledetti politici fanno soldi. Lasciano entrare le orde, abbassano il livello di vita e seppelliscono i singoli individui in una folla di stomaci affamati».

Per il resto del tragitto rimaniamo in silenzio.

Sheila mi ha contagiato con la sua angoscia. Persino nella quiete ad aria condizionata dell'ufficio non riesco a scrollarmi di dosso quel presagio di catastrofe imminente. Delhi mi sembra una città affascinante, una città ricca di possibilità, viva e in continua crescita. Ma per Sheila è proprio la crescita la radice del problema. Esiste davvero una crescita eccessiva? Delhi sta davvero trasformandosi in un inferno? Che tipo di inferno potrebbe diventare? Una città fantasma senza legge come Patna o qualcos'altro? Ma chissà perché, non mi sembrava possibile. Una creatura come Sheila non può esistere all'inferno. Sheila non sa cosa sia l'inferno. Flirta con la disperazione perché non l'ha mai provata sul serio. Nel pomeriggio mi sento il corpo in fiamme. Alle cinque mi rendo conto di avere la febbre, quindi finisco il mio articolo e vado a casa.

Resto a letto due giorni con la febbre. Il condizionatore si è rotto ieri, quindi la stanza è calda e soffocante. Mi sembra che le pareti mi schiaccino. È questo che Delhi sta facendo a Sheila? mi chiedo. Il terzo giorno la febbre diminuisce. Mi alzo, vado in soggiorno e raccolgo i giornali che si sono accumulati alla porta. Mi siedo al tavolo da pranzo e comincio a leggere, ma non riesco a concentrarmi. Dove sarà Sheila? Com'è andata al lavoro? Qualcuno le ha dato un passaggio o ha preso l'autobus? Spero che abbia preso l'autobus. Sono felice di essermi risparmiato la sua tetraggine e i suoi scenari apocalittici. Lasciamo che qualcun altro abbia quel piacere, tanto per cambiare.

Mi alzo. In genere mi piace starmene in casa per conto mio. Ma oggi mi sento solo. Esco sul balcone minuscolo. La luce del sole rimbalza sulle pareti di cemento degli altri appartamenti, accecandomi. Non si vede un'anima. Non si sente un solo suono, persino i cani sono scomparsi. Tutto è così duro qui, duro come il cemento. Le nostre parole rimbalzano sulla superficie degli altri. Per andare dove? Poi penso a Shibu. Dove potrebbe essere? A un altro incrocio trafficato, pieno di persone con cui parlare, o legato a un letto in qualche lebbrosario senza nome. Chissà perché, non riesco a sbarazzarmi della sensazione che sia nei guai. Mi era sembrato così felice nel suo incrocio, non c'era motivo perché cambiasse.

Qualcuno suona alla porta. Vado ad aprire con il cuore che batte come un martello. È uno sconosciuto, con una malconcia borsa da medico anni Cinquanta, uguale a quella di mio padre.

«Sono venuto per il condizionatore», dice l'uomo, laconico.

Lo fisso. Da quelle poche parole capisco che viene dal Bihar, e un'ondata di nostalgia mi travolge. Mi sento trasportare indietro all'enorme casa sul Gange dove sono cresciuto insieme a una ventina di cugini, senza mai conoscere la solitudine. La mia nostalgia colora i tratti dell'uomo e mi sembra addirittura che cominci ad assomigliare a uno dei miei cugini.

«È il numero 317, no?» chiede l'uomo, impaziente.

All'improvviso faccio una cosa che non ho mai fatto nel mio anno di permanenza a Delhi. «Da che parte del Bihar viene?» chiedo.

Sembra sorpreso, poi diffidente. «Da Gaya», dice. «Ma adesso vivo qui», aggiunge in fretta. Conosco benissimo quel mettersi sulla difensiva. Negli ultimi tempi ho usato spesso quelle stesse parole con Sheila.

«La aspettavo tre giorni fa», gli dico, con il tono del fratello maggiore.

Scrolla le spalle, imbronciato. «A me l'hanno detto soltanto oggi», mente. All'improvviso cessa di essere un compaesano e diventa un inaffidabile elettricista di Delhi.

«Venga, allora». Lo porto in camera da letto e lui si mette subito al lavoro. Decido di preparare un tè. Mentre lo verso in una tazza, l'uomo rispunta.

«Ho finito», dice.

Alzo lo sguardo, sorpreso. «Ha fatto in fretta».

«Era un lavoro facile, e non mi piace perdere tempo», risponde. Il suo accento è come la morbida brezza dell'est, placa la solitudine che sento nel cuore. «Prenda un tè», dico.

«No, grazie. Devo andare», replica, ma la sua espressione si addolcisce.

«Anch'io vengo dal Bihar», dico, passandogli un bicchiere di tè. «Mi sono trasferito qui tredici mesi fa».

«Sì, lo so che viene dal Bihar», risponde. «Anch'io l'ho capito dal suo accento».

Ci guardiamo per un attimo e scoppiamo a ridere.

«Com'è arrivato qui?» chiedo quando smettiamo di ridere.

«Come sono arrivato qui?» Scuote il capo e fa una smorfia. «Io non volevo venire in città. È stato mio padre a costringermi. Siamo quattro fratelli, sa. E mio padre aveva solo sei acri di terra».

Annuisco e rimango in attesa.

«È una lunga storia». Esita e guarda l'orologio.

«Su, si sieda e mi racconti», insisto.

È sorpreso, ma accetta il mio invito. Mette giù la borsa degli attrezzi e prende la tazza di tè che gli sto offrendo, ma rimane rispettosamente in piedi.

«Quando mio padre disse che dovevo andarmene», comincia, con una strana risatina, «andai in giro per il villaggio informandomi su Delhi. La gente mi raccontava un sacco di storie: Delhi era piena d'oro, piena di criminali. La gente era ricca, ma senza cuore. Tutti però sembravano conoscere qualcuno che era andato a Delhi e aveva fatto fortuna. Così decisi di tentare la fortuna anch'io».

«E ci è riuscito?» gli chiesi, guardando i suoi calzoni di poliestere e la camicia non troppo pulita, la borsa malridotta e le *chappal* di pelle consunta, preparandomi a sentire una storia di traversie. Ma quello che Kishan Singh mi raccontò andava al di là delle mie fantasie più sfrenate.

Quando Kishan Singh lasciò il villaggio, suo padre gli diede centocinquanta rupie. Lui cercò di rifiutare, gli sembrava una fortuna. Ma suo padre insistette. «Ne avrai bisogno», disse a suo figlio, «porta male avvicinarsi a mani vuote alla dea Lakshmi, e Delhi è Lakshmi. Se ti sorride, diventerai ricco. Altrimenti...» distolse lo sguardo. Kishan Singh decise in quel momento che sarebbe diventato ricco.

«Te ne porterò il doppio, o non tornerò», promise.

Il viaggio in treno da Aurangabad, nel Bihar, fu lungo e lento. Le persone cercavano di attaccare discorso perché era un bel giovane, ma lui non rispondeva. Man mano che il treno si avvicinava a Delhi, notò un cambiamento nei suoi compagni di viaggio: era come se avessero perso interesse gli uni per gli altri e fissavano fuori dal finestrino o le pareti dello scompartimento, stringendosi addosso i loro averi ed evitando di incrociare gli sguardi. Quando il treno arrivò, balzarono tutti in piedi e uscirono sgomitando, il più in fretta possibile. Kishan Singh rimase nello scompartimento finché furono usciti tutti. Gli venne in mente che non aveva chiesto a nessuno dove si trovasse Khakroli, la zona in cui abitava suo cugino. Guardò fuori dallo scompartimento silenzioso e fu stupefatto dal frastuono e dalla velocità con la quale tutto si muoveva.

Il cugino di Kishan Singh viveva in un'area desolata sul confine tra Sultanpur e Badarpur, a quasi cinquanta chilometri dal centro di Delhi. Per arrivarci gli ci vollero due giorni e quasi tutti i soldi che aveva. Una volta là scoprì che Nandan Singh, suo cugino, non c'era. Kishan Singh si guardò intorno amareggiato. Nulla si muoveva. Era tutto marrone, morto. Il terreno, pieno di crepe, alcalino, era chiazzato di bianco. In mezzo, vicino a un albero morto, c'era un pozzo, e accanto una baracca di lamiera. Un lucchetto enorme applicato alla fragile porta indicava che qualcuno ci abitava davvero. Kishan Singh si sedette all'ombra della baracca e aspettò.

Quando scese la sera, vedendo che il cugino non era ancora tornato, Kishan Singh andò fino al villaggio più vicino. Chiese al proprietario di un negozietto di alimentari se conosceva il cugino, e quello scoppiò in una risata amara. «Se lo conosco? Quale negoziante non lo conosce?» E poi lo fissò insospettito. «Chi sei?» chiese. «Sei suo fratello? Mi deve dei soldi». Kishan Singh scosse il capo e tornò alla baracca ad aspettare il cugino. Era arrabbiato e molto affamato, così ruppe il lucchetto ed entrò.

Era una stanzetta miserabile, spoglia tranne che per il *charpoy*, due sedie rotte e un baule di metallo ammaccato che fungeva da tavolo. Non c'era traccia di cibo. La stufa a cherosene sembrava inutilizzata da giorni. Stanco e affamato, Kishan Singh si sdraiò. Doveva essersi addormentato, perché quando si svegliò qualcuno barcollava per la stanza al buio, canticchiando con voce stonata. L'uomo accese una lanterna e Kishan Singh riconobbe suo cugino Nandan, il viso gonfio d'alcol.

«Allora sei venuto», gli disse, senza sorpresa né vergogna, e spense la lanterna. Si sdraiò vicino a Kishan Singh e poco dopo russava. Kishan rimase sveglio. Domani vado in città e mi trovo un lavoro, giurò. Non tornerò mai più qui.

Poco dopo furono svegliati da qualcuno che bussava alla porta. «Chi è?» gridò Nandan.

«Sono un camionista. Il mio camion si è guastato sulla strada principale. Mi date un posto per dormire?» rispose una voce.

Nandan aprì la porta ed entrò un gigantesco uomo barbuto con un fagotto di tela in spalla. «Ehi, non possiamo accendere la luce, così vi vedo in faccia? Come faccio a sapere che non siete dei fantasmi?» scherzò.

Kishan sentì un brivido lungo la schiena. Perché quell'uomo invitava la morte nella baracca?

Quando il cugino riuscì finalmente ad accendere la lanterna, i dubbi di Kishan trovarono conferma. Il viso dell'uomo era dominato da occhi neri durissimi e da grossi denti bianchi che scopriva spesso.

«Così va meglio», disse il camionista sedendosi. «Ditemi, dove posso trovare qualcosa da mangiare? Non c'è una cittadina nei paraggi dove chi ha fame e sete può rifocillarsi?»

«No, c'è solo il villaggio a un chilometro da qui», rispose il cugino.

«Mio Dio. Ho già camminato per due ore sulla strada principale. Il camion è andato in panne. Non ho la forza di andare da nessuna parte». L'uomo si guardò in giro. «Mi dareste qualcosa da mettere sotto i denti? Non ho toccato cibo tutto il giorno».

«Non c'è niente da mangiare. Il cibo è finito», rispose Kishan Singh, sperando che l'uomo se ne andasse in fretta. All'improvviso il camionista si accorse della presenza di Kishan e i suoi occhi diventarono fessure. «Be', ho io qualcosa che ammazza l'appetito», disse mostrando i denti. Frugò nella sacca ed estrasse una fiaschetta di liquore fatto in casa. «Tieni», disse porgendola a Kishan.

«Non bevo», gli disse Kishan allontanando la fiaschetta. Ma a Nandan brillarono gli occhi. Ben presto lui e il camionista stavano allegramente sbevazzando e giocando a carte.

La fame teneva Kishan sveglio, ma finse di dormire. Quando il cugino uscì per orinare, l'uomo si chinò sopra Kishan e gli mise un grosso coltello alla gola. «Dammi i tuoi soldi o ti ammazzo», bisbigliò.

La paura gli fece sciogliere la lingua. Diede all'uomo le trenta rupie che gli erano rimaste e lo implorò di non ucciderlo. «Sono appena arrivato dal villaggio, ho un padre anziano e tre sorelle da maritare».

L'ultimo dettaglio gli fece riporre il coltello. «Va bene, ti risparmio» disse cupo. «Ma non dire una parola a tuo cugino, se no vi ammazzo tutti e due».

In quel momento il cugino rientrò canticchiando. Il camionista nascose il coltello nella cintura e si voltò verso di lui. «Facciamo un'altra partita, sei un tipo fortunato».

Con le gambe che gli tremavano, Kishan si alzò e uscì. Aveva urgenza di orinare. Mentre si allontanava, sentì il camionista dire al cugino: «Guarda, non beve neanche e deve pisciare. Che femminuccia!» Mentre pisciava, la risata di suo cugino gli riecheggiò nelle orecchie. Poi, all'improvviso non lo sentì più ridere ed ebbe la certezza che fosse morto. Si mise a correre.

Il sentiero incrociava l'autostrada sulla cima di una collina. A nord vide un grande bagliore arancione. Si incamminò in quella direzione. Camminò tutta la notte verso le luci. Al mattino un camion che trasportava cemento gli diede un passaggio fino a Delhi.

Kishan Singh si interrompe e beve un sorso di tè ormai freddo.

«Cos'ha fatto a quel punto?» chiedo, senza fiato.

«Ho lavorato in cantiere sul ponte Nizamuddin. Era peggio che lavorare nei campi, perché non potevi smettere finché qualcuno non suonava un fischietto. E poi l'imprenditore si faceva pagare un "affitto" per farci dormire in cantiere. Non c'era nemmeno un cespuglio dietro cui fare i bisogni in privato».

Quando il fischietto suonava per segnalare la fine della giornata di lavoro, Kishan si sentiva le braccia pesanti come il piombo. Adesso capiva come doveva sentirsi il toro Bholu, giù al villaggio. Si sedette per terra e osservò le mogli che accendevano i falò e cucinavano. Gli altri operai erano nepalesi e appartenevano a qualche tribù. Avevano visto il suo filo sacro e mantenevano le distanze. Uno a uno gli uomini rientravano dopo essersi lavati nel fiume. Si sedevano accanto alle mogli e giocavano con i bambini. Pian piano l'aria si riempiva dell'odore del cibo e delle risate dei piccoli.

Mentre Kishan li guardava, una fascia d'acciaio gli stringeva il petto. Non si era mai sentito così solo. Si chiese se avrebbe mai rivisto suo padre. Scese la notte, e lo stomaco gli bruciava. Guardò le stelle, lontane e spietate. Dopo un po' un uomo gli si avvicinò e gli offrì una *beedi*. Kishan rifiutò, dicendo che non fumava.

«Da dove vieni?» gli chiese l'uomo.

Quando glielo disse, sembrò deluso. «Pensavo che venissi dal Bangladesh, come me». Si alzò e tornò dalla sua famiglia. Kishan si intristì ancora di più. Guardò le stelle e contemplò pensieri di morte. Più tardi, quando era già quasi addormentato, qualcuno gli portò da mangiare e una coperta puzzolente.

«Ma com'è diventato elettricista?» chiedo impaziente.

«Al cantiere conobbi uno degli elettricisti, un rajput come me, ma veniva dall'Uttar Pradesh. Mi diede un consiglio che mi indirizzò sulla strada giusta. "Se vuoi cavartela a Delhi", mi disse, "devi smettere di lavorare con le mani e imparare a usare un macchinario. Lascia che la macchina ti insegni a essere il suo padrone. A quel punto la città sarà ai tuoi piedi"».

All'arrivo dei monsoni il lavoro al ponte si interruppe e Kishan decise che ne aveva abbastanza della città. Il fascio di soldi che teneva nel taschino della camicia si era ispessito, e decise di tornare a casa. Ma la notte prima di partire, tutto il denaro che aveva gli fu rubato mentre dormiva.

«Diedi la colpa a me stesso. Non avrei dovuto andare in una città che non conoscevo tra gente che non conoscevo. Fu l'ultima volta che toccai l'alcol».

L'elettricista trovò Kishan Singh mentre stava fissando le acque della Yamuna chiedendosi se avrebbe avuto il coraggio di suicidarsi. Un negozio di elettrodomestici in Connaught Place assumeva apprendisti, gli disse. «Conosco il capo, un tempo lavoravo per lui. È tutto sistemato». Così Kishan Singh cominciò a lavorare come apprendista per centocinquanta rupie al mese. Lavorava quindici ore al giorno, mangiava una sola volta, di notte dormiva nel negozio. Ma almeno aveva un tetto sulla testa, ed era libero. Al mattino si svegliava al tintinnio delle chiavi nella toppa.

Sei mesi dopo era un elettricista abilitato, e venne assunto da una grossa impresa di Delhi.

«Con i soldi risparmiati mentre lavoravo al negozio mi comprai gli attrezzi e il diploma. Era passato un anno da quando ero arrivato a Delhi, e ancora non potevo spedire le trecento rupie a mio padre», racconta Kishan Singh.

Il primo incarico di Kishan fu alla Bharat Heavy Electrical (BHEL), a Haridwar, un enorme stabilimento statale che aveva impianti in tutto il paese. Kishan Singh passò due anni in quella città sacra sulle rive del Gange. Dopo due anni la BHEL gli offrì un lavoro fisso nel reparto manutenzione. Ma a Kishan cominciava a mancare Delhi. Chissà come, quella città gli era entrata nel sangue.

Il suo vecchio capo fu felice di rivederlo e gli trovò un buon lavoro presso un altro imprenditore che stava installando un impianto centralizzato di aria condizionata della ditta Blue Star in un palazzo di uffici in Connaught Place.

Un sorriso meditabondo gli illumina il viso.

«Su raccomandazione del mio capo, l'altro imprenditore

mi assunse come responsabile di tutti gli operai al secondo piano. È lì che la mia fortuna ha girato».

Un mattino, quando il lavoro era quasi terminato e bisognava testare il sistema, Kishan trovò ad aspettarlo l'imprenditore che l'aveva assunto, il manager della Blue Star e l'imprenditore edile. Capì subito che c'era qualcosa che non andava.

«Chi ti ha pagato?» lo aggredì il suo capo.

«Di che cosa parla?» chiese Kishan sorpreso.

«Voglio sapere chi ti ha pagato per sabotare il mio lavoro», gridò l'imprenditore, «e se non confessi non vedrai un soldo!»

All'improvviso gli fu tutto chiaro. Stava cercando di non pagarli. Si avvicinò all'uomo e lo fissò negli occhi. «Mi dispiace, qualcuno deve aver fatto un errore ieri, dopo che me ne sono andato. Mi dia un giorno e metterò a posto le cose».

L'imprenditore sembrava sorpreso. Aprì la bocca e poi la richiuse. Guardò l'imprenditore edile, che sembrava ugualmente sorpreso, e subito distolse lo sguardo. Ma non abbastanza in fretta. Kishan aveva notato l'occhiata che i due uomini si erano scambiati. Fissò il manager della Blue Star, che sembrò sollevato e accettò subito di lasciarlo provare ad aggiustare le cose.

Il capo di Kishan fu costretto a mostrarsi d'accordo, ma mentre gli altri se ne andavano, gli disse ad alta voce: «Vieni fuori, ti devo parlare» e voltandosi verso gli altri operai annunciò: «Darò una ricompensa a chi mi dice chi ha fatto questo casino». Poi si incamminò verso l'ascensore e prima di entrare disse a Kishan, a bassa voce: «Ci penserò io a te. Basta che tieni la bocca chiusa e fai in modo che gli operai non alzino un dito. Il sistema non deve funzionare, capito?»

Quando l'ascensore si richiuse, Kishan affrontò i suoi compagni di lavoro. Alcuni si ribellarono apertamente. «Non ci pagherà. Distruggiamo tutto», disse uno, mentre altri annuivano. Un uomo anziano afferrò Kishan per un braccio: «Fai qualcosa. Se no, come posso dar da mangiare alla mia famiglia? Mio figlio è malato e mia moglie è incinta».

Kishan si chinò sui fili elettrici e li esaminò attentamente. Si rese immediatamente conto di quello che era successo: le connessioni dei diversi contatori erano state manomesse collegando deliberatamente fili non compatibili. Quella era opera di almeno quattro uomini che avevano lavorato tutta la notte. Ma non era impossibile aggiustarlo. Dovevano testare tutti i fili e sostituire quelli bruciati. Potevano metterci tutta la notte, due giorni, magari, ma si poteva fare.

«Possiamo aggiustarlo facilmente», disse in tono trionfante.

«E allora? Così non avremo comunque i nostri soldi. Le nostre famiglie moriranno di fame», ribatté un uomo.

«No, se lo aggiustiamo. Dovranno pagarci», ragionò Kishan.

«Ma ci vorranno ore. Dobbiamo trovare un altro lavoro, se no le nostre famiglie oggi non mangeranno. E poi era una cosa premeditata. L'imprenditore l'ha fatto per evitare di pagarci».

Alla fine Kishan riuscì a convincerli. Lavorarono tutto il giorno e tutta la notte per sostituire i fili. Avevano appena finito quando arrivò l'imprenditore insieme al manager della Blue Star.

«Abbiamo finito», disse Kishan orgoglioso.

L'imprenditore non riuscì a contenere la rabbia e incominciò a inveire contro di loro e soprattutto contro Kishan Singh, che ovviamente considerava il capobanda. «Come osi?» biascicò. «Pensi di saperne più di me? Probabilmente hai peggiorato le cose, idiota che non sei altro».

Kishan Singh non aveva mai sentito parole così indecenti. Gli sembrava che la testa gli scoppiasse, ma in qualche modo riuscì a controllarsi per il bene degli altri. «Non lavoro più per lei. Non voglio i suoi soldi», disse, strappandosi il distintivo dalla tuta. «Ma farà meglio a pagare questi operai, altrimenti vengo a cercarla e l'ammazzo». E se ne andò.

Il giorno dopo si recò dal suo primo capo, l'uomo che lo aveva presentato all'imprenditore, per spiegargli quello che era successo.

L'elettricista si interrompe e prende un altro sorso di tè. Poi mi guarda dritto negli occhi e prosegue. «Era un uomo onesto, ma non poteva andare contro un collega. Così mi consigliò di parlare con il manager della Blue Star».

Quando Kishan arrivò in ufficio, il manager gli strinse la mano, come se si aspettasse una sua visita, e gli chiese di accomodarsi. «Ci ha fatto risparmiare un sacco di soldi, se ne rende conto?» disse. «L'imprenditore si era messo d'accordo con il costruttore che ci aveva commissionato l'impianto di condizionamento. Il costruttore stava cercando di sfruttare il presunto errore per evitare di pagarci, ed era in combutta con l'appaltatore della parte elettrica che avrebbe usato la scusa per non pagare voi. Abbiamo licenziato il suo capo e pagato direttamente gli operai. Porteremo in tribunale i costruttori. Mi sembra di aver capito che è stato lei a convincere gli operai a mettere a posto l'impianto. Vuole lavorare per noi al prossimo progetto?»

L'elettricista finisce il suo tè. «È così che ho avuto la mia prima occasione. Da allora ho lavorato a molti progetti, e tra l'uno e l'altro faccio dei lavoretti come questo», conclude.

«Allora deve essere ricco», dico, un po' invidioso.

«No, non sono ricco», protesta ridendo, «ma ho una casa a Delhi, e sono libero. I miei fratelli sono tutti sistemati. Uno è elettricista come me, l'altro fa l'imbianchino e l'ultimo si occupa della piccola industria casearia che ho avviato sul nostro terreno, al villaggio. Adesso sono libero».

A quel punto l'uomo poggia il bicchiere sul tavolo e chiede il permesso di andarsene, come se lui fosse ancora il contadino e io il signore.

Lo accompagno alla porta. La sua storia mi ha raggelato ed esaltato nello stesso tempo.

«Dev'essere orgoglioso. Non molte persone hanno avuto il successo che ha avuto lei. È una città crudele», dico, dandogli una lieve pacca sulle spalle.

Sembra sorpreso. «Non sono d'accordo. Ci sono tante persone come me nella *basti*».

«Tante? Non faccia il modesto», dico.

«No. Le sto dicendo la verità», insiste. «Prenda per esempio il *paanwala* che abita di fronte a me. Ha due macchine, una Maruti Esteem e una Zen. Ha iniziato dal nulla e adesso è ricco».

«Come ha fatto?»

«Deve chiederlo a lui», ride, poi diventa serio. «Questa città è d'oro per chi ha voglia di lavorare sodo. Venga a trovarmi e le presenterò qualcuna di queste persone».

Non ribatto. Quando se ne va, mi infilo a letto. Non vedo l'ora di vedere Sheila e raccontarle questa storia. Così magari si libererà dalla sua disperazione. La febbre ha di nuovo il sopravvento, ma parte dell'inquietudine che provavo prima è sparita. Sogno un milione di Kishan Singh che vagano per la città, combattono battaglie sanguinose e poi mettono radici qui.

Due giorni dopo, Sheila e io andiamo insieme al lavoro. Questa volta insiste per guidare lei. Lasciarla guidare mi rende nervoso, ma con lei è impossibile discutere.

«Scusami se non sono venuta a trovarti», dice appena ci scambiamo i posti, «ma temevo che avessi qualcosa di virale. Questa città brulica di malattie, non posso correre rischi. Il mio sistema immunitario non lo sopporterebbe più».

«Non preoccuparti», la rassicuro, elettrizzato all'idea che abbia pensato di venirmi a trovare.

«Allora, come sono andate le tue giornate casalinghe? Te le sei godute?»

«Piuttosto eccitanti, direi», le rispondo, cercando di adottare il suo modo di esprimersi.

«Eccitanti? Cos'è, c'era James Bond alla tele tutti i pomeriggi?»

«No. Ho conosciuto un elettricista».

Alza gli occhi al cielo. «No, non penso di poter sopportare un'altra storia di un povero mendicante. C'è già troppa disperazione in questa città».

«Non voglio raccontarti nessuna storia di poveri», ribatto offeso. «È una storia di successo piuttosto insolita».

Il semaforo diventa rosso all'improvviso e Sheila frena bruscamente.

Mi aggrappo al cruscotto.

«Scusa. Otto minuti di attesa. Va be', raccontami del tuo fantastico elettricista».

Così le racconto di Kishan Singh. Terminata la storia, lei non dice nulla. «Allora, cosa ne pensi?» la sprono.

«Qual è il succo della storia?»

Non credo alle mie orecchie. «Il succo della storia? Non capisci? Ci sono letteralmente migliaia di Kishan Singh in questa città».

«E allora...?»

Fisso il suo bel viso. «Non capisci? Questa non è una città morente. È una città piena di speranza. Le persone vengono qui e diventano ricche, come Kishan Singh. Lottano per conquistarsi uno spazio, rischiano persino la morte, ma ce la fanno. Non lo trovi fantastico? Questa città è una creatura viva, non lo senti?»

«E per ogni uomo che ce la fa ce ne sono dieci che sono troppo stupidi o deboli per riuscire. E cosa fanno? Sciamano in strada vendendo schifezze, costruiscono baraccopoli e sporcano le strade, producono spazzatura che ci soffoca e, quando gli altri metodi falliscono, si tagliano un arto e vanno in giro a chiedere l'elemosina. Certo, qualcosa cresce sui cumuli di letame. Basta questo per farne una città viva, in crescita?» Ride, compiaciuta della sua metafora.

Rimango in silenzio. Vorrei dirle che la città non è un posto così orribile, non potrebbe mai esserlo, perché c'è lei. Invece decido di non dire niente. Cerco di scacciare l'immagine che mi delizia e mi tormenta ogni notte, una Sheila radiosa che mi porta al lavoro guidando completamente nuda.

Restiamo in silenzio per un po', immersi nei nostri pensieri. All'improvviso dice: «Scusami. Qualche volta faccio fatica a vedere il lato positivo delle cose. Questa città era bellissima una volta. Se solo l'avessi vista vent'anni fa...» Le brillano gli occhi: «La tua storia era stupenda, è chiaro che sei un gran romantico. Mi piace. Ma ovviamente hai sbagliato tutto. Non c'entra niente con questa città».

«E allora cos'è questa città? Ti lamenti delle persone, ma in realtà non le vedi nemmeno. Vedi soltanto i politici, gli edifici cadenti, la corruzione, il traffico...»

«Dio, sei proprio sexy quando ti lasci prendere dall'emozione», mi interrompe, sorridendo con tenerezza.

«È il bihari che è in me», ribatto secco. Non voglio farmi rabbonire.

Sheila scoppia a ridere. «Non sapevo che i bihari avessero il senso dell'umorismo».

«Be', quando vieni dallo stato più povero del paese, devi averlo per forza, il senso dell'umorismo», dico. «Voi di Delhi non ce l'avete, siete troppo ricchi».

«*Touché*».

Si sporge verso di me e mi stringe lievemente la mano.

Resto immobile per la sorpresa. Poi mi sembra che il corpo mi si riempia di elio e inizi a levitare. Ho la sensazione di poter scalare l'Everest con un sacco di cemento sulla schiena.

La sensazione mi accompagna fino all'ora di pranzo, quando mi ricordo che devo intervistare il presidente dell'Associazione Cementifici Indiani, il signor S.C. Gupta. È risaputo che quest'uomo, che secondo me non ha mai finito le scuole, vuole incontrare i giornalisti solo per umiliarli. Prima li fa aspettare almeno mezz'ora, poi li obbliga ad ascoltare un sermone sull'inutilità dell'istruzione. Ma io sono capace di ricavare una bella citazione anche da una pietra, è un mio dono. Perché quando qualcuno mi racconta una storia, mi annullo in essa e la vivo come un film. Perciò alla gente piace confidarsi con me, dirmi le cose.

L'ufficio del re del cemento è in Nehru Place, dove è impossibile trovare parcheggio, quindi prendo un risciò. È poco molleggiato e l'aria calda mi tormenta la pelle, pungendola con migliaia di spilli. Privato del mio cocchio tutto acciaio e velocità mi sento piccolo e completamente alla mercé del traffico. Mi chiedo se una vita di viaggi in risciò non sia il motivo dell'amarezza di Sheila. Smog e polvere mi entrano nel naso. Riesco a malapena a respirare. Dopo soli cinque minuti penso con nostalgia alla comodità della mia macchina.

Dopo che il signor Gupta si è divertito e io ho avuto quello che volevo, mi infilo di nuovo nel risciò e tento di estrarre qualche verità dalla grettezza e dall'iperbolica millanteria del re del cemento. Al semaforo del cinema Savitri vedo un mendicante con le stampelle. Dimentico subito le parole del re del cemento e aspetto con impazienza che mi scorga.

Con grande disappunto mi accorgo che non è Shibu. Il viso di quest'uomo è distorto nella solita maschera di infelicità, gli occhi che cercano disperatamente di convincerti che lui è un degno destinatario della tua generosità. Scrollo il capo, ma lui non si schioda.

Il conducente si fruga in tasca e gli dà una rupia.

«Cos'altro può fare un uomo senza una gamba...» commenta, «almeno così può essere ancora un uomo».

«Cosa intende?» Lo guardo, vedendolo per la prima volta. Avrà una sessantina d'anni, i vestiti puliti e lo sguardo diretto.

«In un villaggio un uomo senza una gamba è considerato una vergogna, un fardello per la sua famiglia. Qui può fare un po' di soldi e mandarli alla famiglia».

«Ma cosa c'entra il fatto di mendicare con l'essere uomo?» Sono ancora irritato perché non si tratta di Shibu. Ma ben presto la mia irritazione lascia il posto alla vergogna. Il conduttore ride. «Forse ha ragione, *sahib*. Io non sono un uomo istruito. Ma se non puoi portare soldi a tua moglie, che uomo sei? È così che la pensano a Bulandshahr».

Il semaforo diventa verde e il motore del risciò comincia a sobbalzare, tossisce, sputacchia e poi si ferma. I clacson si mettono a suonare e gli autisti a inveire.

Imperturbabile, il guidatore sputa, esce dal risciò e comincia a spingerlo attraverso la strada. Troppo a disagio per muovermi, chiudo gli occhi mentre passiamo proprio sul muso delle auto inferocite per raggiungere il bordo della strada.

«Che succede?» chiedo all'uomo, che sta studiando l'unto motore nero sotto il suo sedile. Ora che non siamo più in movimento, il caldo ci opprime, i miraggi danzano sull'asfalto. «Non si preoccupi, signore, posso aggiustarlo. Conosco ogni singola parte di questa macchina», dice fiducioso. Inizia ad armeggiare con il motore e, miracolosamente, nel giro di dieci minuti siamo di nuovo in marcia.

«Le macchine mi adorano», dice, sfrecciando nuovamente sulla strada. «Un tempo lavoravo su enormi macchine tipografiche. Giganteschi bestioni di metallo».

«Macchine tipografiche? Lavorava in un giornale?»

«Sì, *sahib*. Lavoravo allo *Statesman*».

«E poi cos'è successo? Perché se n'è andato?» chiedo incuriosito.

«Le macchine sono cambiate, *sahib*».

Ricordo vagamente l'epoca in cui le mostruose rotative non erano ancora state sostituite dalla stampa offset, e ogni pagina veniva prima composta con le matrici di metallo. Ma è la prima volta che mi trovo faccia a faccia con una delle migliaia di persone che hanno perso il lavoro a causa dei computer. «Mi dispiace», dico, sbirciando il viso dell'uomo nello specchietto retrovisore. Ma lui è impegnato a infilarsi tra un autobus e una Tata Safari. Il traffico è completamente bloccato. Mugolo tra me, chiedendomi quanto ci vorrà perché ricominci a scorrere. Il mio abito blu e la cravatta mi sembrano una penitenza. In silenzio maledico questa città. Poi, mentre mi allento la cravatta, maledico anche me stesso.

«Le grandi città non sono fatte dalle persone, ma dalle persone e dalle macchine che lavorano insieme», dice all'improvviso il guidatore. «Senza le une non ci possono essere le altre. Per questo la gente di città è diversa da quella di campagna».

«Cosa intende?» Le sue parole hanno toccato una corda sensibile dentro di me. Penso alla mia amata Maruti e a come conquistiamo insieme la città ogni giorno e mi maledico per averla abbandonata. Devo aver fatto un verso, che il guidatore interpreta come incredulità.

«Non mi crede, *sahib*?» dice alzando la voce. «Non sarò istruito come lei ma», abbassa la voce, «quello che so si basa sull'esperienza, non sui libri. Quando riesci a capire la vera natura di una cosa, questa ti dà qualcosa in cambio, l'ho imparato con l'esperienza. Altrimenti come avrebbe fatto Savitri a salvare suo marito Satyavan? Comprese la vera natura della Morte, e Yama le restituì il marito».

«La vera natura delle cose? Cosa intende?»

La profonda emozione che avverto nella voce dell'uomo mi fa pensare a Sheila e a dispetto del caldo il mio corpo ha un guizzo di vita. Lo guardo nello specchietto. In un certo senso mi ricorda Sheila, forte, diversa, indomita. Ma a differenza di Sheila, il suo viso è segnato dalla sofferenza. Incrocia il mio sguardo e sembra leggermi nel pensiero, perché dice: «Anche se sono nato bramino, da molto tempo ho smesso di credermi tale. I poveri non appartengono a nessuna casta, e non ci sono dèi a proteggerli. Ma ogni giorno nascono nuove divinità. Delhi è il mio dio. Lei mi protegge. Le sue stazioni ferroviarie sono i templi, e quando l'ho capito, la città mi ha regalato l'amore della mia vita».

«L'amore della sua vita?» mi drizzo a sedere.

«Sì. L'ho trovata sul binario. Era inseguita da un gruppo di giovani vandali. Non mi fermai a pensare. La afferrai e le diedi una sberla. "Come hai potuto andartene così?" gridai. "Sono impazzito per la preoccupazione". Mi guardò sconvolta, terrorizzata. La sentivo tremare. Gli altri ragazzi ci circondarono. "Lasciala andare. È nostra", disse uno di loro.

«Strinsi ancora più forte la mano della ragazza. "Cosa vuol dire che è vostra? È mia sorella", dissi.

«"Davvero? Magari non vuole stare con te. La stazione è nostra, e l'abbiamo trovata noi. Adesso è di nostra proprietà. Paga la tassa". Uno dei ragazzi cercò di afferrarla, ma la ragazza si spostò dietro di me.

«"Non hai bisogno di una sorella in questa città. Ti starà solo tra i piedi. Vattene, prima che ti spezzi le ossa", disse il capo della banda, un piccoletto brutto con le braccia ricoperte di piaghe. Aveva una voce così calma, così sicura di sé, che mi raggelò il sangue. Per un istante pensai di lasciar perdere la ragazza. Proprio in quel momento vidi un poliziotto della ferrovia che veniva verso di noi sul binario. "Se provi a toccarci griderò così forte che quel poliziotto dietro di voi arriverà in un attimo", dissi.

«Si guardarono intorno e cominciarono a innervosirsi. "È meglio che ve ne andiate", dissi. "Conto fino a tre poi grido". Ora tutti gli occhi erano puntati sul poliziotto. Alla fine il capo mi guardò e fece una smorfia. "Vigliacco. E tua sorella non è poi così carina, comunque. Ce ne sono di migliori in giro". Si voltò e si allontanò pian piano. Gli altri lo seguirono. Il mio cuore batteva all'impazzata mentre li guardavo andare via.

«All'improvviso uno schiaffo mi rimbombò sulla guancia. "Come ha osato darmi un ceffone!" disse la ragazza inviperita, poi si mise a piangere. In quel momento mi accorsi di quanto era bella. Così la portai con me, a casa di mio padre. Era il regalo che la città mi aveva fatto, e non volevo lasciarla, altrimenti la mia fortuna, lo sapevo, se ne sarebbe andata con lei».

Davanti a noi, l'ingorgo finalmente ha cominciato a disperdersi. Prima di avviare il motore, l'uomo si volta e mi guarda.

«Mentre ero ancora allo *Statesman*, il mio amore mi ha lasciato, portandosi via la mia fortuna».

Si stringe nelle spalle.

«Sì, *sahib*. Un giorno se n'è andata e non l'ho mai più vista. Certe donne sono fatte così. Puoi amarle, ma non tenerle. Sono i doni di Dio, concessi per breve tempo e poi ripresi».

Riavvia il motore e prosegue: «Ma mi sono risposato e la mia seconda moglie mi ha dato tre figli maschi, i due più piccoli sono gemelli. Dopo essere stato costretto a lasciare lo *Statesman* ho ripreso a fare vari lavoretti. Spesso aspettavo fino a notte fonda davanti al cancello di uno stabilimento tessile solo per essere scavalcato quando aprivano i cancelli. Qualcuno mi disse che le fabbriche di Delhi stavano chiudendo perché i proprietari le aprivano in campagna, e che si trovava lavoro più facilmente nell'Haryana e nell'Uttar Pradesh. Così andai a piedi fino all'Haryana, quasi duecento chilometri. Per due anni lavorai alla manutenzione delle caldaie in uno stabilimento tessile a Hissar. Poi la fabbrica chiuse e mi ritrovai di nuovo senza lavoro. Molti altri stabilimenti stavano chiudendo, e c'era un sacco di gente più disperata di me. Mi incamminai di nuovo verso Delhi. Durante il viaggio mi rubarono tutto ciò che avevo, persino i vestiti che avevo addosso. La polizia mi raccolse e mi diede una vecchia uniforme. Così arrivai a Delhi vestito da poliziotto. Ma la polizia mi arrestò e mi chiuse in prigione, perché pensavano che avessi rubato l'uniforme. Rimasi al fresco per un mese. Quando uscii avevo i capelli completamente bianchi e nessuno voleva assumere un vecchio. Così diventai un guidatore di risciò a pedali.

«Prendevo in affitto il risciò per cinque rupie e ne guadagnavo circa venticinque al giorno. Non osavo dirlo a mia moglie. Non avrebbe potuto sostenere i commenti dei vicini. Poi mio figlio si ammalò. Il dottore disse che era epilessia tubercolare e prescrisse medicine costose e cibo nutriente. Fu allora che diventai anche becchino. Di giorno pedalavo con il mio risciò, la notte seppellivo i morti. Al mattino chiedevo qualche rosa ai venditori di fiori e poi le davo a mia moglie, per farle credere che avevo una bancarella di fiori».

«Questa città l'ha trattata davvero male», dico mentre ci fermiamo per l'ennesima volta a un semaforo. All'improvviso gli strani scoppi d'ira di Sheila, la sua disperazione cominciano ad avere un senso. Lei conosce questo posto molto meglio di me.

«Cosa intende, *sahib*? Questa città è una *devi*» dice, lanciandomi uno sguardo accusatore dallo specchietto. «Mi ha dato il risciò a motore. Mi...»

Il semaforo diventa verde e in un'improvvisa eruzione di fumi di scarico le macchine e gli autobus cominciano a muoversi. Mi copro il viso con un fazzoletto per filtrare le esalazioni, ma gli occhi e la gola mi bruciano lo stesso. Anche il guidatore tossisce.

«E la ammazzerà pure», non riesco a trattenermi dal dire mentre l'aria si schiarisce. «Per quanto tempo pensa di poter ingoiare i fumi degli altri prima di rimetterci i polmoni? Sarà quello l'ultimo dono della sua dea, amico mio».

Sembra turbato e mi dice: «È vero, magari un giorno questa città mi ucciderà. Ma nessuno dei miei figli ha dovuto aspettare davanti ai cancelli di uno stabilimento tessile e sfiancarsi con un lavoro manuale dal mattino a notte fonda, come ho fatto io. E mio figlio si è salvato, grazie all'ospedale di questa città. Nessuno dei nostri dei indù mi ha aiutato. Tutti i miei figli conoscono il sapore del riso e del grano, e parlano inglese. Il più grande sa persino usare il computer. Questa città ha dato un futuro ai miei figli, *sahib*».

A questo non posso ribattere, perché ha ragione. Il successo arriva in forme e proporzioni diverse.

«Non mi ha ancora detto come ha avuto il risciò a motore», dico porgendogli i soldi.

«Scusi, mi ero dimenticato», ride. «Un giorno arrivarono i bulldozer. L'ospedale vicino a noi andava ingrandito, quindi buttarono giù la nostra *basti*. Ma tramite il governo ci diedero un terreno vicino a Nand Nagri. Io lo vendetti e mi comprai il risciò. Mia moglie lavora nella nuova ala dell'ospedale, e in cambio ci hanno dato una stanza».

Ci stringiamo la mano e ci separiamo. «La prossima volta la porto gratis, *sahib*», dice allontanandosi.

Trascorro il resto del pomeriggio a fissare il computer, le parole del re del cemento ormai dimenticate. La storia che mi solletica per farsi raccontare è quella del guidatore di risciò.

Sheila entra leggera in ufficio. Cerco di incrociare il suo sguardo. Lei non mi vede e va dritta al suo telefono. Così mi decido. Mi alzo e vado alla porta del redattore capo.

«Entra», dice sorridendo quando mi vede.

«Signore, ho avuto un'idea», comincio.

«Bene, allora qui c'è ancora qualcuno che pensa», fa lui.

Mi chiedo se dovrei ridere. «Signore, mi chiedevo se posso scrivere un articolo su Delhi».

«Che genere di articolo?» chiede diffidente.

Mi lecco nervosamente le labbra. «Una storia che parla di piccoli imprenditori, elettricisti, guidatori di risciò, gente che ha affrontato ostacoli tremendi per raggiungere il successo. Rappresentano il vero spirito della città, signore». *Di loro dovremmo scrivere*. La critica non espressa aleggia nell'aria. Mi chiedo se il mio capo ne sia consapevole.

In attesa, sposto il peso da un piede all'altro. Lui prende tempo, si toglie gli occhiali e li pulisce, segno che sta pensando attentamente a cosa dire. «Be', è senza dubbio un'idea originale. Vent'anni fa, quando ho cominciato a lavorare come giornalista, sarebbe stato possibile infilare un articolo del genere da qualche parte. Ma oggi dobbiamo pensare ai nostri lettori. I nostri lettori non ne vogliono sapere di quella gente e quella gente non legge».

Quella gente.

Lo ringrazio e faccio per andarmene. Sembra sollevato. Quando sono sulla porta mi ferma. «Com'è andata la tua intervista di oggi, Shailendra? Hai saputo qualcosa di interessante?»

Per qualche secondo rimango confuso. Poi mi ricordo del re del cemento. «Molto bene, signore. Mi ha dato una buona storia... e non mi ha fatto aspettare».

Facciamo entrambi una risata falsa.

«Sapevo che ce l'avresti fatta. Puoi consegnarmi l'articolo per stasera?» mi chiede.

Mi ha rimproverato con delicatezza. Non è la prima volta che ammiro il suo tatto.

Quella sera, mentre la porto a casa, Sheila mi dice: «Ti ho visto col capo. Che cosa vi siete detti?»

«Niente. Avevo un'idea per un articolo. Me l'ha bocciato».

«Davvero? E su che cosa?»

La guardo per un secondo, sorpreso dalla sua curiosità. «Era solo un'idea, niente di succoso».

«Su, non sottovalutarti sempre. Dimmi di cosa si trattava».

«Volevo fare qualcosa sulle piccole imprese e gli uomini che ci stanno dietro».

Ride. «Vuoi scrivere del tuo elettricista».

«Ce ne sono altri come lui, be'... proprio oggi ho conosciuto...»

«... ne hai conosciuto un altro», finisce per me.

«Sì», dico debolmente. Sono imbarazzato.

Mi guarda a lungo. Sento il sudore scendermi giù per la schiena. «Bene, raccontami di lui». E così le racconto del guidatore di risciò. Alla fine lei si limita a esclamare: «Caspita!»

Sono emozionato ma non dico nulla.

Quando arriviamo a casa sua mi chiede: «Vuoi venire su a bere qualcosa?»

«Non... non bevo», le dico. La verità è che non ho mai bevuto alcolici davanti a una donna. L'idea mi terrorizza.

Non la vedo in viso perché sta trafficando con la cintura di sicurezza. All'improvviso riesce a slacciarla e a districare le lunghe gambe. «A domani, allora», dice.

Il giorno dopo Sheila è stranamente silenziosa. Il suo profumo riempie lo spazio tra noi e per distrarmi accendo lo stereo. Ma la sento ancora intorno a me. Solo quando raggiungiamo Moolchand il silenzio si spezza.

«Mi chiedo se...» faccio io.

«... Shibu Mondal ci sarà», finisce con me. Scoppiamo a ridere, un po' imbarazzati.

Il semaforo è verde e facciamo appena in tempo a guardare se c'è.

«Non c'era», dice lei con aria impassibile mentre ci allontaniamo.

«Spero che stia bene». Incrocio brevemente il suo sguardo, ma lo distolgo prima di tradirmi.

Un pomeriggio, qualche giorno dopo, trovo un messaggio sulla scrivania. Già prima di aprirlo sento il suo profumo. Il messaggio è brevissimo. *Ho trovato Shibu Mondal*, dice. Guardo al di là della parete che ci separa. La sua sedia è vuota. Verso sera la cerco di nuovo. L'ufficio si svuota e rimango solo. Aspetto, pensando che forse ha una riunione ed è in ritardo. Alla fine rimaniamo solo io e un inserviente.

«Perché è ancora qui, *sahib*?» chiede.

«Aspetto una persona», gli rispondo con freddezza.

«La signorina Sheila se n'è andata. È uscita verso le quattro», dice senza cambiare tono, con gli occhi fissi a terra.

«Cosa?» Mi sento nudo. Tutto l'ufficio sa che andiamo a casa insieme? «Sei sicuro che sia andata a casa e non a una riunione?»

«Sissignore. Le ho trovato io lo scooter», dice fissandomi negli occhi.

Lo guardo con antipatia. I suoi occhi vedono troppo.

«Be', nel caso torni, dille che me ne sono andato».

Assume un'espressione vacua. «Certo, *sahib*».

Per strada c'è poco traffico, l'ora di punta è passata. Ma ben presto la stessa solitudine che mi segue in casa comincia a rodermi nella macchina. Vorrei che Sheila fosse accanto a me e mi chiedo se sia tornata a casa presto perché voleva trovare Shibu Mondal. Mi chiedo se avrei il fegato di andare a casa sua. Arrivo all'incrocio di Moolchand e all'improvviso vedo Shibu Mondal ritto al suo solito posto in mezzo alla strada. Lo riconosco a stento. Sembra invecchiato, i capelli bianchi come la neve. Sono turbato da quel cambiamento, ma cerco di non farlo vedere.

«È un po' che non ci vediamo», dico porgendogli il denaro. «Dove sei stato?»

Non risponde. «Dov'è la tua donna?» chiede.

«Non è la mia donna», rispondo seccamente.

Ride. Ovviamente non mi crede.

«Non sai niente di lei, né di noi», dico sulla difensiva.

Rimane in silenzio per un po', poi, con disinvoltura, come se stesse parlando del tempo, dice: «È arrivata e mi ha salvato. La polizia mi ha preso e mi ha portato in un lebbrosario insieme a molti altri. Non volevano credere che fossi guarito. "Non vogliamo lebbrosi a Delhi", mi dicevano. Avevo abbandonato ogni speranza e avevo smesso di mangiare, quando oggi, all'improvviso, è arrivata la tua donna insieme al direttore e mi hanno liberato. Non so come abbia fatto, ma è una donna coraggiosa. L'ospedale era terribile, molto peggio dell'altro». Dopo una pausa aggiunge: «Mi ha messo su un risciò, mi ha detto di venire qui e se ne è andata. Avrei già lasciato la città, ma volevo ringraziarla. Sei un uomo fortunato. Perché non l'hai ancora sposata?» Poi il suo viso diventa terribilmente triste. Sono sicuro che sta pensando a sua moglie, che non ha più visto da quando si è ammalato.

«Dov'è tua moglie?» gli chiedo.

«Non so. Magari sta ancora combattendo nella giungla. Magari si è arresa e ha un lavoro. Ho sentito dire che il governo dà i soldi per avviare un'attività ai militanti che si arrendono».

Il cuore mi balza in gola. «Eri un naxalita?»

«Era così che ci consideravano».

L'ironia non mi sfugge. Eppure fissandolo provo un senso di sollievo. Non è solo un lebbroso, è un eroe.

«Quando? Dove?»

«È una lunga storia».

«No, per favore, raccontamela». Spengo il motore per dimostrare che dico sul serio. Dietro di me i clacson iniziano a suonare.

Il suo viso si apre in un sorriso, lo stesso sorriso caldo che cerco da giorni.

«Oh, va bene. Ma devi promettermi che la sposerai».

«Se vieni al matrimonio», rispondo allegro.

Ride e mi indica un parcheggio dall'altra parte della strada. «Ti aspetto là».

«Hai fame, *sahib*?» mi chiede quando lo raggiungo.

«No, grazie». Ci spostiamo verso un tratto di marciapiede tra due macchine. L'uomo appoggia una stampella e si regge sull'altra. Il ritratto del coraggio, penso in un impeto di sentimentalismo. Forse potrei scrivere un articolo su di lui in qualche quotidiano, pubblicandolo sotto pseudonimo. L'audacia dell'idea mi impressiona. Nessuno lo saprebbe tranne me. E Sheila. Non vedo l'ora di raccontarle la storia di Shibu. Lo guardo pieno di aspettativa, attendo con ansia che inizi a parlare.

«La libertà è una cosa buffa», dice. «Desideravo da sempre essere "libero". Ma cosa fosse quella libertà non l'ho capito finché non è successo questo». Guarda il moncherino della gamba.

«Avevo quindici anni quando sono scappato dal villaggio per andare a Barddhaman, la capitale del distretto. Non avevo passato l'esame di decima. Non capivo il perché, quindi mentii. Quando la mia famiglia mi chiese come era andato l'esame, io dissi che naturalmente l'avevo passato. Erano al settimo cielo. La prima persona in famiglia che passava un esame di scuola, e il figlio maggiore per di più, era un evento da festeggiare. Chiamarono il prete per chiedere quanto sarebbe costata una piccola *puja*. Poco dopo, tutto il villaggio lo sapeva e si era autoinvitato. Dopotutto un diplomato poteva fare qualsiasi cosa, persino diventare funzionario governativo. Non ero molto preoccupato. Mi ero quasi convinto di aver passato l'esame. E poi avevo studiato per superarlo.

«Tre giorni prima della *puja*, un ragazzo della mia classe, di un villaggio vicino, venne a trovare un parente. Quando venne a sapere della *puja* scoppiò a ridere. "Ma non è passato. L'hanno bocciato. Non ha ottenuto il diploma. Io c'ero, me lo ricordo", disse, mostrando orgogliosamente il suo attestato. Pian piano, la gente cominciò a fare domande sul mio diploma, e le voci arrivarono fino a mia madre. "Figlio mio", mi chiese, "mi fai vedere il tuo diploma?" Così dovetti scappare».

Shibu sorride, ma nei suoi occhi ci sono ombre di dolore. «Barddhaman non era grande come Delhi, ma c'erano autobus, macchine, strade asfaltate e tre cinematografi. All'improvviso mi sembrava tutto incredibilmente eccitante. Me ne andavo in giro, felice di essere fuggito dal villaggio. Un villaggio non poteva bastare a uno che aveva passato l'esame di decima. Ovviamente mi ero dimenticato di non averlo passato. E in quel posto non sembrava poi così importante.

«La prima settimana vagai per le strade senza far niente a parte guardarmi in giro, proprio come faccio adesso. La città sembrava così eccitante. Avevo bisogno di un lavoro, così entrai in un ufficio elegante e dissi alla segretaria che volevo un lavoro». Shibu fa un'altra risata sarcastica.

«"Ho passato l'esame di decima e so leggere", ricordo di aver detto orgoglioso.

«"Ma qui non ci sono lavori per lettori", mi disse la donna. "Sai battere a macchina, stenografare?"

«Mi voltai e scappai».

Shibu si interrompe e mi guarda: «Sono scappato tre volte in vita mia. Questa era la seconda».

«E la terza?»

«Aspetta», dice. Si mette più comodo sulle stampelle e prosegue.

«Alla fine trovai lavoro nell'edicola della stazione. Era una cosa temporanea, mi dicevo, ma almeno avrei potuto esercitarmi nella lettura. E avrei incontrato gente importante, che avrebbe potuto offrirmi un lavoro migliore. Ma non fu così. La gente si limitava a scorrermi davanti senza interruzione.

«Una notte, mentre stavo chiudendo, vidi un uomo che appiccicava manifesti su un treno. *Afferra il tuo futuro*, esortava il manifesto mostrando un pugno chiuso su sfondo rosso. "Come si afferra il futuro?" chiesi all'uomo che stava mettendo i manifesti. L'uomo si voltò nel buio e mi guardò. "Chi sei?" mi chiese.

«"Voglio diventare come lei", dissi uscendo dall'ombra.

«Vedendo che ero solo un ragazzo, l'uomo si rilassò. Mi disse di andare alle lezioni serali che la sua organizzazione teneva ogni venerdì».

«Così sei andato a un gruppo di lavoro naxalita!» lo interrompo entusiasta.

«Sì», risponde, poi prosegue. «Cominciai a seguire le lezioni, sperando di imparare a stenografare e a battere a macchina. Invece erano solo chiacchiere. Un vecchio che parlava come un politico ci dava lezioni sulla rivoluzione e i mali della società. Dopo due incontri ne avevo abbastanza. Durante un intervallo andai dall'insegnante e gli dissi che non sarei più andato.

«"Perché?" mi chiese.

«"Perché quello che insegna lei non mi aiuterà a trovare un lavoro", dissi.

«L'insegnante non mi rispose subito. Mi chiese di fermarmi fino alla fine della lezione. Poi mi portò in un piccolo ristorante vicino alla stazione e mentre cenavamo mi chiese di raccontargli la mia storia. Alla fine mi disse, molto seriamente: "Se vuoi un lavoro devi lottare per ottenerlo. Devi creartelo da solo. Un uomo non deve lavorare per qualcun altro, deve essere libero".

«"Sì, io voglio essere libero", dissi, "per questo sono venuto a lezione. Pensavo ci avrebbe insegnato qualcosa di utile come battere a macchina, o l'inglese".

«Il professore mi fissò come se fossi pazzo. "Il lavoro non ti rende libero", disse.

«"Ma un buon lavoro sì. Ho passato la decima. Mi merito un buon lavoro", ribattei.

«"Sì, ti meriti un buon lavoro. Se potessi te lo darei. Ma non sono ricco".

«"Può dirmi come posso trovarne uno?"

«Ora toccò all'insegnante rimanere in silenzio. Alla fine diede una manata sul tavolo. "Se vuoi un lavoro devi essere pronto a combattere per ottenerlo. I capitalisti non te lo danno gratis", disse schioccandomi le dita sotto il naso.

«E per un'altra ora buona mi tenne lì raccontandomi di come i ricchi sfruttavano la mano d'opera dei poveri e con il denaro che ci rubavano assumevano gente che gli costava ancora meno, dandogli il minimo indispensabile per sopravvivere. Alla fine l'insegnante disse: "Non preoccuparti, mi prenderò cura di te". Così mi mandarono a "esercitarmi" nelle piantagioni di tè».

«Così sei diventato un vero naxalita», lo interrompo incapace di trattenermi. «Cosa facevi?»

«All'inizio non facevo che consegnare messaggi, riscuotere "tasse" dai lavoratori e imparare a sparare. Poi fui costretto a sorvegliare il funzionario di una piantagione che era stato rapito. Quell'uomo mi piaceva. Mi promise di procurarmi un lavoro quando l'avessero liberato. Un giorno, quando andai a portargli da mangiare, scoprii che era sparito, e in seguito seppi che l'avevano ucciso. Da un momento all'altro divenni un assassino e fui perseguitato dall'esercito».

La mia aria sbigottita lo fa ridere.

«Non c'è niente di libero nello stare nella giungla. Sei prigioniero del tuo corpo. Non pensi ad altro che alla fame, di continuo, e anche al freddo e al caldo. Poi ti viene la diarrea e pensi soltanto a un gabinetto». Ride. «Dopo un po' non ti sfiora più nemmeno la paura di venire preso».

Rabbrividisco, e lui ride ancora.

«Andai a sud», prosegue Shibu, «viaggiando sempre alla luce della luna e delle stelle. Entrai nel Bihar, in giungle infestate dai briganti. Un giorno incontrai un uomo che fabbricava fucili e gliene rubai uno. Alla fine, senza nemmeno saperlo, passai il confine dell'Orissa».

Shibu mi guarda dritto negli occhi. «Probabilmente non sei mai stato nel sud dell'Orissa. Nessuno ci va. Non ci sono strade *pukka* e la giungla è fitta, tanto fitta che vedi solo qualche metro davanti a te. La gente è poverissima e non ci sono scuole. Non ci va nessun funzionario del governo, solo guardie forestali e appaltatori.

«Ero diventato quasi come un animale. Un suono sconosciuto mi spaventava più che uccidere un daino o persino un essere umano. Poi mi presi la malaria. Cominciai a vedere i membri della mia famiglia impiccati agli alberi. In un modo o nell'altro queste apparizioni mi guidarono fino a un villaggio nella foresta. Un agricoltore mi salvò. Aveva una figlia. Era bellissima», mi punta il dito contro, «come la tua donna. Ma sembrava ancora più bella perché non portava bei vestiti né gioielli, aveva solo una *sari* di cotone e fiori nei capelli. Qualche volta anche la tua donna si mette i fiori nei capelli, vero?»

Annuisco, anche se non l'ho mai notato, in realtà.

«Quando mi ripresi, raccontai la mia storia alla famiglia, e loro mi misero in contatto con i naxaliti della zona. Erano una banda di individui rozzi e ignoranti. Nelle foreste dell'Orissa non c'era nessuno da combattere e nulla per cui combattere. Tutti erano poveri, non avevano proprio niente... non c'erano ricchi proprietari con cui prendersela. Ma io volevo fare il capo, così decisi di trovare un nemico. Costrinsi gli abitanti dei villaggi a farci delle "donazioni" per comprare armi. Poi, con il mio esercito privato, cominciai a prendere di mira i commercianti di legname, costringendoli a pagarmi una tassa. Chiedevo qualcosa persino a chi veniva a comprare il miele o le piante ayurvediche. Risolvevo le dispute sui terreni e ne richiedevo metà come pagamento. Per tre anni fui il re di quelle foreste. Ma fu quando uccisi una guardia forestale che diventai davvero famoso. Ancora una volta la polizia sapeva il mio nome. Ma quella volta non avevo paura, perché conoscevo la giungla meglio di loro». Si interrompe, perso nei ricordi. «Poi mi successe questo», prosegue indicando la gamba amputata.

«Fu la mia donna a notarlo per prima. E fu la prima ad andarsene. Nelle settimane successive i miei compagni cominciarono a scomparire uno a uno. Ma avevo il mio fucile e potevo ancora ottenere quello che volevo dagli abitanti del villaggio. Poi qualcuno informò la polizia e ci fu tesa un'imboscata. Due dei miei uomini furono uccisi. Io scappai e riuscii a raggiungere Cuttack, a circa duecentocinquanta chilometri. La malattia era chiaramente visibile ormai, le dita dei piedi completamente infette, ma non sentivo dolore.

«Cercai di chiedere l'elemosina, ma Cuttack non è come Delhi, la gente non è molto generosa. Andai al tempio sperando che mi donassero del cibo, ma mi cacciarono anche lì. C'è una gerarchia tra i mendicanti, e i lebbrosi sono gli ultimi». Shibu si tocca la gamba con una stampella.

«Questa malattia è un travestimento perfetto. Purtroppo l'ho capito tardi, non avrei corso così tanto».

Mi sento stringere il cuore e mi esce un gemito di protesta. Shibu finge di non accorgersene.

«Alla fine decisi di tornare in Bengala», dice, «dalla mia famiglia. Riuscii a salire su un treno merci per Puri e da lì arrivai in Bengala. Quando raggiunsi il villaggio, nessuno mi riconobbe. I bambini mi tiravano sassi. Me ne andai. Non volevo che la mia famiglia soffrisse di nuovo per causa mia. Cos'avevo fatto per loro quando ero in salute per aspettarmi che si prendessero cura di me? Tornai in Orissa. A Bhubaneshwar la polizia ferroviaria mi prese e mi trasferì in un lebbrosario governativo vicino a Puri». Assume un'espressione cupa. «L'ospedale era peggio di una prigione».

«Mio Dio», mi esce di bocca, ma non so se per compassione o delusione. Forse non voglio che il mio eroe si trasformi in qualcuno da compatire.

Shibu lo percepisce, perché all'improvviso mi fissa con uno sguardo fiero. «La lebbra è una malattia terribile», dice. «Ti porta via ben più che la libertà, ti strappa l'umanità. Eravamo rinchiusi come animali in un macello, senza nient'altro da fare se non giocare a carte e azzuffarci. Il cibo era terribile e i pazienti se lo litigavano, perché ce n'era pochissimo. Ma ben presto mi resi conto che mi sbagliavo. Le discussioni non c'entravano niente con il cibo, ma con il fatto di sentirsi vivi. Solo quando litigavano si sentivano umani.

«A differenza di quasi tutti gli altri, io sapevo leggere, così chiesi ai medici di procurarmi qualche giornale per tenermi in contatto con il mondo. I medici furono felici di farlo, e mi incoraggiarono a leggere le notizie anche agli altri. Uno si offrì persino di insegnarmi l'inglese, ma cosa potevo farci con l'inglese, se non leggere altri giornali?» Shibu ride. «Ho cercato persino di insegnare a leggere ad alcuni pazienti, ma non volevano imparare. "Per cosa?" dicevano. "Il mondo non ci vuole. Perché dovremmo interessarci di cosa succede nel mondo?" Non riuscivo a spiegarlo, ma io sapevo di voler tornare nel mondo, sapevo di amarlo. Volevo rivedere la bellezza del mondo. Soprattutto ora che non potevo far parte di quella bellezza. Quando guarii mi feci amputare la gamba».

Shibu si interrompe, gli occhi pieni di lacrime.

«Rimasi in quella prigione per quattro anni. Dopo un po' dimenticai com'era vivere fuori di lì. Ma non dimenticai mai com'era fatta una bella donna. Quando il dottore mi annunciò che ero guarito, mi offrì un lavoro come assistente in ospedale. Sapeva com'era difficile vivere fuori di lì per i lebbrosi. I pazienti guariti avrebbero dato qualsiasi cosa per un lavoro così. Ma io rifiutai. Non vedevo l'ora di camminare in mezzo a persone intere.

«Quando uscii dal lebbrosario decisi di vedere tutto quello che riuscivo dell'India prima di morire. Due anni fa sono arrivato a Delhi. Ma mi sembra ancora come se fosse ieri: la gente di qui è bella rispetto ad altre città». All'improvviso i suoi occhi mi scavano dentro. «Non sai cosa vuol dire essere liberi», dice. «Io lo so. La libertà è poter guardare una bella donna, esaminare ogni sua caratteristica individualmente e poi nel complesso, e sapere che formeranno un tutt'uno. È quello che faccio standomene qui. Questa è la libertà».

Come arrivai a casa quella notte rimane ancora un mistero. La mia mente era diventata un palco su cui si svolgevano scene della vita del guidatore di risciò e di Shibu Mondal, solo che il protagonista ero io. C'era anche Sheila, prima come l'amore perduto del guidatore di risciò e poi come regina naxalita della giungla.

Il mattino dopo mi alzo un po' stordito, l'energia nervosa mi corre nelle vene. Il calore mi comprime, spingendomi di nuovo in quella regione di dormiveglia in cui sono stato tutta la notte. Penso a quanto sono fortunato ad avere la compagnia di Sheila da desiderare tutti i giorni, a quanto mi sembra vuota la macchina senza di lei. All'improvviso so di non poter più aspettare. Lo so con una chiarezza e una convinzione che non provavo da tempo. Forse il guidatore di risciò aveva ragione, dopotutto, questa città è una *devi*, e quella *devi* mi ha donato sua figlia, Sheila. Con Sheila posso smettere di fuggire dal matrimonio. Perché Sheila è libertà, è lo spirito della città personificato. Solo che lei non lo sa, e tocca a me fargliela capire.

Mi lavo in fretta, mi faccio la barba e m'infilo in macchina, profumato di Old Spice. Parcheggio davanti a casa sua e suono il clacson. Sono leggermente in anticipo, quindi accendo lo stereo e aspetto. Dieci minuti diventano quindici, poi venti. Non esce nessuna Sheila trafelata, con i fogli sul punto di caderle dalla borsa di pelle. Alla fine decido di salire a casa sua. Non è mai così in ritardo. Suono il campanello. Non succede niente. Busso forte alla sua porta, pensando che stia male, o sia svenuta. Mi preparo a buttare giù la porta quando quella si apre e mi trovo di fronte una Sheila addolcita dal sonno.

«Shailendra!» Sembra sorpresa quanto me.

«N... non vieni al lavoro oggi?» balbetto.

Uno scatto di nervosismo fa svanire ogni traccia di dolcezza dal suo viso. «Ma Shalini non ti ha dato il mio messaggio? Ho preso due settimane di congedo».

«Ah... congedo». Sono immensamente sollevato.

«Sì. Poi me ne vado, per sempre. Volevo chiamarti tra un giorno o due per dirtelo, per condividere la mia felicità con te. Perché sei stato il mio migliore amico, il più leale». Un'ombra di rimpianto le balena sul viso e all'improvviso distoglie lo sguardo dal mio. «Mi sposo il mese prossimo. Lui vive a Toronto».

Bellezza

Non mi ero accorta che il coro avesse cominciato a incespicare, perché stavo fissando una pozza fangosa creata dal monsone, da cui una colonna gigantesca di minuscoli insetti volanti si levava verso il cielo. Ce n'erano migliaia, delle dimensioni di una particella di polvere un po' più grande del normale, una macchia arcobaleno che si spostava addensando l'aria. Inizialmente pensai che stessero sospesi come un esercito in attesa di andare in guerra. Poi mi resi conto che non si alzavano dritti verso l'alto, ma in spirali, migliaia di spirali, cosicché insieme formavano un'enorme colonna scintillante.

Il loro movimento seguiva una specie di schema. Ogni insetto compiva un mezzo giro verso l'alto fino a un punto diagonalmente opposto a quello di partenza. Dopo una breve pausa, completava il cerchio e si metteva un po' più in alto, ma esattamente al di sopra della sua precedente posizione. Simultaneamente, un altro insetto prendeva il posto appena sotto e un altro ancora occupava quello lasciato da quest'ultimo. Ogni due cerchi, due insetti attraversavano il centro della colonna e si univano al semicerchio originale dall'altra parte. In questo modo, la colonna manteneva una struttura interna e una forma esterna.

In quel momento smisi di respirare. Perché mi resi conto che gli insetti stavano danzando. Solo la danza poteva spiegare la simmetria perfetta del loro movimento. I miei occhi si spostarono lungo la colonna svettante, di una bellezza dolorosa, fino al punto in cui si scontrava con il cielo azzurro. Poi ricominciai a respirare. Mi guardai intorno per vedere se qualcun altro aveva notato gli insetti danzanti. Seicento facce cinte da colletti azzurri e cravatte rosse stavano seguendo le parole di *All things bright and beautiful.* La maggior parte guardava nel vuoto, altri sembravano annoiati, pochissimi cantavano con entusiasmo. Nessuno guardava la colonna danzante. Delusa, tornai a osservare gli insetti. Nel giro di pochi secondi, la colonna dalle sfumature arcobaleno riuscì a cancellare gli orrori quotidiani della vita in collegio.

Così fui l'ultima a capire come mai il coro aveva trattenuto il fiato e cominciato a perdere colpi. Solo quando l'inquieto strascichio nella fila dei ragazzi disperse la colonna di insetti, spostai lo sguardo verso il palco e vidi insegnanti e capiclasse impietriti. Seguii il loro sguardo verso il lato destro del palco e individuai la causa dell'agitazione generale. Sotto il *champak*, vestita molto semplicemente in jeans e maglietta bianca, c'era la ragazza più bella che avessi mai visto.

Sono particolarmente sensibile alla bellezza perché ha il potere di farmi male. È un segreto che nascondo nel profondo di me stessa. Ho paura di guardare una cosa bella perché riesce a tirarmi il cuore su su fino agli occhi, dove chiunque può strapparlo fuori, giocarci e buttarlo via. Le fotografie sono pericolosissime. Non bisognerebbe guardarle troppo spesso perché con il passare del tempo possono crearti un buco dentro. Nelle fotografie, le persone non invecchiano e non muoiono come succede nella realtà, come è successo a mia madre. Quando le altre ragazze se ne stanno sedute sui loro letti a sfogliare l'ultimo numero di *Elle* o *Cosmopolitan*, io me ne rimango in disparte. Di notte, o alle prime ore del mattino, rubo le riviste di moda dagli armadietti delle altre ragazze, mi nascondo nello stenditoio vicino ai bagni e divoro con gli occhi quei bellissimi visi. Dopo aver guardato la foto di una bella ragazza, chiudo gli occhi. Dietro le palpebre lei diventa reale, più reale e più bella che sulla pagina. Poi i secondi si accumulano e la seppelliscono, finché non si riduce a un puntino colorato. Solo quando il puntino perde colore e diventa nero, apro gli occhi. Poi non apro più il giornale.

Quindi, se dico che era la ragazza più bella che avessi mai visto, so di cosa parlo. Ma non ero la sola a pensarla così. Mi voltai a guardare gli altri. Molti avevano stampati sul viso piccoli sorrisi di piacere, gli occhi liquidi, inteneriti. Certi sembravano arrabbiati, altri avevano un'espressione selvaggia, alcuni apparivano sgomenti, persino impauriti. Tutti gli altri avevano uno sguardo sognante e soddisfatto, come se avessero appena mangiato una banana split o un gelato al cioccolato. Comunque, in un modo o nell'altro, tutta la scuola la fissava a bocca aperta.

Alla fine mi voltai e, guardando attentamente la nuova ragazza, fui travolta dalle stesse emozioni visibili sul viso di tutti. Fu in quel momento che commisi il mio primo errore. Avrei dovuto chiudere gli occhi o almeno distogliere lo sguardo. Avrei dovuto lasciare che i secondi si accumulassero fino a ingoiarla, trasformandola in un puntino che diventava man mano invisibile. Ma non lo feci.

Il coro riprese, e all'improvviso fui certa che nell'incredibile bellezza di quella ragazza non c'era nulla di cui avere paura. Aprii gli occhi e sentii il vento fresco e umido dei monsoni carezzarmi amorevolmente il viso, come faceva con gli alberi e le loro gonne gonfie di foglie. E nel cielo cobalto, la colonna di zanzare riprese la sua folle danza. Incominciai a cantare con gli altri.

Sono sensibile alla bellezza perché ne ho poca. E anche perché non mi è mai permesso di dimenticarlo. Per tutta la vita sono stata circondata da cose e persone bellissime. Tutte le fidanzate di mio padre erano belle. Quello avrei potuto sopportarlo, perché erano umane e mortali. E comunque a me sembravano perlopiù vecchie, e alcune troppo grasse. Ma c'era una persona con cui non potevo competere, che non invecchiava e non ingrassava mai, e che non mi era permesso dimenticare: mia madre. Nessuna delle amichette di mio padre poteva competere con lei, nemmeno lontanamente. Mio padre me lo ripeteva sempre. E non avevo bisogno delle sue parole per sapere che diceva la verità. Avevo la fotografia.

Per tutta la vita mi aveva guardato dalla parete sopra il lettone. La foto era stata scattata quando aveva ventidue anni. Aveva il viso leggermente inclinato, i folti capelli ondulati raccolti da un lato e avvolti intorno al collo come una sciarpa di seta nera, gli zigomi alti e la mascella ben disegnata in evidenza. Il lungo naso diritto dalle narici delicate faceva spiccare le bellissime labbra piene. Un giglio in vaso si piegava ad arco su di lei, completando con un tocco artistico l'immagine da fiaba. Ma erano gli occhi a dominare la foto.

«Gli occhi di tua madre sono indimenticabili», diceva mia nonna con un sospiro, mentre i suoi si offuscavano. Poi il suo sguardo ritornava a fuoco, e mi fissava con distacco. «È un peccato che tu abbia ereditato gli occhi di tuo padre», diceva. «Ma è il volere di Dio. Una bellezza così perfetta non poteva esistere di nuovo su questa terra imperfetta. Era troppo buona per questo mondo. E io, sua madre, devo aver fatto qualcosa di orribile nella mia ultima vita per avere la sfortuna di perdere una figlia così perfetta». Poi scrollava il capo, sospirava di nuovo, e fissava il televisore come se potesse darle una risposta.

«Ma i miei occhi non assomigliano ai suoi nemmeno un pochettino?» la imploravo sgranando gli occhi. Il suo viso diventava inespressivo, come succede agli adulti quando stanno per mentire. Ma nel caso di mia nonna significava che la sua mente era ritornata al passato e lei non c'era più. Così mi voltavo, sapendo che, quando fosse tornata al presente, avrebbe scelto un altro argomento di conversazione.

Ma un giorno mi sorprese. «Tua madre aveva gli occhi da cerbiatta. Quando sgrani gli occhi così, sembri una rana. Ma forse sì, potresti diventare bella crescendo. Se una rana può diventare una principessa come Mandodari, perché tu non potresti?»

Quando entrò in classe il giorno dopo, calò il silenzio.

Dietro di lei c'era il nostro preside, che la seguiva con uno sguardo stordito. «Questa è Mandakini», annunciò. «Viene da Dubai». L'aula fu percorsa da un'ondata di fruscii e scalpiccii. Partì dagli ultimi banchi, dove sedevano solitamente i bulli, gli sportivi e i loro tirapiedi, e si spostò in avanti, riempiendo la stanza con un'energia improvvisa. L'insegnante fece sedere la bella ragazza nel banco davanti, quello appiccicato alla sua scrivania, dove non voleva mai sedersi nessuno. Lei obbedì, e si sedette dando la schiena alla classe. Da dove ero seduta, in seconda fila, le vedevo le spalle e il profilo. La fissai vorace. Mi sembrava di essere risucchiata da un'onda, ma non sapevo dove. Mandakini era come una folata di aria pura nell'atmosfera apatica, stantia della scuola. Eravamo tutti avidi di lei, bramosi di strapparle un po' di freschezza, prima che, stando con noi, diventasse anche lei vecchia e stantia. E così continuammo a gettarle brevi occhiate, come cucchiai che affondavano nella sua bellezza portandogliene via un pochino per volta. L'insegnante di geografia continuava a parlare con voce monotona. La classe diventò sempre più calma e sognante.

Ma il fascino della nuova arrivata non si esaurì nemmeno quando indossò l'orribile uniforme grigia che portavamo tutti. Anzi, la rendeva ancora più speciale perché la sua bellezza irradiava direttamente dal viso, il resto del corpo reso misterioso dall'informe divisa preconfezionata che tutti eravamo costretti a indossare.

«Che razza di nome è Mandakini?» disse in tono sprezzante Maya, la capoclasse.

«È un nome pretenzioso, per attirare l'attenzione», replicò Anjali, la sua comandante in seconda.

Le altre annuirono. «La chiameremo Secca», annunciò Maya. Tutte lanciarono gridolini e sghignazzarono dandosi di gomito. Maya guardò Anjali e annuì. Ovviamente avevano già provato quella scenetta.

Nei giorni e nelle settimane successive notai qualcosa di strano riguardo a Mandakini. Tutte le volte che entrava in una stanza, indipendentemente da quanta gente ci fosse, per un istante regnava il silenzio e poi una corrente percorreva la folla. I movimenti diventavano più espansivi, le risate più frequenti e le voci più acute, soprattutto quelle femminili. Le persone si toccavano a vicenda più spesso e tutti stavano più vicini. Ma intorno a Mandakini si formava sempre un piccolo spazio vuoto, un cuscinetto d'aria che spesso non superava i pochi centimetri di ampiezza. Ma era comunque spazio, un cerchio di vuoto e silenzio che spiccava ancora di più perché era attorniato da tanta attività.

Mandakini stava al centro, e le correnti che generava apparentemente non la turbavano. Sembrava indifferente al fatto che nessuno le parlasse. Si limitava a fissare lo spazio intorno a sé, sfidando chiunque a penetrarlo. Io, da parte mia, godevo totalmente della sua presenza. Quando mi era vicina, lo spazio che condividevamo diventava all'improvviso più bello. Riuscivo a notare il colore del cielo e le nuove foglie primaverili, i folti capelli nero-blu di Anjali e lo strano verde-giallastro del muschio sulle pareti del dormitorio.

Un giorno entrai nella sala di ritrovo e trovai Mandakini che, davanti allo specchio, si strizzava i punti neri sulla fronte. Il viso distorto da una smorfia, con la lingua fuori, sembrava quasi brutto. «Non devi fare così, ti rovini il viso», gridai d'istinto, prima di potermi trattenere.

I nostri occhi si incrociarono nello specchio. «E che ti importa del mio viso?» mi chiese in tono sprezzante, senza voltarsi.

«Pe... perché rovinerai la tua bellezza», balbettai arrossendo.

Un'espressione di disprezzo si dipinse sui suoi tratti. «Evidentemente questa scuola è piena di pazzi», disse al suo riflesso, continuando a strizzare punti neri.

La rabbia fu più forte di me. «Il tuo viso non ti appartiene, quindi non dovresti rovinarlo», dissi.

«Davvero? E a chi appartiene allora?» chiese sarcastica.

All'improvviso mi parve nervosa, lo sguardo che sfrecciava da una parte e dall'altra per vedere se c'era qualcun altro.

«Non sono pazza», balbettai, le guance in fiamme. «La tua bellezza è solo uno dei tanti pezzettini che formano il mondo. Ma ha uno scopo. È stata messa nel mondo per ricordarci che lui esiste. La tua bellezza è il velo di Dio. Non puoi sciuparla».

Si voltò e si diresse verso di me. Aveva un'espressione sollevata. «Allora è per questo che non hai paura di parlare con me?»

Quella domanda mi coglieva di sorpresa, ma più della domanda in sé era la sua espressione che mi incuriosiva. Perché sul suo viso c'era un desiderio non molto diverso da quello che provavo ogni volta che la guardavo.

«Le ragazze sono gelose e i ragazzi hanno paura», dissi alla fine. «Li costringi a pensare a quello che hanno perso».

«E cosa sarebbe?»

«L'altro mondo, quello invisibile».

«E perché tu sei diversa?»

«Te l'ho detto. Capisco il significato della tua bellezza».

«Allora spiegamelo. Perché io non so proprio cosa significa, anche se ci ho convissuto tutta la vita».

Fu il mio secondo errore. Avrei dovuto andarmene, dirle che stavo scherzando. Invece condivisi con lei il mio più grande segreto.

«All'inizio odiavo la bellezza», dissi parlando lentamente. «Mi sembrava che il suo unico scopo fosse di tormentare le persone come me, che non sono belle. Era mio padre a ripetermi che la bellezza aveva un altro scopo. Un giorno mi spiegò cosa aveva provato vedendo uno scoiattolo in un parco, quando studiava in Inghilterra. Era il primo che vedeva, da mesi. Per tutto l'inverno la bestiolina era rimasta nella sua tana nel tronco di un albero, a rimpinzarsi delle nocciole che aveva raccolto. Nel pallido sole del mattino era sceso dall'albero per la prima volta, per andare a cercare altro cibo, o forse solo per salutare il nuovo anno. Non era molto diverso dal nostro *gilhari*, le stesse tre strisce bianche sulla schiena. Evidentemente un cugino europeo. Ma la somiglianza finiva lì. Lo scoiattolo inglese era tre volte più grosso. Il pelo aveva i riflessi ramati più intensi che mio padre avesse mai visto, il bianco sulla schiena così candido da superare ogni immaginazione. La luce che si rifletteva dalla schiena e dal petto dello scoiattolo conteneva ogni sfumatura di rosso, da un color rame così intenso da sembrare quasi nero alle tonalità più delicate dell'arancione e del beige.

«Fu allora, mi raccontò mio padre, che comprese con certezza che Dio doveva essere una specie di carpentiere. Sempre occupato a riparare, costruire e proteggere questo nostro mondo indisciplinato. Ma ogni tanto si prendeva una pausa e faceva qualcosa che gli dava piacere, creava qualcosa senza motivo. Almeno, senza un motivo che lo associasse a questo nostro mondo. Qualcosa che era concepito per dare gioia a *lui*. Come lo scoiattolo. Doveva essere diverso dalla femmina. Doveva essere appariscente per attirare la sua attenzione. Ma non doveva essere per forza di una bellezza così incredibile, così mozzafiato. In quel qualcosa di più c'era lo zampino di Dio: Dio ci ricordava della sua esistenza, ci ricordava che abbiamo il dovere di conservare e proteggere quello che ha costruito intorno a noi, compresi noi stessi».

Chiusi gli occhi, provando di nuovo la sensazione di meraviglia e libertà che le sue parole mi avevano dato allora. Poi guardai Mandakini.

«In quel momento mi resi conto che la bellezza ha uno scopo, forse lo scopo più meraviglioso di tutti. Ci ricorda che Dio esiste. Siccome non ha un viso o una forma, o forse perché se potessimo vedere il suo viso moriremmo di paura o ne saremmo accecati, lui usa la bellezza per nasconderlo. È il suo velo, che ha creato perché sa che ci riempie di piacere e ci attira verso di lui».

Mandakini non commentò. La guardai nervosamente

con la coda dell'occhio, sperando che rompesse quel silenzio. Il suo viso era impassibile, come una maschera. Poi parlò. «Sei una ragazza buffa, stai a preoccuparti dell'aspetto di Dio», disse con voce tesa, acuta. «Non avrei mai pensato di incontrare qualcuno come te in questo buco di posto».

Fui sopraffatta da quel complimento. Ci guardammo con fare esitante. Poi ebbi la sensazione di non poter più sopportare la sua bellezza e uscii di corsa dalla stanza. Non mi fermai finché non raggiunsi la biblioteca, dalla parte opposta della scuola.

Quella sera, mentre aspettavamo il rintocco del gong per la cena, Mandakini superò la barriera invisibile che la circondava e mi si parò davanti. La folla vociante fu percorsa da un mormorio, seguito da un improvviso abbassamento del tono quando tutti allungarono il collo per vedere meglio. «Sono felice che ci sia una persona interessante in questa scuola. Ero stufa di stare sola», disse ad alta voce, in modo che tutti potessero sentire. Un altro mormorio nella folla, scalpiccio di piedi e bisbigli irosi. Il cerchio si era riformato intorno a noi. Guardai la folla e poi, con una certa timidezza, spostai lo sguardo su di lei. Mandakini mi sorrise, e io dimenticai la folla di ragazze ostili, dimenticai la scuola e i suoi numerosi tormenti. Provai la stessa sensazione che avevo provato quando era arrivata, il giorno in cui avevo scoperto la colonna di insetti che danzavano verso il cielo. Prima che potessimo dire qualcosa, il gong della cena suonò e così dovemmo separarci.

Il giorno dopo, quando entrai in classe, Mandakini mi fece un cenno e indicò il posto vuoto accanto a lei, in prima fila. «Siediti pure qui, il ragazzo che c'è di solito sta sempre a guardarmi le gambe».

«E se vuole sedersi qui?»

Il ragazzo in questione era Nikhil, il bullo della classe. Faceva il bullo da quando, in prima media, era cresciuto all'improvviso e il poco cervello che aveva si era trasformato in muscoli. Compensava l'ignoranza con la violenza e una volta aveva mandato in ospedale un compagno di squadra. Così, nonostante tutti ridessimo di lui, chiedendoci in che parte del corpo si nascondesse il suo cervello, ne avevamo anche una gran paura.

«Non posso rubargli il posto», dissi timidamente.

«Va bene, se hai paura prendi il mio posto e io mi siedo al suo», rispose spostandosi.

Pochi minuti dopo Nikhil entrò in classe. «Quello è il mio posto», disse fissandomi.

«No, non è il tuo posto. Ci sono io al tuo posto. Vuoi che mi alzi?» disse Mandakini con voce suadente.

Lui esitò, poi, sempre guardandomi di traverso, andò a sedersi dietro di noi, lasciando cadere rumorosamente i libri sul banco. Poi si protese e mi tirò la treccia. «Questa non me la dimentico, coda di topo», mi minacciò. Ma sapevo che era un bluff. Aveva troppo timore di Mandakini.

Il resto della classe arrivò a gruppetti. Tutti mi fissavano, ma io li ignorai, il cuore gonfio di orgoglio. Quando suonò il campanello entrò il signor Trivedi, che insegnava scienze politiche.

Accanto a me percepii la tensione improvvisa di Mandakini.

Il signor Trivedi era uno strano personaggio. Mentre tutti gli altri insegnanti portavano i pantaloni e la giacca blu o di tweed, il signor Trivedi indossava solo *kurta* e *chappal*. Gli altri fumavano la pipa, lui *beedi*. Ridevamo del suo forte accento indiano e delle parole hindi che abbondavano nei suoi discorsi. Ridevamo del modo in cui si pettinava i cinque capelli sottili in cima alla testa calva, e di come domava con l'olio profumato la folta chioma sui lati. Ma soprattutto ci divertivamo a farlo arrabbiare in modo che si mettesse a gridare, gli occhi pieni di lacrime trattenute e la voce tesa, maledicendoci perché avevamo l'opportunità di studiare in una delle migliori scuole del paese e non la prendevamo sul serio.

Ma nonostante le sue stranezze, le lezioni del signor Trivedi erano eccitanti; discuteva delle notizie quotidiane con noi come se fossimo adulti e ci incoraggiava a sollevare obiezioni. E noi lo seguivamo perché avevamo capito che, a differenza degli altri insegnanti, al signor Trivedi i suoi studenti interessavano. Per qualche motivo che aveva a che fare con il suo latente nazionalismo, o con il fatto che eravamo indiani come lui, quello che pensavamo gli importava. Quando uno di noi scriveva un buon tema, lo leggeva ad alta voce in classe, spesso con le lacrime agli occhi. Ed era questo che rendeva la sua crudeltà nei confronti di Mandakini ancora più inspiegabile.

Il primo giorno in cui era arrivata in classe, il professore l'aveva subito chiamata.

«Tu, alzati», le ordinò. «Come ti chiami?»

«Mandakini Kaushal, signore».

«Allora vieni dall'Uttar Pradesh», disse compiaciuto.

«No, sono di Dubai», ribatté lei.

Il viso del professore si impietrì e gli occhi gli uscirono dalle orbite. Quando riuscì a parlare, lo fece con una voce completamente diversa, una voce che non avevamo mai sentito. «Non sei indiana, sei di Dubai». Si voltò verso il resto della classe. «Chi ha mai sentito di un'indiana di Dubai?»

Scoppiammo tutti a ridere e nelle file in fondo i ragazzi pestarono i piedi e diedero manate sui banchi per manifestare la loro approvazione. Il signor Trivedi, raggiante, dimenticò di rimproverarli.

A Mandakini non piaceva essere presa in giro. La faceva soffrire più di qualsiasi altra cosa. «Be', non vengo dall'Uttar Pradesh e non dico bugie», disse, gridando per farsi sentire nel frastuono. «La mia casa è a Dubai e ci ho vissuto fin da quando ricordo».

La classe rimase immobile. Tutti fissavano nervosamente il signor Trivedi.

«E allora perché sei qui?» chiese con calma. «Perché non sei rimasta a Dubai? Ci sono ottime scuole laggiù».

Il viso di Mandakini si infiammò. «Sono stati i miei genitori a mandarmi qui. Come faccio a sapere il perché? Se ha altre domande personali dovrà farle a loro. Verranno a trovarmi presto», disse, ricordandogli non troppo implicitamente che era solo un insegnante, e che erano i suoi genitori a pagare le esorbitanti tasse scolastiche.

Adesso era il professore a essere furioso. «Questa è la mia classe, e finché sei qui nemmeno i tuoi genitori potranno salvarti».

Fummo percorsi da un brivido. Ma Mandakini sembrava impassibile. Si esaminava le unghie con fare annoiato. Aspettammo che il signor Trivedi facesse qualcosa di ancora più grave. Ma non lo fece. Si limitò a lanciarle uno sguardo torvo, aprì il libro di testo e iniziò a leggere con voce neutra. Poi la ignorò e la lezione continuò in modo abbastanza normale, anche se la tensione aleggiò nell'aria per tutta l'ora.

Dopo quell'episodio, il signor Trivedi cambiò tattica. Ogni lezione cominciava con: «Cosa ne pensa Mandakini degli eventi di oggi?» Di qualsiasi argomento lei scegliesse di parlare, il professore le faceva fare la figura della stupida. Le lezioni diventarono il teatro dello scontro fra le loro due volontà, mentre noi eravamo solo gli spettatori. Alle ragazze piaceva da morire. E persino i ragazzi si divertivano, ma fino a un certo punto. Tutti erano stati sopraffatti dal potere di Mandakini il primo giorno, ed erano segretamente a disagio quando veniva messa in ridicolo. Al contempo si sentivano in dovere di stare dalla parte del professore, soddisfatti che mettesse al suo posto una ragazza. Anch'io ero dalla parte del signor Trivedi, ma per motivi diversi: anche il signor Trivedi era brutto, come me.

Così ridevamo tutti con lui ed eravamo colpiti dal modo in cui riusciva a offuscare la bellezza di Mandakini. Il signor Trivedi sembrava una gallina che ha appena fatto l'uovo. Si pavoneggiava tutto davanti alla classe, poi si voltava verso Mandakini per vedere la sua espressione. Mandakini si limitava a fissarlo con uno sguardo indecifrabile e, ogni tanto, gli faceva un sorrisetto malizioso. A quel punto lui diventava rosso come un peperone e trovava il modo di punirla.

Se arrivava in ritardo alle lezioni, le assegnava un quiz a sorpresa sulla lezione precedente e le dava zero. Nella prova orale settimanale le riservava regolarmente domande impossibili. Se lei non sapeva rispondere, le metteva una nota di biasimo. Quando Mandakini chiedeva di andare in bagno, lui le rifiutava sempre il permesso. Almeno due volte la settimana la accusava di non prestare attenzione, e la obbligava a starsene in piedi davanti alla classe con le dita sulla bocca o voltata verso il muro.

Mandakini cercava di discutere, ma in quel modo gli dava una scusa per punirla in modo ancora più severo. Così, dopo le prime volte, decise di tacere e non si ribellava nemmeno quando le domande del professore erano difficilissime o la punizione umiliante.

«Allora Mandakini *devi*, che *taaza khabar* hai per noi oggi?» le chiese un giorno il professore, mettendosi davanti a noi, così vicino da sfiorare il bordo del banco.

«Mi scusi, non ho capito quello che intende», ribatté lei con voce suadente e un sorriso ammaliante.

Il signor Trivedi sembrò confuso. «Vuoi fare la sfacciata con me?» le chiese.

«Certo che no, signore, non oserei mai», rispose Mandakini, ancora più incantevole nella sua finta innocenza.

«Allora cos'è che non capisci, *beti*?» le chiese con insolita gentilezza.

«Quella parola inglese, signore, *taaza*. Cosa significa? Non l'ho mai sentita prima», replicò lei in tono sommesso.

Il sangue mi si raggelò nelle vene.

Il viso del signor Trivedi s'incupì. «Non sai cosa significa *taaza*?» chiese in tono acuto, falso, fingendo di imitare l'accento vagamente inglese di Mandakini.

«No, signore», disse lei con fare compassato. «Non ho

mai sentito quella parola. Sa, pensavo che questa fosse una scuola di lingua inglese».

Non si sentiva una mosca volare. Poi, dal fondo della classe, qualcuno rise. La risata fu subito repressa, ma era troppo tardi. Il signor Trivedi sembrava sul punto di commettere un omicidio. «Se non fossi una femmina...» sibilò stringendo i pugni. Si controllò con grande difficoltà, gli occhi iniettati di sangue per lo sforzo. «*Taaza* significa fresco», disse alla fine. «Allora dicci quali notizie fresche di giornata vuoi sottoporre alla nostra attenzione».

Sentii il corpo di Mandakini accasciarsi contro il mio. Poi notai che si raddrizzava, come se avesse attinto energia dal contatto. «La mia notizia di oggi è che Miss India, Lara Bhatt, ieri è stata dichiarata la donna più bella del mondo».

Tutta la classe scoppiò in una risata di sollievo.

Solo il signor Trivedi non rideva. «Allora pensi che questa sia una notizia importante?»

«Era in prima pagina, signore, sul *Times of India*».

«Davvero? Per questo hai pensato che fosse importante?» Gli occhi del professore lampeggiavano, la voce gli si fece roca. «Oppure ti piace immaginarti mentre sfili mezza nuda davanti agli uomini, come fa lei?»

Fissando il viso del signor Trivedi, capii all'improvviso perché si comportava in modo così strano con Mandakini. Non poteva farne a meno. Era la sua bellezza a costringerlo. Era ancora più ammaliato dal suo potere di quanto non lo fossimo noi e, essendo un uomo forte, cercava di liberarsene. Non gli piaceva sentirsi imprigionato dalla sua bellezza. Provai un'improvvisa simpatia nei suoi confronti. Poi guardai Mandakini. Si stava mordendo il labbro inferiore, sforzandosi di trattenere le lacrime. Alle nostre spalle percepivo gli occhi di Nikhil che le bucavano la schiena. E i ragazzi in fondo ridacchiavano come quando guardavano i giornaletti porno che nascondevano nei libri.

«Su, rispondimi. Dimmi cosa c'è di così importante in questo evento», ripeté il signor Trivedi, mantenendo un'espressione attentamente neutrale, tranne per gli occhi, che ardevano.

Mandakini rimase a lungo in silenzio, poi, con un filo di voce, disse: «È importante per l'India, signore. Almeno il mondo sa che siamo i migliori in qualcosa».

Il signor Trivedi scoppiò in una risata aspra, il viso nuovamente invaso dalle emozioni. «Allora pensi che avere la donna più bella del mondo sia come produrre il supercomputer, o la bomba atomica?»

Allungai la mano sotto il banco, afferrai quella di Mandakini, che era ghiacciata, e la strinsi. Se ne accorse a malapena. Lei e il professore erano tanto impegnati nella lotta che il resto della classe aveva perso importanza. «Signore, un computer o una bomba sono un'opera dell'immaginazione, no?» domandò.

Il signor Trivedi annuì.

Mandakini proseguì con voce dolce: «I nostri scienziati sono creatori, e quindi, in un certo senso, artisti. Ma anche una bella donna è un'opera dell'immaginazione. Alle sue spalle c'è una squadra di artisti di talento – stilisti, truccatori, parrucchieri, insegnanti di dizione. Non è facile creare qualcosa, nemmeno una cosa morta come un computer. Ma un essere umano è migliaia di volte più complicato». Di colpo la docilità di Mandakini scomparve. «Ma nulla di quello che fanno questi artisti può funzionare se non c'è la materia prima. Gli esseri umani non hanno la facoltà di creare la bellezza. È un dono di Dio. Lara Bhatt è importante perché è la prova che Dio ama il nostro paese, signore», gridò trionfante.

Sentii qualche risata rapidamente repressa. Ora la classe rideva in silenzio, non di Mandakini, ma con lei. Anche il signor Trivedi lo percepiva, molto probabilmente, ma finse di non notarlo. Tutto il suo essere era concentrato su Mandakini. All'improvviso cominciò a muovere le labbra. «Cercare di insegnarti qualcosa è una perdita di tempo», disse con voce priva di emozione. «Sei una ragazza viziata, meschina. Non meriti di frequentare una scuola come questa. Non so perché i tuoi genitori si siano presi la briga di mandarti a scuola. Avrebbero dovuto mandarti dritta in un istituto di bellezza, così avresti potuto imparare a fare la prostituta, quello che sei in realtà».

Sull'aula cadde un silenzio attonito. Mandakini era rigida, come prosciugata della sua vitalità. Poi, sempre seduta, drizzò la schiena, e lanciò uno sguardo di sfida al professore.

«Allora perché ci fa leggere i giornali, se è questo che pensa dell'industria della bellezza? I giornalisti la considerano abbastanza importante da metterla in prima pagina. Anche loro sono viziati e meschini?»

Il signor Trivedi fece un passo verso di lei. Sembrava che volesse strangolarla sul posto. Mandakini rimpicciolì, contraendosi sulla sedia. Tutta la classe rimase con il fiato sospeso. All'improvviso il signor Trivedi si rese conto di essere in classe. Fece un passo indietro, il viso una maschera di orrore.

«Esci dalla mia classe», ringhiò. «Fuori».

Mandakini si alzò, gettò alla classe uno sguardo sprezzante e uscì. Il mio cuore si riempì d'amore per lei. Era così coraggiosa, così vulnerabile. E sembrava più bella che mai.

Per il resto della lezione fingemmo di essere studenti modello. Discutemmo della legge sulle quote di lavoro riservate alle donne e su quella del diritto all'informazione. Cercammo di rispondere bene e di far sorridere il signor Trivedi. Ma per tutto il tempo mi sembrava di sentire il fantasma di Mandakini che divorava le nostre parole e le sputava, leggere e asciutte come pula.

Finalmente la lezione terminò. Uscimmo a gruppetti, sollevati. Mandakini aspettava fuori, mordicchiando un torsolo di mela. Il signor Trivedi era solo in classe e noi due eravamo rimaste sole fuori. «Vai a chiedere scusa», le bisbigliai ansiosa.

«Non serve a niente», borbottò lei.

«Certo che serve. Non può punirti, visto che per un pelo non ti ha picchiato».

Mi guardò, e il suo viso sembrava vecchio, sconfitto. «Vuoi scommetterci?»

Si strinse nelle spalle e avanzò con passo aggraziato verso la classe. Il signor Trivedi, sentendola avvicinarsi alla scrivania, alzò lo sguardo su di lei. Uscii di corsa dall'edificio e feci il giro fino alla finestra. Il professore non sembrava arrabbiato, pensai sollevata. Le indicò una sedia. Poi parlarono a lungo. Cominciai a innervosirmi. La lezione successiva era iniziata da un pezzo. Alla fine si alzarono entrambi. Il signor Trivedi le aveva messo una mano sulla spalla, e le sorrideva. Poi tolse la mano e le porse un giornale. Mi abbassai sotto la finestra e aspettai che il professore uscisse. Poi scavalcai.

«Cos'è successo?» le chiesi.

«Vuole che copi questo giornale dalla prima all'ultima pagina, parola per parola, cinque volte».

«Stai scherzando! Ci vorrà una vita. Non può darti una punizione del genere!»

«Non è una punizione», fece lei. «È per il mio bene. Per istruirmi».

«Non può essere vero».

«È quello che ha detto».

«Penso che dovresti riferirlo al preside. Ti ha chiamato prostituta e per poco non ti metteva le mani addosso».

Scosse il capo. «Non posso farlo».

«Perché no?» Non capivo come potesse essere così coraggiosa e poco dopo così remissiva.

«Non capiresti».

«Perché? Perché non potrei capire?» Mandakini iniziò ad allontanarsi lungo il corridoio. «Ho perso metà della lezione successiva per aspettarti, quindi dovresti almeno cercare di spiegarmi», ansimai, cercando di stare al passo con lei.

All'improvviso cambiò umore. Rise e mi abbracciò. «Bene. Lasciamo perdere la lezione e andiamo in mensa a bere un caffè. Ti racconto la mia storia».

Era cominciato un paio d'anni prima, nella scuola di Dubai. Un insegnante aveva iniziato a mandarle messaggi nascosti nei compiti per casa. Era sposato, e quando lei aveva minacciato di mostrare le lettere al preside e alla moglie, lui si era messo a piangere. Disse che non era colpa sua, che la sua bellezza l'aveva fatto impazzire. Giurò che non l'avrebbe mai più importunata. Così lei gli restituì le lettere, tranne una, che conservò come prova, e dimenticò tutta la storia. Poi cominciò il supplizio. Frecciatine maliziose indirizzate solo a lei, punizioni umilianti, voti ingiusti. Mandakini si lamentò con sua madre, ma lei non le credette, anzi la accusò di aver flirtato con l'insegnante per ottenere voti migliori e poi di aver inventato la storia perché non riusciva a gestirne le conseguenze. Così andò dal preside. Gli mostrò la lettera e chiese di licenziare l'insegnante.

«Lui mi guardò accarezzandosi la barba con le dita lunghe, bellissime. Mi offrì un tè e mi parlò a lungo. Quando uscii dal suo ufficio ero al settimo cielo, e quasi innamorata di quell'uomo. Poi il preside chiamò i miei genitori e chiese loro di andare nel suo studio. Avevo già raccontato ai miei del mio incontro con il preside, quindi erano preparati. Quel giorno decisi di non andare a scuola. Mi dipinsi le unghie dei piedi e misi l'henné sui capelli. Ero felice. Quando i miei rientrarono l'henné era quasi secco, e si era trasformato in una specie di elmo. Appena li guardai in faccia capii che era successo qualcosa di terribile. Mi dissero che il preside aveva chiesto di ritirarmi dalla scuola, che secondo lui mi facevo strane fantasie e mentivo, e avevo bisogno di cure speciali che la scuola non poteva fornire. Aveva detto che avevo lanciato accuse infondate contro un insegnante felicemente sposato e quindi non potevo rimanere nella scuola».

«E la lettera?»

«Non so. Forse l'aveva distrutta».

«Ma perché?»

C'era amarezza nella sua voce. «Probabilmente perché è difficile trovare bravi insegnanti di hindi e di fisica. Come è difficile trovare un buon insegnante di scienze politiche».

«Ma tutta la classe ha visto come si è comportato Trivedi! Verrò con te dal preside».

Il viso le si rabbuiò, la speranza si alternava alla paura. «No», disse alla fine. «Non posso correre un rischio così. Se dovessi lasciare anche questa scuola, mi manderebbero ad abitare con i miei nonni in qualche villaggio dell'Uttar Pradesh». Si strinse nelle spalle. «Morirei se andassi laggiù».

Le afferrai la mano e gliela strinsi forte. Restammo in silenzio per un po'. Poi mi venne in mente. «Ti aiuterò con la punizione. Posso imitare la tua calligrafia abbastanza facilmente».

Mi guardò stupita. «Lo faresti davvero?»

«Certo», risposi.

Ci mettemmo una settimana. Avremmo fatto più in fretta se Mandakini non avesse scelto un posto così pubblico come la statua di Gandhi davanti alla biblioteca. Tutta la scuola ci vide sedute lì per ore a copiare il giornale.

All'inizio si limitavano a lanciarci delle occhiate, poi qualcuno si avvicinò per vedere cosa stavamo facendo. Non i ragazzi della nostra classe, ma quelli più grandi, uomini alti, muscolosi, con i pantaloni invece degli stupidi calzoncini. Ci passavano accanto con l'aria di chi si sente un Dio, fingendo di non vederci. Poi all'ultimo momento si fermavano. Chiedevano con aria disinvolta che cosa stessimo scrivendo con tanta foga, ma avevano gli occhi incollati su Mandakini.

«Stiamo copiando tutte le cose sagge scritte in questo giornale, così diventeremo saggi cittadini del nostro grande paese», rispondeva lei.

Loro si mettevano a ridere, e noi pure. Ma i loro occhi, fissi su Mandakini, non ridevano. Poi lei raccontava che era stata punita. «Perché?» chiedevano, sorpresi che qualcuno osasse punire una ragazza così bella. «Perché ho detto che avere una Miss Mondo indiana era un importante successo nazionale», rispondeva lei. Scrollavano il capo e, con gli occhi scintillanti, la imploravano di raccontare come era andata. Allora Mandakini raccontava di come il signor Trivedi aveva perso le staffe, ma faceva sembrare l'episodio così divertente che i ragazzi ridevano ancora di più. Mandakini rideva con loro. Gli occhi degli uomini assorbivano la visione di quella bellissima ragazza che rideva, e le loro risate prendevano una sfumatura aspra.

«E lei?» chiese un ragazzo curioso. «Perché è stata punita?»

«Per niente», risposi, soffocata dalla timidezza. «Sono solo brava a copiare».

«È utile», fece lui guardandomi incredulo. Poi rivolse nuovamente l'attenzione al vero oggetto del suo interesse.

«Mi aiuta. È la mia amica», sentii dire Mandakini, mentre uscivo dal mio stato di trance. Avvolse il suo corpo intorno al mio in un abbraccio affettuosissimo, come non aveva mai fatto. Sentivo ogni curva del suo corpo, e mi sembrò all'improvviso di essere il ragazzo che la stava guardando, come se fosse lui che Mandakini abbracciava. Guardai il tizio. Ci osservava con gli occhi umidi di desiderio.

«Amica fortunata», disse in tono lugubre, fissando Mandakini. «Posso essere anch'io tuo amico?» Scoppiarono entrambi a ridere, come se fosse una battuta spassosissima. Mandakini era splendente.

Alla fine del trimestre, gli studenti non erano più intimiditi da Mandakini. Il cerchio vuoto che la circondava ovunque andasse era svanito, e ora lo occupava un gruppetto formato dalle ragazze più belle della scuola, che le stavano così vicine da sembrare petali intorno al cuore di un fiore. Dietro il cerchio di ragazze ciancianti c'erano i ragazzi, che le gironzolavano cupamente intorno.

Tutta la scuola ronzava di frasi su di lei. «Mandakini dice, a Mandakini non piacerebbe...» Le top model venivano regolarmente paragonate a lei. Ma ero io la sua amica del cuore. Lei lo sottolineava. Ero l'unica di cui poteva fidarsi, mi disse. Le altre le stavano intorno solo per rubarle un po' di luce.

«Che luce?»

«Sì che lo sai. La luce dei ragazzi. Il modo in cui guardano le ragazze».

«Ah». Non ero del tutto d'accordo. La luce veniva da Dio, e brillava attraverso Mandakini. Non aveva nulla a che fare con i ragazzi.

Quando arrivammo agli esami di fine d'anno non riuscivo a credere che il trimestre fosse volato via così in fretta. Ma per la prima volta in vita mia mi dispiaceva che fosse finito. Com'era stato diverso dal trimestre precedente, quando non desideravo altro che fuggire. Ora non volevo ritornare al silenzio dell'appartamento a Bangalore, un silenzio rotto solo dal fruscio degli aghi da maglia della nonna o dai *bhajan* che ascoltava con il registratore.

Mandakini e io terminammo insieme l'ultimo esame, quello di letteratura inglese. Appena uscite alla luce del sole, mi sentii così leggera che mi sembrava di volare. Era una perfetta giornata estiva sulle colline. L'aria secca, frizzante, era impregnata del profumo resinoso di aghi di pino, erba tagliata e legna asciutta e mi carezzava la pelle delle braccia come seta. Mi voltai verso Mandakini per condividere la perfezione di quel momento, ma notai che aveva un'espressione turbata.

«Cosa c'è?» le chiesi.

Sorrise con fare assente. «Oh, niente».

«È per l'esame?»

«No, no, l'esame non era un problema. Sono sicura di averlo passato».

«E allora cosa c'è che non va?»

Non aprì bocca. Così le dissi delle vacanze e di quanto

mi sarebbe mancata. Non rispose. Poi, all'improvviso, disse: «Non sarò molto lontano. Rimango qui per le vacanze. Ma mi mancherai anche tu».

Non riuscivo a crederci. «Perché rimani qui?»

«I miei saranno in Europa. Mio padre deve lavorare lì e a mia madre piace fare compere. Così non posso tornare a casa».

«Ma... ma». Ero furiosa con i suoi genitori, e quella situazione mi confondeva, facendomi sentire inspiegabilmente sleale nei confronti di Mandakini. «Comunque sono solo due settimane di vacanza», borbottai.

«Due settimane da sola», disse lei.

Fui percorsa da un brivido che non riuscii a reprimere. Il campus sarebbe diventato un luogo di fantasmi. Persino gran parte degli insegnanti avrebbe lasciato la scuola. Mandakini si sarebbe sentita sperduta.

«Almeno potrai dormire finché vuoi», dissi imbarazzata, cercando di scherzarci sopra. «Mia nonna mi sveglia alle sette. E con lei non si può discutere». Ma Mandakini non mi ascoltava più.

Gabriel Fernandez la stava salutando. Era l'uomo più bello della scuola, bello abbastanza da essere un modello, dicevano tutti. Lui e Mandakini formavano una bellissima coppia. Avanzò lentamente verso di noi, con un sorriso pigro sulle labbra. Guardai Mandakini. Le era tornato il suo sguardo da regina.

«Vado in America, vuoi venire con me?» le disse Gabriel, sventolandole una busta in faccia. «Sono stato ammesso al Leo and Sayer College, in Ohio».

«No, grazie, ci sono stata l'anno scorso. Era okay». Mandakini era molto distaccata. Ma mentre lo diceva i suoi occhi sorridevano.

«Davvero?» Il sorriso di lui si era un po' appannato, poi ritornò. «Andiamo in un posticino appartato così mi racconti tutto». Senza aspettare la sua risposta le prese la mano e la trascinò via.

Li osservai. Mandakini rideva alzando il viso, lui si protendeva avidamente verso di lei, e cercava disperatamente di affascinarla. Sembravano appartenersi, come due giovani alberi. Fui travolta da una sensazione familiare, una sensazione di bellezza così tangibile che mi sembrava di averla mangiata, e il suo gusto penetrava ogni papilla gustativa e ogni cellula nervosa. Distolsi lo sguardo imbarazzata. All'improvviso mi venne in mente che ogni bel panorama ha bisogno di una finestra che lo incornici. Senza la finestra non ci sarebbe stata vista. Nel caso di Mandakini, io ero la finestra. Così guardai i due che parlavano. Ma all'improvviso un'altra immagine cominciò a sovrapporsi alla prima, quella di Mandakini da sola che camminava nei corridoi e saliva le scale dove lei e io eravamo state circondate dai suoi ammiratori per tutto il trimestre. La immaginai superare l'albero di mango sotto cui Gabriel l'aveva baciata per la prima volta, lo stagno delle ninfee dove erano stati seduti per ore tenendosi per mano. Come potevano i suoi genitori essere così egoisti? Non sapevano come ci si sente a rimanere imprigionati in un collegio? Non immaginavano quanto gli studenti desiderassero tornare a casa? Avevano già dimenticato che la bellezza della figlia era anche una croce, a volte troppo pesante da portare? Come poteva sua madre essere così egoista da preferire l'ennesimo viaggio in Europa a sua figlia?

In quell'istante presi una decisione: avrei chiesto a Mandakini di venire a casa con me per le vacanze. Potevo facilmente falsificare una lettera d'invito diretta al preside da parte di mio padre e Mandakini poteva scriverne un'altra in cui i suoi genitori le davano il permesso di venire con me. Mio padre sarebbe stato sorpreso di vederla, così come mia nonna e le zie, ma ben presto si sarebbero lasciati ammaliare come tutti e avrebbero dimenticato di chiedere come mai era lì. Fu il mio terzo errore, quello definitivo.

Andò così liscia che sul momento mi convinsi di aver fatto la cosa giusta. Se Dio aveva dato a Mandakini la sua bellezza, forse aveva desiderato che io fossi il suo involucro. Dovevo stare sempre con lei, vegliare su di lei, proteggerla.

Il giorno in cui la scuola finì, il nostro autista, Babu, venne a prendermi come al solito. Quando Mandakini e io salimmo in macchina era quasi sera. La rabbia di Babu era tangibile. Sapeva che si sarebbe preso una tirata d'orecchie dal *sahib* e, ancor peggio, dalla moglie. Anche mia nonna ormai avrebbe immaginato il peggio. Ma non m'importava. Mandakini era con me. Le ci era voluto un bel po' di tempo per salutare tutti i suoi ammiratori e ancora di più per fare le valige. Ma finalmente eravamo in macchina e sfrecciavamo sui tornanti verso la città lontana.

Era una serata perfetta. Guardai il cielo scurirsi pian piano e una luna piena dorata alzarsi sopra la foresta. Accanto a me, Mandakini restava in silenzio. Ma io ero profondamente consapevole della sua vicinanza, come lo ero della luna gigantesca al di sopra degli alberi. Grazie alla sua presenza, la luna mi sembrava più vicina.

Scese la notte. La notte era diversa nella giungla. L'oscurità era più intensa, in un certo senso più crudele. Tentava di respingere la luce dei fari, costringendola a rimanere confinata nella stretta striscia di strada, e trasformava la foresta in una galleria. Ogni tanto vedevamo una volpe o uno sciacallo, e una volta un cervo attraversò la strada con un balzo aggraziato. La foresta era rumorosa. Nonostante il ronzio del motore sentivo le cicale frinire, interrotte ogni tanto dai versi delle rane toro, dallo stridio dei gufi o dei succiacapre e dai grugniti e dai latrati di animali più grossi.

«Allora, cosa facciamo una volta arrivati a Bangalore?» chiese Mandakini. «Questo posto mi dà i brividi».

«Uh, non saprei», dissi, chiedendomi come riuscisse a rimanere indifferente alla presenza prepotente della giungla. «Non so nemmeno se ci sarà qualcuno sveglio quando arriviamo».

«Tanto meglio. Potremo andare direttamente a mangiare qualcosa. Ho sentito dire che a Bangalore ci sono pub fantastici».

«Ma l'autista deve andare a casa», protestai, sapendo che Babu stava ascoltando dal posto di guida.

«Ah». Sembrò delusa.

Restammo in silenzio per il resto del viaggio. Anche Babu mantenne il suo silenzio imbronciato. Di solito mi sedevo davanti, e lui mi raccontava cosa era successo a casa, mentre io gli spiegavo cosa avevo fatto a scuola. Era un rituale che durava da sette anni, e io lo spronai a parlare facendogli le solite domande. Lui però mi rispondeva a monosillabi. Alla fine lasciai perdere e mi misi a fissare tristemente l'impenetrabile oscurità della foresta.

Quando arrivammo all'appartamento in Golden Enclave, mio padre aprì la porta scuro in volto. Appena mi vide mi afferrò per un braccio.

«Dov'eri? Abbiamo chiamato la scuola, persino la polizia. Ho disdetto un'importante cena di lavoro», gridò.

«Scusa, abbiamo... abbiamo fatto tardi», balbettai. Nel vocabolario di mio padre, "cena di lavoro" significava "appuntamento importante con una donna".

Ma lui non mi stava ascoltando. Aveva visto Mandakini alle mie spalle. Bruscamente mi lasciò andare il braccio.

«Papà, questa è la mia amica Mandakini. L'ho invitata a casa per le vacanze. Siamo nella stessa classe», dissi nervosamente, fissandolo. Ma non avrei dovuto preoccuparmi. Davanti ai miei occhi, la rabbia era scivolata via dal suo viso, ed era stata sostituita da qualcosa che non avevo mai visto prima, un'espressione servile e disperatamente desiderosa di compiacere.

Fu quell'espressione, e il sentimento cupo che l'aveva scatenata, che ci portò, meno di un'ora dopo il nostro arrivo, in un vero pub di Bangalore. Era come se mio padre fosse stato stregato. Si era dimenticato della cena di lavoro e persino di essere arrabbiato con me. «I giovani, soprattutto le giovani donne, non hanno idea del tempo. Mia moglie era proprio così», aveva detto a Mandakini quando lei si era assunta la responsabilità del nostro ritardo. Poi, quando Mandakini aveva detto che le sarebbe piaciuto molto vedere un vero pub, perché non c'era mai stata e ne aveva sentito tanto parlare, e perché le sembrava tutto talmente nuovo che le era venuto spontaneo chiederlo, mio padre liquidò le proteste della nonna per la cena gigantesca che ci aveva preparato e ci fece salire in macchina.

Mio padre era un grande frequentatore di pub della città. Ci andava almeno tre volte la settimana. Ma quando gli chiedevo che cosa avessero di tanto speciale, si metteva a ridere e mi diceva di aspettare di essere maggiorenne e l'avrei capito da sola. Perciò negli anni mi ero fatta un'idea precisa di come doveva essere un pub. Avevo visto le code di persone all'ingresso. Avevo ascoltato le ragazze più anziane che descrivevano con febbrili bisbigli i loro sabato sera. E avevo visto *La febbre del sabato sera*. Il pub è un tempio della bellezza. Immaginavo come la musica e il buio riuscivano a trasformare la gente comune, ammantandola di bellezza in modo da liberarla dalla paura e poter chiedere e ricevere amore liberamente. Sognavo la notte in cui avrei varcato quelle porte nere e dorate, l'oscurità invasa da un mare di corpi che si contorcevano. Mi avrebbero ingoiato e io mi sarei offerta completamente, perché le luci e la musica erano una cosa sola, viva, con il potere di trasformare persino me in qualcosa di bello.

Dire che rimasi delusa sarebbe un eufemismo. Invece dell'intimità di buio e corpi, l'interno del pub era come la sala d'aspetto di un aeroporto, piena di spazi vuoti, morti, una cruda luce bianca e musica troppo forte. L'arredamento spiccava più delle persone: divani a colori vivaci e dalla forma ameboide si alternavano a poltrone di lucida pelle nera, il tutto costruito per giganti invece che per indiani piccoli di statura. Tavoli di granito nero troppo grandi trasformavano le persone in distanti isolotti. Camerieri annoiati in giacca bianca, pantaloni neri, farfallino e scarpe bianche e nere prendevano ordini e servivano alcolici. Sembravano proprio dei pinguini, pensai con disprezzo. Persino la musica era banale, la stessa roba fiacca che sentivo a scuola, nei negozi, in televisione. Non c'era da stupirsi se non ballava nessuno.

Ci sedemmo a un tavolo al centro della sala. Mio padre mise immediatamente la mano sul braccio di Mandakini e iniziò a ridere e a flirtare divertito. Sentii la terra tremare sotto i piedi. Eppure una parte di me non era affatto sorpresa. Stavano solo facendo quello che ci si aspetta che gli adulti facciano in un pub. Sembrava naturale. Osservandoli mi sentivo come un bambino che guarda qualcosa che non dovrebbe.

Così mi misi a guardare gli altri. Molti sembravano avere una certa età, gente di successo. Avambracci pelosi spuntavano da camicie bianche inamidate, l'oro luccicava intorno a colli possenti. Labbra carnose sorridevano maliziosamente. Le donne avevano pettinature elaborate, fianchi grossi e ciprie che facevano a pugni con il colore della pelle. Erano accasciati su poltrone in pelle e divani di velluto, in silenzio, e di tanto in tanto sbattevano le palpebre come lucertole al sole. Erano tutte persone ordinarie, come me. Solo Mandakini brillava di luce propria, e ovviamente anche mio padre sembrava trasformato dalla sua energia.

Fissavo con nostalgia le porte nere e dorate del pub, desiderando di essere nuovamente fuori, a respirare l'aria calda e umida, quando all'improvviso si spalancarono ed entrò un uomo alto, in jeans neri. Il mio morale cominciò a sollevarsi. Ecco finalmente il tipo d'uomo che avevo sempre sognato. Era tutto in nero: una camicia spiegazzata con le maniche arrotolate e jeans neri dall'aria vissuta. I capelli gli arrivavano fino al colletto sdrucito. Non portava gioielli, a parte la bellissima fibbia d'argento finemente lavorata della cintura. Ma era il modo in cui si muoveva a renderlo diverso. Sembrava diffidente ma sicuro di sé, come una creatura che si divideva tra l'oscurità della giungla e le intime tenebre della notte urbana. I suoi occhi sfrecciavano inquieti per la stanza, come se cercasse qualcuno. Mi sforzai di immaginare la fortunata, ma non c'era nessuna donna in quel posto che fosse alla sua altezza, tranne una. E quella donna sembrava immersa nella conversazione con mio padre.

Lo sconosciuto avanzò verso il bar e si sedette su uno sgabello, pigiato tra due uomini in giacca e cravatta. Il barman lo raggiunse, con il viso che si apriva in un sorriso. Si strinsero la mano sopra il bancone e poi il barman si voltò per spillare la birra e riempì un lungo bicchiere di schiumoso liquido dorato. Lo porse allo straniero che ruotò sullo sgabello con la birra in mano e si guardò in giro come se fosse di casa. Alla fine i suoi occhi si posarono sul nostro tavolo e io distolsi rapidamente lo sguardo. Ma non ero stata abbastanza veloce: per un istante i nostri occhi si incrociarono ed ebbi la stranissima sensazione di essere osservata al microscopio.

Guardai Mandakini e mio padre. Lei gli stava dicendo qualcosa, con gli occhi che ridevano nei suoi. Mio padre le chiese perché i suoi l'avessero mandata alla St. Andrews. Mandakini rise come se le fosse stata fatta una domanda geniale. «Penso che volessero farmi vedere com'è l'India». Girò lo sguardo intorno e rise insieme a mio padre. Ero disgustata. Mentiva, eppure era ancora così bella mentre lo faceva! La conversazione continuò con mio padre che le chiedeva cosa desiderasse fare dopo la scuola e ascoltava concentrato la sua risposta. Mandakini disse che voleva diventare una programmatrice di computer, e lui annuì, colpito. Chiusi gli occhi, non sopportavo nemmeno più di guardarli.

Nel bel mezzo di una frase in cui le diceva di come avrebbe potuto aiutarla a entrare nel mondo del lavoro, sentii mio padre balbettare. Aprii gli occhi e lì, torreggiante sopra di me, c'era l'uomo in nero. Ma non stava guardando me, fissava Mandakini. Lei gli sorrise, poi lui si protese e la baciò sulle guance. Per tutta risposta lei lo circondò con le braccia, e persino l'aria intorno a loro sembrò trattenere il respiro.

L'abbraccio sembrò durare per sempre, lui un altissimo Krishna che stringeva lei come le nuvole stringono la luna nelle notti di monsone. In quel momento il pub dei miei sogni si rivelò all'improvviso. Guardai mio padre, chiedendomi se anche lui lo notava. Aveva un'espressione infastidita, come se avesse annusato qualcosa di marcio. Poi, d'un tratto, Mandakini si sciolse dall'abbraccio. Si rivolse a mio padre e presentò l'amico. «Questo è il signor Naren Nath. Un amico di famiglia, di Dubai».

«Non sto più a Dubai», la corresse lui ridendo. «Vivo nella vecchia e cara Bangalore, ormai».

«Cosa fa qui?» chiese mio padre con una smorfia. «Si occupa di informatica?»

«Faccio il fotografo, principalmente, ma progetto anche pagine web», replicò lui.

Mio padre trasalì. «E cosa fotografa?»

«Moda, soprattutto, qualcosa anche per i film».

Mandakini si drizzò a sedere, eccitata. «Hai fotografato Sushmita Sen o Aishwarya Rai?» chiese.

Lui sorrise e le passò distrattamente il dito sulla guancia. «Certo, un sacco di volte, prima e dopo che diventassero Miss Universo e Miss Mondo. Ma sono molto noiose da fotografare, troppo perfette. Preferisco la gente comune». I suoi occhi saettarono su di me per un secondo. Poi si rivolse a mio padre. «Posso sedermi?»

«Ma certo, si accomodi», disse mio padre controvoglia.

Quella reazione lo fece sorridere. Si sedette e lanciò a Mandakini un lungo sguardo sensuale.

Mio padre non si perse nulla di quella scena e un muscolo rivelatore incominciò a pulsargli vicino alla tempia sinistra. Ma riuscì a tirare la bocca in una parvenza di sorriso e a dire: «Cosa posso offrirle, un'altra birra?» anche se i suoi occhi lo fissavano in cagnesco.

I due uomini si misero a chiacchierare. L'uomo chiese a mio padre che cosa faceva, e lui si rianimò e iniziò a parlare allegramente di se stesso, del lavoro, dei suoi interessi. Poi tentarono di capire se avevano qualche conoscenza in comune. Ogni volta che saltava fuori un nome noto a entrambi mio padre sembrava deluso. La conversazione continuò finché Mandakini non li interruppe rivolgendo una domanda al fotografo. I suoi occhi ardevano mentre le rispondeva. I due cominciarono a parlare concitatamente degli amici comuni "dei tempi di Dubai", e si dimenticarono completamente di noi.

Mio padre si concentrò cupamente sul suo whisky. Poi ne ordinò un altro e fissò il vuoto, fingendo di ignorare i due. La conversazione si spostò sul presente e il fotografo chiese a Mandakini cosa ci faceva a Bangalore e perché, bella com'era, non si era già trasferita a Parigi. Lei rise deliziata e raccontò al fotografo perché i suoi genitori l'avevano mandata in quel collegio tre mesi prima. Non osai guardare mio padre mentre Mandakini raccontava la storia, questa volta quella vera, al fotografo. Concluse spiegando che stava da me per le vacanze perché i suoi genitori erano in Europa. Lui sorrise con fare comprensivo e ricominciò a parlare di Dubai e delle feste a cui erano stati, in una discoteca che si chiamava Blaze.

Dopo un po' mio padre guardò l'orologio e sembrò sollevato.

«Sono le undici. È ora di andare a dormire, ragazze».

Anche l'amico di Mandakini si alzò. Ringraziò mio padre per la birra e la compagnia e disse che sperava di rivederlo. Mio padre sorrise educatamente ma non gli diede il biglietto da visita. Il fotografo gli fece un sorriso beffardo porgendogli il suo. Poi mi guardò, e il suo sorriso cambiò. Ancora una volta ebbi la sensazione di essere osservata al microscopio. «È stato un piacere conoscerti, amica di Mandakini».

Mi scervellai per dire qualcosa di intelligente, qualcosa

che gli avrebbe permesso di ricordarsi di me. «Cosa ti piace di Bangalore?» sparai.

Sembrava un po' sorpreso. «Gli alberi», rispose serio. Sul suo viso comparve un sorriso diverso, che lo faceva sembrare più giovane. «Adoro gli alberi. Per fortuna ce ne sono ancora tanti in questa città».

«Anch'io adoro gli alberi», dissi deliziata. Ma lui non mi ascoltava più. Mandakini se l'era ripreso, gettandosi tra le sue braccia per salutarlo. Mio padre e io rimanemmo a guardarli. Due persone bellissime avvinte in un abbraccio. Guardai mio padre. La luce che gli illuminava il viso era sparita, e sembrava vecchio. Gli strinsi la mano. «Grazie per averci portato qui, papà. È stato bellissimo». Non mi ascoltava.

A casa si versò un whisky e si ritirò nel suo studio. Accompagnai Mandakini in camera.

«Perché hai mentito a mio padre?» chiesi appena entrate.

«Cosa intendi?» Non mi guardava, e fingeva di contemplarsi le unghie.

«Sul perché sei venuta nella nostra scuola... Perché non gli hai detto la verità?»

Il suo viso si indurì e inarcò le sopracciglia con fare beffardo. «Perché avrei dovuto dirgli la verità? Solo un idiota dice la verità a uno sconosciuto».

Ma lui non è uno sconosciuto, è mio padre, avrei voluto risponderle. E ti ha accolto in questa casa, saltando una cena di lavoro per te. All'improvviso non sembrava più così bella.

Ma mentre lo pensavo, il suo viso cambiò, la meraviglia le pervase lentamente i tratti, ammorbidendoli. Chiusi gli occhi, la pelle increspata dai brividi.

Un silenzio reverenziale pervase la stanza. Mandakini fissava un punto sulla parete. Alla fine la sua voce liquida ruppe il silenzio.

«È una bellissima fotografia. Chi l'ha fatta?» chiese a bassa voce.

L'intuito femminile mi fece capire quale fotografia stava guardando. «È mia madre», risposi guardinga.

«Lo so, sciocca, le assomigli. Ma chi ha scattato la foto?»

Assomigliavo a mia madre? Fissai Mandakini incredula.

«Chi l'ha scattata?» ripeté con una traccia di impazienza.

Scrollai il capo per scacciare il ronzio che sentivo nelle orecchie. «Pensi... pensi davvero che le assomigli?» chiesi.

«Certo!» ribatté. «È evidente. Ma dimmi, chi ha scattato la foto? Dev'essere stato un professionista».

Sul mio viso si dipinse un enorme sorriso. Era tornata a essere la mia migliore amica. «Non... non so come si chiama», confessai. «È morto qualche anno fa. Ma penso che fosse famoso. Quella foto ha vinto un premio in Giappone».

Mi soffermai sulla parola "premio". Mio padre l'aveva sempre pronunciata con un tale senso di possesso, come se fosse stato lui a vincerlo. Ora avevo anch'io quella sensazione. Mandakini si alzò per avvicinarsi alla foto, e rimase a fissarla.

«Anche Naren ha vinto dei premi», disse, voltandosi verso di me.

Sentii il mio viso andare a fuoco. Mandakini lo notò e scoppiò a ridere. «Ti piace, eh?» mi punzecchiò.

Abbassai lo sguardo sul copriletto del colore delle fiamme. «Non ha senso che mi piaccia un tipo come lui. Non mi noterà mai».

Mandakini mi cinse le spalle con un braccio. «Non lo hai sentito dire che i soggetti migliori sono le persone comuni? Un fotografo è come un tagliatore di diamanti, cesella fino a far emergere la luce. Proprio come ha fatto il fotografo con tua madre. Non poteva essere così bella nella realtà».

«E invece sì, lo dicono tutti», ribattei. Ma per la prima volta non ne ero così sicura.

Rise. «Lo dicono solo perché è morta. Non crederci». Poi aggiunse con fare civettuolo: «Naren è un bravo fotografo. Potresti essere bella quanto lei».

«Non è vero», balbettai.

«Certo che sì. Hai solo bisogno del fotografo giusto».

La fissai, lacerata tra il senso di colpa e la speranza. «Penso che sia stato il destino a farci imbattere in Naren». La sua espressione si fece sognante. «Dovresti vedere i suoi lavori. Può trasformare una ragazza in un'opera d'arte, in qualcosa di indimenticabile. Se mi fotografa sarò a Parigi entro il prossimo anno».

«Certo che ce la farai», dissi affettuosamente, anche se il pensiero che lasciasse l'India mi riempiva di angoscia.

«Sono stufa di questo paese. Voglio andare in un posto dove mi notino». Mandakini si avvicinò allo specchio e si mise in posa. Mi collocai alle sue spalle, cercando di immaginare cosa stesse vedendo, cercando di immaginarla in una rivista.

Ma vedevo solo Dio che mi faceva l'occhiolino.

Quella notte sognai che stavo nuotando. Il mare portava via la mia goffaggine e mi rendeva lucente e veloce. Cavalcavo onde alte come palazzi, dal centro dell'oceano fino alla costa. Avvicinandosi alla spiaggia, le onde prendevano velocità e io cadevo da altezze inimmaginabili. Il mio corpo andava in pezzi, milioni di pezzi, e poi si ricomponeva, integro e nuovo. E quando uscivo dall'acqua, Dio guardava il mondo attraverso di *me!* Ecco come ci si sente quando si è belli, pensai.

Il mattino dopo raccontai il sogno a Mandakini.

«Dio, che sogno violento», disse, infilandosi in bagno e sbattendo la porta.

Fissai la porta confusa. Non capiva che il mio sogno faceva parte dell'incantesimo che lanciava sugli altri, che attraverso di lei anch'io mi ero trasformata?

Quando uscì dal bagno annunciò: «Voglio vedere dove vanno gli artisti».

Sentii un tuffo al cuore. Non avevo idea di dove andassero gli artisti. Alla fine fu mia nonna a venirmi in soccorso. «Andate da Koshy. È il locale che fa per voi», disse. Come facesse a saperlo rimase un mistero.

Non ero mai stata da Koshy perché da fuori mi sembrava così lugubre. Preferivo il Coffee World o uno dei nuovi internet café dove giovani belli e alla moda sedevano davanti alle enormi vetrate a sorseggiare vero caffè italiano invece del Nescafé. Ma Mandakini fu entusiasta del Koshy.

L'interno era dipinto a colori scuri, fuori moda. Bassi divani di finta pelle nei toni del marrone e del verde scuro erano allineati contro le pareti. Anche i mobili erano dipinti di marrone scuro, e i muri ricoperti di pannelli di legno dello stesso colore. Le pareti erano di un verde pistacchio leggermente più chiaro dei divani. Praticamente non filtrava un filo di luce dalle tende di bambù. Dentro, la gente non assomigliava a quella fuori, e la maggior parte indossava abiti tiedie o con strane fantasie nei colori della terra. Gli uomini avevano i capelli lunghi, arruffati, le donne vestiti che sembravano abbinati a casaccio. Molte avevano i capelli grigi e le rughe. Ci guardarono di sottecchi, gli occhi dilatati dagli occhiali fuori moda. Poi tornarono a bisbigliare con fare serio. Enormi ventilatori a pale, dipinti di marrone, gracchiavano come le rane intorno agli stagni creati dal monsone.

«È un posto meraviglioso», bisbigliò Mandakini non appena fummo sedute.

«Che cos'ha di così meraviglioso?» sussurrai anch'io.

«C'è un'atmosfera... artistica. Potrebbe succedere di tutto in un posto così», disse sventolando le mani.

Un cameriere con la giacca macchiata di curry si avvicinò al nostro tavolo. «Cosa volete?» Sbadigliò sbattendo il menu sul tavolo.

«Può lasciarci un attimo di tempo per guardare il menu?» ribattei.

Ma Mandakini si intromise e ordinò un caffè. Cercai di farle un cenno in modo che cambiasse idea, ma lei si rifiutò di ascoltare.

Così ordinai un frullato alla fragola.

«Non ce l'abbiamo», fece il cameriere.

«Alla vaniglia, allora».

«Non abbiamo frullati».

Stavo per fare un commento sarcastico, quando Mandakini si intromise. «Le porti un caffè freddo», ordinò, sorridendo al cameriere.

«Ma... è Nescafé», dissi, cercando di dissuaderla.

Finse di non avermi sentita.

«Scusami se mi sono intromessa, ma i veri artisti, quelli che vengono qui tutti i giorni, conoscono il menu».

«Che vuoi dire?» Ero confusa.

«Fidati, conosco i locali degli artisti», fece lei.

«Ma come fai a sapere che è un locale di artisti? Magari fanno tutti finta». Non volevo cedere così in fretta.

Smise di scandagliare la stanza senza farsi notare troppo per rivolgere lo sguardo verso di me. «Ha una certa atmosfera», disse con fare autoritario. «Qui sono venute persone famose, perciò ne verranno altre. Come con i templi. Quando la gente giusta va in un certo tempio, poi ci vanno anche altri. È questo che fa di un tempio un tempio. Anche gli artisti hanno i loro templi. E questo è un tempio, lo sento».

«Perché?»

Inarcò le sopracciglia. «Cosa vuol dire "perché"?»

«Perché all'improvviso ti interessano tanto gli artisti? Ieri, mentre venivamo a Bangalore, hai detto che volevi andare nei pub e a fare compere».

«Chi è quell'uomo?» disse, cambiando argomento.

«Quale uomo?» Il mio cuore accelerò all'improvviso. Non osavo voltarmi.

«Porta un cappello, ha i capelli bianchi e una lunga barba bianca».

«Probabilmente è un artista».

«Certo. Fin lì ci arrivavo da sola. Ma chi è?»

«Non posso voltarmi, quindi non te lo so dire», dissi bruscamente, desiderando sorbirmi un vero cappuccino al Coffee World.

Mandakini mi guardò con freddezza. «Lascia perdere. Comunque non lo sapresti lo stesso. Vorrei tanto che Naren fosse qui».

Tornò a scandagliare in silenzio il locale. Strinsi le labbra e mi sentii infelice. Aveva fatto bene a venire in questo posto, pensai. Anche le belle ragazze hanno bisogno di templi.

Il cameriere ritornò e depose a casaccio i caffè davanti a noi. Era Nescafé, notai con una certa soddisfazione. Mandakini evitava di guardarmi, e si tenne occupata versando il latte e aggiungendo zucchero al caffè. Mi accorsi che si era dipinta le unghie di rosso, e forse era per questo che ci aveva messo tanto tempo in bagno quella mattina. Guardai i ventilatori marroni roteare sulla lucente superficie rossa. All'improvviso le unghie si ritirarono e sentii Mandakini dire: «Ciao, Naren». La sua voce non sembrava affatto sorpresa. Il mio cuore, invece, per poco non si fermò. Continuai a fissare il tavolo. Traballò quando una sedia venne tirata indietro e Naren si sedette con noi.

«Allora, ragazze, vi state divertendo?» chiese.

Il cameriere lo raggiunse immediatamente, sorridente, e gli chiese cosa voleva.

«Lo sai che voglio una birra. Sei solo curioso di sapere chi sono le mie due belle amiche», lo punzecchiò.

Il cameriere sogghignò. Mandakini e io scoppiammo a ridere insieme. I nostri occhi si incontrarono e il disagio di poco prima scomparve. Attratti dalle risate, gli altri avventori ci guardarono.

«Stavo giusto chiedendo a Renuka chi è il tizio con il cappello da safari. Ma non lo sa», disse Mandakini a Naren. «Tu lo conosci?»

«Non sai chi è?» disse, inarcando le sopracciglia e voltandosi verso di me.

Avrei voluto scomparire.

Naren sorrise. «Quel vecchio pallone gonfiato sarebbe distrutto se lo sapesse».

Sollevata, sorrisi. Ancora una volta ebbi la sensazione di essere esaminata al microscopio.

«Si chiama Keerath Kunnadi», disse, sempre guardandomi. «Pensa di essere un intellettuale, un astrologo, un guru e un critico gastronomico. Ah... e anche un gemmologo».

Ero eccitata. Ci parlava come se fossimo adulte.

«Oh». Mandakini sembrava delusa. «Pensavo che fosse un fotografo o un artista».

«Perché è circondato da donne?» chiese Naren con un pizzico di malizia nella voce.

Mandakini arrossì.

«In realtà, probabilmente è gay, ma lo tiene nascosto e ormai è troppo vecchio per farci qualcosa. Per questo se ne va in giro tenendo a braccetto ogni donna carina su cui riesce a mettere le mani».

«Co... cosa intendi?» chiesi, sbalordita dalla crudeltà del suo commento.

«È tutta una questione di immagine. Deve farsi vedere in pubblico con le ragazze per sentirsi a suo agio con chi frequenta poi in privato».

«Ma perché?» Ero confusa.

«È come un vampiro», spiegò, «che adora gli umani ed è quasi umano in pubblico, ma ne è geloso in privato».

Annuii con fare incerto cercando di immaginarmelo, invano. Sembrava che mancasse qualcosa.

«Ora sostituisci umano con donna e avrai la sua storia».

Mandakini rise e lo sguardo di lui si posò sulle sue labbra.

«Starà morendo di gelosia in questo momento, vedendomi con due ragazze così carine», disse a Mandakini, protendendosi verso di lei.

Lei rise ancora di più gettando la testa all'indietro e mostrando così il lungo collo. Ora riuscivo a vederlo. Immaginai il vecchio che le succhiava il sangue dalla gola e provai una sensazione sconosciuta che si diffondeva sotto lo stomaco.

«Ma perché è geloso delle donne?» chiesi in fretta, per scrollare via quella sensazione.

«Perché vuole sottrarvi quello che avete», rispose pronto.

«Cioè?»

«La vostra femminilità. La vuole, ma ne ha paura. Per questo vuole rubarvela».

«Ma perché vuole rubare una cosa di cui ha paura?» domandai scettica, certa che si stesse prendendo gioco di noi.

«Bella domanda, piccola». Sembrava capace di leggermi nel pensiero, enfatizzando il termine piccola per farmi restare al mio posto. «Si chiama guerra dei sessi. Ma gli uomini hanno vinto perché sono riusciti a convincere le donne che è meglio essere maschi».

«Ah». Rimasi in silenzio.

«Presto la femminilità verrà cancellata e rimarranno solo uomini che fanno l'amore con altri uomini. Per questo io fotografo solo belle donne. Un giorno le mie foto saranno una rarità. E io diventerò l'uomo più ricco del mondo».

A un tratto Mandakini, che non era stata molto attenta, si alzò. «E allora perché non fotografi me?» chiese schietta. «Io sono bella».

Trattenni il fiato. Naren Nath la fissò intensamente, poi scrollò il capo. «Non posso, sei troppo giovane. Finirei in prigione».

«Non è vero. Ho quasi diciassette anni», mentì Mandakini, gettando il capo all'indietro come fanno le donne adulte. «Andiamo a comprare dei vestiti sexy. Io so truccarmi benissimo. Non ci sarà nemmeno bisogno di un truccatore professionista».

Naren rise e scrollò il capo. «Adesso hai dimostrato di essere una bambina. Non lo farò».

Il viso di Mandakini si incupì. «Cosa vuoi dire? Vuoi che mi spogli per dimostrarti che non sono una bambina?»

Naren strinse gli occhi. Non gli piaceva essere contraddetto. «Pensi di potermi mostrare cos'è una donna vera soltanto spogliandoti?» la schernì.

Mandakini non rispose. Si fissarono, gli occhi di lei belli e tempestosi, i suoi impassibili. All'improvviso lei gli prese la mano. «Guardami, Naren», gli ingiunse, la voce tremante per l'impazienza. «Sono nata per fare la modella. Le tue foto mi renderanno indimenticabile. Farò qualsiasi cosa tu vorrai».

Aprii la bocca per protestare. Perché lo implorava così? Non le si addiceva.

Per un attimo lui restò immobile, il bel viso indecifrabile. Le sue sopracciglia si inarcarono con fare incerto, poi si riabbassarono. Scrollò il capo come se volesse liberarsi dai dubbi.

«Bene», concluse, «come vuoi».

Le disse di andare da lui domenica verso mezzogiorno. Sapevo di non essere stata invitata all'evento, ma Mandakini insistette perché andassi con lei. «Tu capisci la bellezza», mi disse, lanciandomi il suo sguardo da "amica speciale". «Devi venire».

Arrivammo verso le due perché Mandakini aveva impiegato ore a vestirsi. Ma visto il risultato finale, devo ammettere che ne valeva la pena. Il trucco sottolineava ancor più i suoi occhi da cerbiatta. Le labbra sembravano particolarmente morbide e vellutate, e la pelle aveva l'aspetto di una pesca matura. Il mento volitivo era abilmente sfumato in modo da attirare lo sguardo e portarlo direttamente agli occhi.

Habbagouda era un labirinto di strade fangose che celavano grandi bungalow fortificati. Lì viveva chi aveva qualcosa da nascondere. Mentre avanzavamo in risciò tra deserte stradine tortuose delimitate da alti muri bianchi con tanto di filo spinato in cima, l'aria sembrava gravida di segreti.

Finalmente il guidatore di risciò si fermò davanti a un enorme cancello di ferro battuto. Dopo aver comunicato i nostri nomi al citofono, il cancello si aprì silenziosamente su un giardino meraviglioso. Un viale fiancheggiato da palme portava a una casa a un solo piano, arancione e terracotta, con i lati ricoperti da una buganvillea color magenta che si arricciava rigogliosa sul tetto piatto. Un'esplosione di fiori di cui non sapevo il nome, lilla, malva, dorati e arancioni, cresceva in cespugli bassi che si dipartivano dalla casa come petali. Le piante rampicanti si avvolgevano intorno a tralicci di bambù nascosti, tra i quali si formavano pozze di ombre scure e immobili circondate da rocce dalle forme curiose. La città era svanita. Sentivamo soltanto uccelli e grilli e, in lontananza, rane che si lanciavano il loro richiamo.

«È come un sogno, non avrei mai immaginato che potesse esistere qualcosa di così bello!» bisbigliai a Mandakini mentre il risciò ci depositava all'entrata. Mandakini aveva gli occhi sgranati per la meraviglia. «Non sapevo che fosse così ricco», disse. Una grossa farfalla porpora e oro mi volò davanti. Colpita, la seguii con gli occhi. Quando non riuscii più a sopportare la bellezza dei suoi colori, lasciai che il mio sguardo vagasse per il giardino e pian piano mi resi conto che era pieno di farfalle di ogni colore e dimensione. All'improvviso fui travolta dalla sensazione che quel giardino fosse stato creato apposta per me. «Oh, Mandakini», dissi, allungando d'impulso la mano per prendere la sua. «Come potrò mai ringraziarti per avermi portata qui?»

«Stupida, non devi ringraziare me», rise, stringendomi la mano. «Mi hai portata tu a Bangalore, ricordi?»

Le strinsi forte la mano desiderando, ma senza riuscirci, di trovare le parole con cui spiegarle quanto significasse per me.

«Sareste stupende voi due in una foto», commentò una ridente voce maschile. Ci voltammo entrambe. Era ritto nel patio pieno di fiori, incorniciato dall'oscurità alle sue spalle, con la macchina fotografica in mano. «Benvenute», disse spalancando le braccia. Mandakini gli corse incontro e si gettò sfacciatamente fra le sue braccia. Io rimasi goffamente indietro.

«Il tuo giardino è un sogno», disse Mandakini, riecheggiando le mie parole.

Lui sembrava felice. «Venite, vi faccio vedere dentro», disse in tono ospitale, liberandosi dall'abbraccio di Mandakini.

Dalla veranda entrammo in una stanza ariosa, piena di piante, con il pavimento a piastrelle turchesi, bianche e color acquamarina. Ma a Mandakini la casa non interessava.

«Fammi vedere dove mi farai le foto».

«Piccola impaziente. Lavoro di sopra, c'è più luce», rispose. «Ci andiamo dopo. Su, adesso mangiamo, ho fame».

Ci condusse oltre le porte a vetri sul lato più distante della sala, oltre una serie di divani profondi, fino a una terrazza rosso mattone avvolta da rampicanti punteggiati di fiori a campanella blu e viola. Al centro c'era un tavolino di vimini carico di frutta, latte e una serie di misteriose pietanze in piatti di terracotta.

Naren si rivelò un ospite molto piacevole. Durante il pranzo parlò continuamente di sé, raccontandoci di tutti i premi che aveva vinto e delle città in cui era stato, le modelle famose che aveva conosciuto e le star del cinema fotografate. Non c'era una celebrità con cui non avesse lavorato. Raccontò storie divertenti su personaggi noti, facendoli sembrare un pochino stupidi, un po' meno perfetti. Mandakini beveva ogni parola, esclamando «ooh» e «aah» a ogni nome famoso, ridendo degli aneddoti. Naren citava Parigi almeno una volta ogni tre frasi. Ma io preferivo le sue storie autobiografiche, come si era avventurato da solo in giungle pericolose e aveva filmato tribù sconosciute dalle tradizioni più strane. Mi piaceva soprattutto quando parlava del suo giardino, di come l'aveva progettato, seguendo lui stesso i lavori, e come era arrivato a conoscere i gusti di ogni pianta, allo stesso modo in cui conosceva i suoi amici.

Alla fine, quando sembrò aver esaurito gli argomenti, gli chiesi: «E allora perché fotografi le donne indiane? Non è noioso dopo tutte le tue avventure?»

Trasalì come se si fosse appena ricordato della mia presenza e i suoi occhi furono attraversati da un lampo di fastidio, che però svanì rapidamente. La bocca gli si piegò in un sorrisetto ironico. «Bella domanda, come sempre», commentò e, rivolgendosi a Mandakini, le disse in tono sicuro: «Sono felice che tu l'abbia portata».

Mi sentii così piccola che mi sembrava di poter scomparire in una crepa del pavimento.

Naren Nath continuò a parlare, con la voce che si faceva più profonda mentre carezzava Mandakini con gli occhi. «Gli uomini sono estremamente sensibili alla bellezza. Non possiamo farne a meno. Le donne sono più intelligenti, cercano quello che possono avere da un uomo, sono brave a scavare. Noi uomini siamo diversi. Siamo povere creature inebetite, adoratori della bellezza femminile invece che della parte migliore di noi stessi. Io uso la mia macchina fotografica per celebrare quella bellezza. Ma, come ho detto l'altro giorno, una donna davvero bella è una creatura in via d'estinzione. Le donne moderne non sono più donne, l'istruzione le ha private della femminilità». All'improvviso gli scivolò via la maschera e percepii tutta la forza del suo disprezzo. «Solo le donne orientali povere e ignoranti conservano la loro bellezza naturale. È per questo che sono qui. Per catturare quella bellezza prima che il progresso la spazzi via dalla faccia della terra».

Mi lanciò un'occhiata indagatrice, sperando che fossi d'accordo con lui. Ma sapevo che non mi vedeva veramente, era ipnotizzato dalle sue stesse parole, come un attore in una commedia. Annuii ugualmente, e lui proseguì.

«Gli uomini non possono vivere senza la bellezza. Sono come le farfalle che, attratte dai fiori più belli, contribuiscono a riprodurre la bellezza».

«Capisco cosa intendi», bisbigliò Mandakini con voce roca. «Credo che Dio ci dimostri la sua esistenza tramite la bellezza. Per questo gli uomini sono attirati dalla bellezza, per questo la vita dipende dalla bellezza». Le parole le scivolavano così facilmente dalla bocca, come se le appartenessero!

Naren sembrò sorpreso, poi le rivolse un sorriso sincero. «Questa è di certo la tesi a riprova dell'esistenza di Dio più originale che abbia mai sentito. Se qualcuno me l'avesse proposta vent'anni fa, forse sarei diventato credente».

Profondamente abbattuta, mi misi a guardare il giardino. Eravamo su una collinetta che declinava sulla destra. Non c'era un solo centimetro di terreno spoglio. Nel giardino cresceva un po' di tutto e, a destra, era delimitato da un groviglio di giungla. A sinistra, vicino alla casa, un ammasso di pezzi di marmo graffiati spuntava sotto una frangia di soffice magnolia tripetala. Un sentiero di ciottoli scendeva sinuoso fino in fondo al giardino tra macchie di giovani bambù e palme da dattero. E al centro c'era un piccolo avvallamento con un anfiteatro di arenaria rossa. Oltre il giardino, sul fianco opposto della collina, le risaie fiancheggiate da palme da cocco si estendevano in terrazze che si elevavano gentilmente fin dove l'orizzonte incontrava il cielo.

All'improvviso mi venne in mente qualcosa che mi fece sorridere. Le donne non sono la cosa più bella del mondo. Si sbagliava. Anche se fossero morte tutte, ci sarebbero sempre stati gli alberi. I loro rami non si sarebbero raggrinziti né imbolsiti. All'improvviso sentii un clic. Mi voltai. Avevo la macchina fotografica puntata contro. Clic, clic, clic, faceva, cantando per me.

La fissai incuriosita, vedendo il mio viso riflesso nel suo occhio che ammiccava rapidamente. Mi sentivo guardata come mai mi era accaduto prima di allora, e quella sensazione mi riempiva di una gioia così intensa da fare quasi male. La macchina mi si avvicinò e io la fissai più apertamente. Quando Naren smise, io continuai a fissare la macchina, volevo continuare a provare quella sensazione. Naren stava per riprendere a scattare, ma Mandakini si era stufata.

«Lei non è bella», disse, la voce che si alzava stridula. «Perché perdi tempo?»

Volevo sprofondare.

«È vero, ma ha un viso intenso, e l'intensità può essere erotica sulla pellicola», rispose serio.

All'improvviso mi sentii sporca. Pensavo che le modelle dovessero essere belle, non erotiche.

«Comunque, adesso puoi fotografarmi. Sono pronta». Mandakini spinse indietro la sedia e si alzò.

Ma lui non la stava guardando. «A cosa pensavi?» mi chiese.

«Quando?» dissi, all'improvviso timida.

«Adesso, quando ti ho fotografato».

«Stavo guardando gli alberi», balbettai.

«E cosa pensavi degli alberi?»

«Pensavo che se anche tutte le belle donne morissero, ci sarebbero ancora gli alberi».

«Che stupidaggine!» tagliò corto Mandakini. «Su, stiamo perdendo tempo. Lasciala con i suoi alberi».

Lui teneva gli occhi fissi su di me, ignorandola. «Mi piacerebbe fotografarti con calma, un giorno».

Il mio cuore perse un colpo. «Oh, no, non... non è possibile».

«Perché?»

«Perché... perché non mi piace essere fotografata», dissi.

«Davvero?» Mi guardò intensamente. «A tutte le donne piace farsi fotografare».

Mandakini cercò di attirare la sua attenzione. «Su, Naren, spicciamoci. Lei non ti farà fare soldi».

Le lanciò un rapido sguardo, con un'ombra sul viso. Poi mi guardò di nuovo. Con mia grande sorpresa, nei suoi occhi scorsi il rispetto.

Mandakini, di nuovo, cercò di richiamarlo all'ordine. «Che cosa aspetti? Fammi delle foto prima che diventi troppo istruita».

Chiusi gli occhi, desiderando di non essere mai andata lì. Quando li riaprii Naren, tutto infervorato, stava parlando con Mandakini.

«Donne e alberi, donne e acqua... Perché non ci ho pensato prima?» All'improvviso balzò in piedi e afferrò la macchina fotografica.

«Belle donne tra bellissimi alberi, con pietre chiazzate di sole e acqua cristallina alle loro spalle. Non sarà il solito libro erotico per uomini arrapati, ma un appello erotico per salvare l'ambiente. Lo compreranno tutti, perfino le femministe. Diventerà un bestseller». Si incamminò verso le rocce. «Venite ragazze». Rimanemmo ferme, chiedendoci se non fosse impazzito. Lui si fermò e gesticolò con impazienza.

«Su, muovetevi, non abbiamo tutto il giorno».

Obbedienti, lo seguimmo di buon passo.

Ci guidò lungo un sentiero fangoso in discesa, che fiancheggiava delle pietre bianche. A una svolta, eccola: un'oasi in miniatura, con tanto di cascata, circondata da alberi in fiore e buganvillea viola e, dietro, la giungla. Trattenni il fiato. Era persino troppo bello.

«Bene, spogliati e vai a sederti vicino alla magnolia».

Io e Mandakini ci guardammo, sconvolte.

«Naren, stai... stai scherzando, vero?» gli chiese Mandakini esitante.

«Certo che no. Sono perfettamente serio», rispose, il viso impassibile. «Spogliati, la luce è perfetta adesso».

«Ma io...»

«Niente ma», disse crudele. «Volevi fare la modella, no? Questa è la lezione numero uno. Si chiama perdere le inibizioni».

Il viso di Mandakini si fece esangue. Volevo correre da Naren e dargli un ceffone. E volevo anche piangere. Perché una parte di me pensava ancora che fosse un uomo bellissimo e non capivo come una persona così bella potesse essere così crudele.

«Non farlo, Mandakini», la implorai, afferrandole la mano.

Ma lei si liberò dalla mia presa con rabbia. «Non cercare di tirartene fuori così, Naren. Hai promesso che mi avresti fotografato», disse con la sua migliore voce da bambina.

«Va bene». Sembrava annoiato. «Vai a metterti in piedi vicino all'albero».

Mandakini andò sotto il *champak*.

«Su, fammi vedere qualcosa, piccola supermodella», gridò, avvicinando la macchina fotografica al viso. Obbediente, lei assunse una delle pose che l'avevo vista provare davanti allo specchio. Le mani di lui non si mossero. Strinse l'altro occhio e la fissò attraverso la lente. Poi scoppiò a ridere.

Mandakini rimase impietrita. «Cosa c'è di tanto divertente?» chiese.

Naren rise ancora di più. «Su, fammi un'altra posa. Non ridevo così da anni», disse.

Mandakini si coprì la pancia con una mano e i seni con l'altra, nella classica posa del pudore. Il suo viso era contratto in una smorfia.

Naren allontanò la macchina fotografica dal viso. «Ehi, andiamo. Le modelle vere non si fermano mica perché al fotografo non piacciono le prime pose».

«Non... non posso». Il labbro inferiore le tremava, e gli occhi le si riempirono di lacrime che non scendevano.

Alla fine Naren smise di ridere. «Merda!» imprecò. «Vattene. Ho già perso abbastanza tempo con te. Sei solo una bambina».

«Ma l'avevi promesso», bisbigliò lei.

«Ho promesso di fare delle foto a te, non ai tuoi vestiti». Si voltò e s'incamminò su per la collinetta.

Ci volle meno di un minuto per far crollare le riserve di Mandakini. Naren non aveva nemmeno raggiunto la cima quando lei cominciò a spogliarsi. Distolsi lo sguardo, troppo imbarazzata per guardare.

«Sono pronta», disse, quando fu in mutande e reggiseno.

Lui si voltò lentamente. Con orrore notai che sorrideva. Sapeva che avrebbe ceduto! Sapeva che l'avrebbe fatto!

Naren cominciò a ridiscendere la collina. Ma io la raggiunsi per prima. Aveva un sorrisetto ottuso stampato in faccia e non la trovavo affatto bella. Mi abbassai per raccogliere i suoi vestiti.

«Smettila. Andiamocene», le dissi.

Mi guardò come se non mi riconoscesse. Sentii Naren arrivare alle mie spalle. «Togliti anche mutande e reggiseno», gridò sopra la mia spalla. «Hai un corpo splendido, non essere timida».

Obbedendo ciecamente a quella voce fredda, decisa, si slacciò il reggiseno, e con un solo movimento si sfilò le mutande, voltandosi leggermente di lato per l'imbarazzo.

Non avevo mai visto Mandakini completamente nuda, e non potei fare a meno di fissarla. Tanto per cominciare, non sembrava nuda. Nudo equivaleva per me a qualcosa di piccolo, debole e fragile. Nudo significava per me decaduto, conquistato. Ma la bellezza di Mandakini, non più celata dal mistero quotidiano degli abiti, sembrava indistruttibile, perfetta. Ripensando a quel momento, mi rendo conto che era la sua pelle incredibile a farla sembrare così. Era del colore del sole sul grano nuovo ed emetteva una luce propria, scintillante come un fiume che scorreva rapido in alcuni punti ed era in ombra, senza profondità, senza fondo, in altri. Da allora non ho mai più visto una pelle così. Era un invito. Ti faceva venir voglia di far scorrere le mani sulla sua pancia liscia, metterle a coppa sotto i suoi seni alti, floridi e intorno alle natiche tonde, poi sul piccolo fondo della schiena e su per il delicato canale tra le scapole. Non c'era nulla fuori posto, nessuna protuberanza, tutto era in perfetta armonia.

Perfino il fotografo era impressionato. Sentii il suo respiro rapido, mozzato, mentre mi superava e si avvicinava a lei, fissandola.

«Stupida gattina, hai fatto una tale gazzarra per niente. Dovresti essere orgogliosa del tuo corpo: è perfetto. Sei il sogno di ogni fotografo. Non hai niente di cui preoccuparti». Le cinse la vita con fare familiare.

Mi voltai.

«Ora devi fare tutto quello che ti dico, niente capricci», lo sentii dire con più decisione mentre le faceva strada. «Questa è roba da adulti, non stupidaggini da bambinette».

«Certo», rispose Mandakini volonterosa.

«No, Mandakini». Le parole mi uscirono di bocca.

Ma lei mi ignorò e rise, trionfante. «Brava ragazza», le disse lui.

All'improvviso Naren si fermò e mi fece un cenno. «Se vuoi guardare, meglio che stai zitta e ti rendi utile», disse freddamente.

Avrei dovuto andarmene. Ma qualcosa mi tratteneva. Forse era il luccichio della luce del sole sulle lenti della macchina fotografica, che mi invitava a penetrare il velo insieme a lei. O forse perché pensavo di salvarla, rimanendo lì. O forse perché sapevo che io, come spettatrice, facevo parte dell'immagine, e che Mandakini non mi avrebbe mai perdonato se me ne fossi andata. Ma da quel momento cedetti a Naren come aveva fatto Mandakini, e l'atmosfera si fece surreale, da sogno. In seguito mi chiesi dove fosse finito Dio in quelle ore, e come avesse potuto abbandonare con tanta facilità la sua creatura più bella.

Il fotografo condusse Mandakini davanti a una piccola magnolia con fiori di un bel rosa intenso, di poco più alta di lei.

«Bene, mia cara, mettiti sotto l'albero, intreccia le mani davanti a te, e guardami», le disse con fare spiccio, manageriale.

La luce del sole giocava sulla sua pelle, che sembrava ancor più splendente contro il fogliame scuro sullo sfondo. Intrecciò le mani pudicamente e alzò uno sguardo timido. I folti grappoli di magnolia le creavano un alone intorno al capo, gettando una luce opaca sui suoi capelli. Il viso rimaneva in ombra, solo il bianco degli occhi luccicava intensamente.

Trattenni il fiato. Naren sollevò la macchina fotografica

e incominciò a scattare, accerchiandola come un cacciatore e parlandole senza sosta, come un ammaestratore. Pian piano, Mandakini si rilassò.

«Ecco», mormorò lui, «adesso va molto meglio. Non è meraviglioso sentire il sole sulla pelle? Senti come ti lecca?»

Lei annuì ridacchiando.

«Non muoverti», ordinò Naren con rabbia.

Mandakini si immobilizzò.

Naren ricominciò a scattare, avvicinandosi a lei sempre di più. «Voltati verso l'albero, premi il seno contro la corteccia ruvida, sentila entrare nella pelle. Bene. Adesso metti una gamba intorno al tronco. Lasciati andare indietro. Di più, di più. Adesso guardami. Pensa di essere famosa, pensa a Parigi. Sì, benissimo. Molto, molto buono. Adesso un altro primo piano. Sì».

La voce di Naren non si fermava mai, il clic della macchina come un contrappunto ritmico al suo tono basso, profondo e costante. Gli occhi mi si chiudevano.

All'improvviso Naren balzò in avanti e la sbatté a terra brutalmente.

«Ahi, la schiena!» gridò Mandakini.

Mi risvegliai di colpo.

«Sta' zitta». Naren le afferrò il mento e la costrinse a guardarlo. La fissò a lungo, poi prese un po' di fango da terra e glielo sfregò sulla guancia. «Apri un po' la bocca. Leggermente. Così. Ferma. Adesso le gambe. Basta così».

Spostò la mano e ricominciò a scattare.

Mi avvicinai per vedere cosa stava facendo, e notai che Mandakini piangeva in silenzio. Ma la potenza dell'incantesimo in cui il fotografo ci aveva avvolte era tale che nessuna delle due aprì bocca.

Quando Naren si fermò, Mandakini mormorò sommessamente: «Mi fa male la schiena».

«Bene. Alzati», fece lui.

Lei si rialzò goffamente. Scorsi la schiena e rimasi a bocca aperta. Era graffiata e sanguinava in alcuni punti.

«Oh, immagino che non faremo più foto di schiena, allora», commentò lui con freddezza. «Non importa, ci sono tante altre opzioni».

Lo fissai disgustata, ma Mandakini sembrava indifferente.

«Vai a sciacquarti», le disse indicando lo stagno.

«Ma l'acqua è sporca. Bisognerebbe medicarla», dissi.

Naren strizzò gli occhi, un tic che cominciavo a riconoscere. «Accovacciati nell'acqua come una lavandaia», le ordinò. Esitante, lei obbedì. Le fece qualche scatto da una certa distanza. Poi la fece sdraiare in acqua come la ragazza nella storia di Amleto. Le gettò tutt'intorno dei petali cremisi e le dispose i capelli a ventaglio. Poi le disse di alzarsi e scrollarsi l'acqua di dosso. Le raccontò altre storie divertenti su gente famosa e lei rise e dimenticò il suo impaccio.

«Sei superba», le disse, «semplicemente superba. Sei nata per la macchina fotografica».

All'improvviso, un pensiero mi colpì e mi parve che qualcuno girasse un coltello dentro di me. Anche l'altro fotografo doveva aver detto quel genere di cose a mia madre. L'aveva fatta anche spogliare?

Mi si raggelò il sangue.

La voce beffarda di Naren mi risvegliò dalle mie fantasticherie da incubo. «Allora, ragazza degli alberi, dove ci mettiamo, adesso?»

Mi strinsi nelle spalle.

«Cos'hai?» mi chiese. «Non sembri in forma».

«No, sto bene», borbottai. «Che ne pensi della palma da cocco?» dissi, indicando un albero inclinato in modo strano che curvava su un minuscolo tratto di spiaggia sabbiosa.

Annuì e si avviò verso la palma. Li osservai camminare, felice di rimanere sola. Ma lui non voleva lasciarmi in pace.

«Ragazza degli alberi, vieni qui», disse.

Li raggiunsi con passo pesante. L'aveva fatta sedere con le gambe incrociate intorno alla base dell'albero e le braccia che cingevano il tronco liscio. Il viso e la schiena erano screziati dalle ombre appuntite delle fronde. Naren si chinò su di lei, disponendole le gambe in modo che sembrassero radici affioranti dal suolo. Ammirai da lontano quella piccola composizione. Poi la fece contorcere in vari modi, giocando con le braccia e i seni. Le alzò le braccia e le allacciò a un ramo che la sovrastava. Le bisbigliò qualcosa nell'orecchio, e lei rise con i seni che tremolavano. Le sistemò i capelli, e fissò una fronda di palma in modo che la sua ombra acuminata le ricadesse sulla base della gola. Sollevò la macchina da lontano e la puntò. Poi le passò distrattamente una mano sulla pancia e le mise una foglia tra le labbra.

Il pomeriggio trascorse con la lentezza di un brutto sogno. Con mia grande sorpresa, Mandakini era raggiante. Dopo il "bagno", sembrava essere completamente a suo agio con la sua nudità. Incominciò a proporre lei stessa delle pose. Lui annuiva o faceva piccole modifiche. Ogni tanto Naren, quando era eccezionalmente soddisfatto, gemeva. «Sei una modella fantastica. Ti prometto che avrai un successo strepitoso», le disse cambiando pellicola.

«Ma... ma Naren, queste non le farai vedere a nessuno, vero?» gli chiese preoccupata.

«Certo che no. Sono soltanto per me e per te», le disse in tono rassicurante. Poi afferrò rapido un rampicante che pendeva da un enorme baniano, glielo avvolse intorno alle braccia e lo lasciò scendere tra i suoi seni come un serpente. «Mi fa il solletico», ridacchiò lei, mentre Naren scattava a raffica.

Finalmente fu troppo buio per fare altre foto all'esterno, quindi Naren ci portò a casa. Fece indossare a Mandakini pesanti gioielli tribali e la fece posare nella vasca da bagno antica con le tende da doccia di velluto. Mi chiese di aiutarlo a disporre le luci. La fece giocare con la tenda che le saliva tra le gambe, poi le disse di sedere sul vecchio secchio di acciaio e le chiese di versarsi l'acqua addosso. La fotografò di lato, da dietro e poi scattò alcuni primi piani. Infine la fece giocare con le conchiglie giganti che teneva in un angolo. Mandakini non sembrava più una dea. Era stanca, e più vicina alla mia idea di nudo, sebbene fosse ancora bellissima. La stessa stanchezza mi appesantiva le braccia mentre faticavo per tenere ferma la luce.

Alla fine, Naren depose la macchina fotografica. «Non ho più pellicola. Mi hai sfiancato», disse a Mandakini. «Vieni martedì. Queste saranno sviluppate per allora, così vedrò le tue angolature migliori. Poi prepareremo il book».

«Davvero?» Mandakini si protese verso di lui e gli diede un bacio. «Grazie, zietto Naren», gli disse con fare malizioso.

Lui le diede una lieve pacca sul sedere. «Attenta a quello che dici, altrimenti ti sculaccio».

Lei ridacchiò e corse a recuperare i suoi vestiti.

Era tardi quando rientrammo. La nonna ci aspettava. «Tuo padre è uscito a cena», mi informò.

Mangiammo in silenzio la cena sontuosa che ci aveva preparato. Non ce la sentivamo di parlare. La nonna tentò ugualmente. «Allora, com'è andata oggi? Cosa avete fatto?» ci chiese.

Io e Mandakini ci guardammo sul serio per la prima volta, quel giorno. Poi distogliemmo subito lo sguardo.

La nonna fiutò il mistero. «Allora, dove siete andate?» ripeté, osservandoci bene in viso.

«Da nessuna parte», borbottai, «abbiamo fatto solo un po' di shopping».

«E cosa avete comprato?»

«Abbiamo guardato le vetrine» dissi decisa.

Terminammo la cena in silenzio, poi Mandakini e io filammo dritte in camera. Appena entrate, lei andò in bagno con una rivista. Io rimasi sulla soglia a guardarmi in giro.

La mia camera da letto sembrava esattamente uguale a come l'avevo lasciata al mattino. I miei occhi furono attirati dalla foto sul muro. Chissà perché, mi sorprendeva che fosse ancora lì. Feci lentamente il giro del letto e la staccai dalla parete, poi la strinsi tra le braccia finché non mi stancai di tenere quella cornice pesante. La riappesi al muro. Mia madre mi fissò, imperscrutabile e senza età. I suoi bellissimi occhi a mandorla mi seguirono per la stanza mentre mi spogliavo, come sempre. Alla fine non sopportai più il suo sguardo su di me. Presi la foto, la voltai verso il muro, infilai la camicia da notte e spensi la luce.

L'elefante e la Maruti

A Delhi, la libertà comincia per la strada. In macchina, un uomo smette di essere una creatura incatenata, schiacciata dai doveri, per diventare un Dio, intoccabile e governato da leggi proprie. In strada non conta se si è un bramino, un ministro, la moglie di un burocrate o uno spazzino. Le quattro ruote interferiscono tra una persona e la sua condizione sociale. Ovviamente non tutti i guidatori sono uguali. Contano le dimensioni del mezzo, così come la velocità e la manovrabilità, ma solo fino a un certo punto. In realtà, un vantaggio cancella l'altro. Gli scooter smilzi possono infilarsi negli spazi tra le macchine. Le macchine, forti semplicemente del loro numero, chiudono i ranghi finché gli specchietti e i parafanghi non si toccano, bloccando l'accesso agli scooter. Gli autobus si affidano alla propria stazza e all'istinto di sopravvivenza che spinge gli altri guidatori a portarsi avanti. Gli autisti d'autobus giurano che le dimensioni battono sempre la manovrabilità, e di solito hanno ragione. Mucche ed elefanti si affidano all'aura di sacralità che li circonda. I ciclisti contano sulla propria vulnerabilità e sfidano i guidatori a tirarli sotto, proprio come gli autobus sfidano i pedoni a mettersi sulla loro traiettoria e a farsi tirare sotto. I taxi e le macchine con autista sono gli unici che osano reagire alla sfida dei ciclisti. Ma persino loro non si azzardano a sfiorare un ciclista in pieno giorno, perché sanno che rischierebbero il linciaggio. Le piccole Maruti 800 danno sempre la precedenza ai ciclisti e sono le macchine preferite dalla massa... così fragili, così facili da manovrare. Fanno sentire forti gli uomini deboli.

«Guardiamo i fatti: la Maruti è una macchina da donna. Sai perché?»

L'interlocutore scrollava il capo.

«Perché su una Maruti, una signora può suonare il clacson quanto vuole e nessuno se ne accorge».

Persino dopo cinque anni, Shweta sentiva ancora distintamente la voce di suo marito che ridacchiava del proprio senso dell'umorismo.

«Quei dannati giapponesi», continuava, «ci hanno davvero fregato. Ci hanno preso in giro per nove anni, e guarda quanti soldi hanno fatto! Loro e quella famiglia Gandhi, tutti stranieri e truffatori».

Il flusso di ricordi fu interrotto da un camion enorme che cercava di incunearsi nella minuscola fessura davanti a lei, costringendola a frenare. Il motore si spense. Shweta suonò furiosamente il clacson al bell'autista, un giovane *sardar*. L'uomo guardò nello specchietto retrovisore, e vedendo che alla guida c'era una donna di mezza età, pigiò l'acceleratore e la investì con una nuvola di diesel incombusto. Shweta imprecò suonando violentemente il clacson al ciclista, con due bimbi in uniforme scolastica appollaiati davanti e dietro, che tagliava la strada alla sua macchina in panne.

La bicicletta oscillò pericolosamente, riportandola alla realtà. Contò fino a dieci e riaccese la macchina, che ripartì subito. Qualunque cosa avesse creato l'ingorgo era sparita e il traffico era notevolmente più scorrevole, tanto che quando ricominciò ad avanzare il camion era sparito da tempo, così come tutti quelli che avevano assistito alla sua umiliazione. Le strade hanno la memoria corta.

Il traffico rimase scorrevole mentre procedeva verso Delhi, e Shweta si rianimò. In nessun altro posto, pensò, in nessun altro posto come nelle strade di Delhi percepiva la mirabile Nuova India che si stava sviluppando. Maleducazione e aggressività rappresentavano un cambiamento gradito rispetto alle ossequiose attenzioni dei sottoposti di suo marito e delle loro giovani mogli.

Shweta sfrecciò sul Nizamuddin Bridge, costruito dai

giapponesi sulla Yamuna, e svoltò a destra in Ring Road. Fortunatamente non era molto congestionata. Quella situazione insolitamente felice durò fino all'incrocio tra Bhairon Marg e Mathura Road che, come al solito, era ingombro di veicoli che avanzavano a passo d'uomo verso Minto Bridge e Old Delhi. Dodici minuti dopo svoltò in Tilak Marg. Ci sono quasi, pensò avvicinandosi all'incrocio ITO e scorgendo alla sua sinistra gli edifici di Bahadur Shah Zafar Marg, la Fleet Street indiana. Sentì i muscoli delle spalle sciogliersi e pregustò la fine del tragitto. Poi il semaforo diventò rosso e dovette pigiare ancora il freno. Questa volta l'altro piede fu ugualmente rapido sulla frizione e il motore non si bloccò. Guardò il semaforo luccicante che l'aveva fermata. Era così vicina, pensò con rammarico.

E poi il semaforo si spense. Intorno a lei, i guidatori delle altre macchine, all'improvviso liberi, accelerarono di colpo e cominciarono a farsi largo in mezzo all'incrocio. Ma il semaforo non era diventato verde, si era semplicemente spento, quindi il fiume di auto, autobus, motociclette e scooter che si immettevano ad angolo retto nell'incrocio tra il ponte ITO e Deen Dayal Upadhyaya Marg continuò a scorrere imperterrito. I clacson di macchine, autobus e scooter squarciavano l'aria e cominciò a formarsi un ingorgo. Shweta si ritrovò ancora una volta a imprecare.

Il poliziotto assegnato quella mattina all'incrocio ITO era giovane e aitante. Era alla sua prima settimana di lavoro e sorvegliava già da tre giorni il temutissimo crocevia. Quindi, pieno di fiducia nelle proprie capacità, balzò in strada come un giovane toro, dando manate sul cofano delle macchine per farle fermare, saltando davanti agli scooter e disarcionando ciclisti indisciplinati. Ma era come arginare un fiume. Per quanti guidatori riuscisse a fermare, bastava che si voltasse per una frazione di secondo che quelli sgusciavano via. Ma il poliziotto teneva duro, anche se si sentiva sempre più frustrato e il caos non faceva che aumentare. Finché finalmente si rese conto che il traffico aveva vita e volontà proprie, e che tutto ciò che doveva fare era fingere di dirigerlo. Con studiata disinvoltura, risalì nella torretta e sollevò languidamente le braccia. Il flusso del traffico ricominciò a scorrere, guidato dai mezzi più grossi e temerari. Al poliziotto sulla sua isola cominciò a sembrare un irruente fiume di montagna. Si sentiva sempre più calmo. Dopotutto, c'era un Dio che sorvegliava il traffico.

Dopo un po', il torrente di traffico diretto a est verso il ponte ITO si assottigliò e il poliziotto si riebbe. Brandì la sua paletta con maggiore entusiasmo e si parò coraggiosamente davanti a un *tonga* trainato da un cavallo che trasportava polli, e che costituiva la retroguardia del convoglio. Il cavallo, giovane e poco addestrato, si spaventò e si drizzò sulle zampe posteriori. Le ceste piene di polli vivi scivolarono giù dal carretto e finirono sulla strada. Il poliziotto, rendendosi conto che ne andava della sua virilità, gridò al conduttore del carro di indietreggiare. Il guidatore lo ignorò, imprecando in un tono basso e monotono mentre tentava di domare il cavallo.

«Vada indietro, le dico!» gridò il poliziotto, colpendo il cavallo sulle orecchie con una delle sue palette rosse. Il cavallo cominciò a impennarsi di nuovo, ma questa volta il conduttore riuscì a calmarlo subito.

«Cosa le viene in mente, picchiare un povero animale spaventato!» gridò.

«Non mi ha sentito?» chiese il poliziotto. «Vada indietro, ho detto!»

«Cosa vuol dire indietro? Io devo andare avanti!» gridò indignato. «Ho del lavoro da fare».

«Ho detto di andare indietro. Il semaforo è cambiato».

«Che semaforo? Non vedo nessun semaforo».

Per un attimo il poliziotto sembrò confuso. Poi si ricordò che era stato mandato lì proprio perché il semaforo si era rotto. «Sono *io* il semaforo, imbecille. Doveva fermarsi. Ora sarò costretto a farle la multa».

«Be', io non l'ho vista», borbottò il *tongawala*. «Stavo seguendo l'uomo davanti a me e lui l'ha superata. Come mai non ha multato lui?»

«Decido *io* a chi dare le multe. Farà meglio a stare zitto se non ne vuole due».

«E per cosa sarebbe la seconda multa?» mugghiò il *tongawala* risentito. «Per il cavallo? E che mi dice dei polli? Chi me li rimborsa? Non mi muovo di qui senza i miei polli».

Il giovane poliziotto impallidì. «La aiuterò io con i polli. E per quando riguarda la Maruti davanti a lei, visto che non sono riuscito a fermarla, l'ho lasciata andare».

Il poliziotto si rese conto troppo tardi del prezzo che avrebbe dovuto pagare per la sua sincerità. «Ora torni indietro e cominci a raccogliere i suoi polli, prima che le dia la multa», disse furioso e ormai paonazzo.

«Grazie. Lei è molto gentile». L'uomo, tutto un sorriso, saltò giù dal carro e iniziò a buttarci sopra le ceste dei polli. Il poliziotto ritornò in torretta. Come se fosse il segnale che avevano aspettato, le auto intorno a Shweta accelerarono e avanzarono come un'onda.

Il poliziotto si voltò e affrontò le macchine con un'espressione di odio profondo dipinta sul viso. Alzò le palette e poi, bruscamente, lasciò cadere le braccia. Era stanco, troppo stanco per fingere. Le macchine avanzavano incuranti. Nessuno prestò attenzione all'enorme elefante, tutto dipinto e agghindato, con in groppa un *mahout* in una sgargiante tuta nuova verde e rossa. L'elefante stava andando a un matrimonio a South Delhi. E il *mahout* sapeva che sarebbero stati in ritardo, quindi spingeva l'animale a buttarsi nel traffico.

L'improvvisa avanzata di macchine e autobus fece perdere di nuovo la testa al cavallo del *tongawala*, che ricominciò a impennarsi. Le ceste di polli volarono sul muso dell'elefante elegantemente dipinto, il quale non prese molto bene quella mancanza di rispetto ed emise un barrito furioso alzandosi sulle zampe posteriori e torreggiando sul traffico intorno a lui.

Di colpo, quello che era stato un mare brulicante di movimento diventò immobile come un quadro. Come al rallentatore, le possenti zampe anteriori dell'elefante ricaddero sul carretto. Con un terribile fragore di legno spezzato il carretto si spaccò in tre parti. Una ruota si staccò dal rottame e rotolò verso ovest. Liberato del suo carico e felice di essere sopravvissuto, il cavallo sfrecciò in direzione opposta.

Il guidatore di *tonga*, che era stato catapultato giù dal carretto, atterrò illeso di fianco all'isola spartitraffico. Ma l'elefante, non soddisfatto del danno che aveva provocato, si impennò di nuovo. Questa volta il *mahout* brandì un bastone di ferro, una pesante barra nera con quattro spuntoni acuminati su un'estremità, e la calò violentemente sulla testa dell'elefante. L'elefante emise un altro barrito, questa volta di dolore, e atterrò con molta meno eleganza e premeditazione della volta precedente, mentre il *mahout* lo colpiva sulla testa e sulle orecchie.

L'elefante rimase immobile per qualche istante, sventolando le orecchie. All'improvviso sollevò la proboscide e strombazzò a lungo e rumorosamente. Questa volta il suono era diverso. Non era un barrito di protesta e dolore. Era un urlo di inflessibile decisione che penetrò tra i clacson e le grida come un coltello nel burro. Poi afferrò l'asse del carretto con una ruota ancora attaccata e fece oscillare la proboscide nerboruta a destra e a sinistra, usando l'asse come un maglio. Shweta sentì il rumore di vetri spaccati quando un pezzo semicircolare di ruota sfondò un parabrezza. Si guardò intorno per vedere se riusciva a identificare la macchina colpita. Proprio in quel momento l'elefante ricominciò a barrire. Il suono, così lacerante da far fermare il cuore, fu seguito da un rumore sordo di metallo che si accartocciava e di vetro che esplodeva. Fu allora che iniziarono le urla.

Dopo, Shweta non fu mai in grado di ricostruire con precisione l'accaduto. Le sembrava che l'elefante avesse finalmente ceduto ai colpi del *mahout* e avesse cominciato a retrocedere dalla scena del crimine. Ma indietreggiando era stato ostacolato da una piccola e intrepida Maruti rossa che aveva cercato di superarlo. Il fatto che gli fosse impedita la ritirata fece infuriare l'elefante più dei colpi del giovane *mahout*. Il pachiderma investì la Maruti rossa, impennandosi e schiacciandola fino a ridurla a un pezzo di metallo appiattito grande come un tappeto. La persona all'interno non ebbe via di scampo.

Erano quasi le undici e mezzo quando Shweta arrivò al parcheggio. Il suo solito posto era stato occupato, così parcheggiò davanti al vespasiano, accanto all'*aloopuri wala*. Era ancora scossa da ciò che aveva visto, ma il timore per la reazione del suo capo cominciava lentamente ad avere il sopravvento sull'emozione. Ormai l'importantissima riunione con i coreani doveva essere quasi finita. Non poteva dire che era in ritardo perché un elefante era impazzito e aveva ucciso un uomo. Il capo avrebbe pensato che lo stesse prendendo in giro, approfittando della sua posizione di moglie del segretario delle Miniere.

Scese dall'auto e la chiuse bene. Si guardò in giro in cerca del ragazzo del parcheggio. Di solito la assillava come un'ape ansiosa, insistendo per essere pagato subito. Ma questa volta non lo si vedeva da nessuna parte.

Shweta si accigliò. Le sue labbra divennero una linea diritta. Allora era così che sorvegliava le macchine, scomparendo Dio solo sa dove non appena era stato pagato. Se lo sarebbe pagato lui il parcheggio, questa volta, decise. Così avrebbe imparato a prendersi le sue responsabilità. Stringendo la borsa come uno scudo, si fece strada sul marciapiede affollato che portava agli uffici della BHEL.

Sotto la pubblicità della Iceberg, l'*aloopuri wala*, stava sminuzzando cipolle e *dhaniya* che, con il loro profumo, coprivano l'onnipresente puzzo del vespasiano. L'uomo scorse la *memsahib* arrabbiata, ma non la guardò nemmeno. Era il tipo di donna che portava sempre in borsa il pranzo da casa.

Dall'altro lato del parcheggio, all'ombra del grande albero di *pipal*, il custode del parcheggio, Kishore, stava sognando sua moglie. Aveva soltanto diciassette anni e non aveva nemmeno finito gli studi, ma ormai la scuola gli sembrava lontana. Aveva un lavoro da un mese e una moglie da poco più. All'inizio non voleva sposarsi, ma i suoi genitori lo avevano costretto, tornando da una visita alla zia di Hazaribagh con una moglie nuova di zecca per lui. Era andato su tutte le furie. Finché non l'aveva vista. Sushila era più giovane di lui, minuscola, timida e impaurita, con lucenti capelli nero-blu lunghi fino alle ginocchia. Kishore aveva scacciato dalla mente qualsiasi pensiero di fuga. Seduto sotto l'albero di *pipal*, la fragrante brezza d'aprile che gli carezzava il viso alimentava il desiderio di lei. Quel giorno sarebbe stato pagato. Avrebbe portato le millecinquecento rupie a sua moglie, l'avrebbe spogliata e ricoperta di soldi. Poi avrebbero fatto l'amore. Più tardi ne avrebbe dati metà a Sushila per la casa, cinquecento ai suoi genitori e il resto sarebbe andato in regali per sua moglie. Il suo primo stipendio. Osservò il parcheggio pieno, faticando a credere alla sua fortuna.

Un parcheggio era un luogo ricco di opportunità. Si era a stretto contatto con *sahib* importanti e con i loro "autisti". Questi ultimi erano un pozzo di sapere. Sapevano imbrogliare con le carte e truccare i motori delle auto in modo che consumassero meno. Se ne stavano seduti a chiacchierare dei loro *sahib* e *memsahib*, oppure a leggere i giornali facendo commenti saggi su quello che accadeva nel mondo. Poi c'erano le auto. Ogni macchina rappresentava un'opportunità per imparare. Lui voleva imparare a guidare. Gli autisti guadagnavano stipendi inimmaginabili. Si vestivano bene, vivevano bene, e ascoltavano sempre la musica sullo stereo delle auto dei loro datori di lavoro. Certi avevano anche il cellulare. Kishore aveva conosciuto alcuni degli autisti che arrivavano ogni giorno. Uno si era già offerto di insegnargli a guidare, ma lui aveva notato lo sguardo umidiccio negli occhi dell'uomo e aveva rifiutato educatamente. Ma ce n'erano altri. Ne aveva già identificato uno, un uomo scuro, silenzioso, che se ne stava tutto il giorno in macchina a leggere. Poi c'erano i meccanici, all'estremità ovest del parcheggio. Poteva chiedere a loro di insegnargli il mestiere. Ma gli sarebbe piaciuto molto di più fare l'autista. L'autista era il padrone dell'auto, il meccanico solo il custode.

Il suo sguardo si spostò nuovamente sulle auto. L'autista che gli piaceva aveva alzato il cofano e stava lavando il motore. Mentre l'acqua chiara, trasparente, zampillava sulle curve scure e scintillanti del radiatore, gli venne in mente Sushila quella mattina, con il viso e i seni che luccicavano per il sudore, così rotonda, soda e invitante. Come un'auto, Sushila era tutta curve.

Una folata di vento gli portò il profumo dei fiori. Il parcheggio era circondato da *amaltas* dorati e *gulmohar* rossi in piena fioritura. Sopra di loro, il cielo sembrava più limpido e profondo che mai, straripante di speranza. Gli girava la testa. Tutto sembrava collaborare per rendere quel giorno, il suo primo giorno di paga, il più perfetto della sua vita. In quella foschia di felicità gli sembrò di sentire una macchina che entrava nel parcheggio. Ma un altro soffio di vento gli portò la fragranza della primavera e lo riportò da Sushila. Chiuse gli occhi e vide la casetta con giardino che un giorno le avrebbe comprato. Avrebbe piantato alberi e fiori profumati, in modo che sua moglie non dovesse mai sentire il puzzo di rifiuti, quello a cui lui era abituato ma che lei, fresca di villaggio, non conosceva.

«Ehi, sognatore, la *memsahib* grassa con la Maruti azzurra ha già parcheggiato e se ne è andata!» gli gridò Pappu che si occupava del parcheggio a fianco. Chiuse le dita a pugno e fece oscillare la mano su e giù. «Ti costerà cinque rupie. Potresti fartelo succhiare da uno di quei tossici, per quella cifra».

«Stattene zitto», ringhiò Kishore, alzandosi infuriato e scorgendo subito la macchina appena arrivata. Era proprio vero, la *memsahib* se ne era già andata. «Perché non me l'hai detto prima?» chiese a Pappu.

«Non è compito mio dirti quando le macchine arrivano nel tuo parcheggio, Altezza».

Kishore pensò di dargli una mano di botte. Ma il ragazzo era già a metà del parcheggio. Così decise di rimanere a badare alle macchine. Dopotutto era un uomo sposato, adesso.

Quando Shweta arrivò in ufficio la riunione era quasi finita. Così aspettò che gli ospiti se ne andassero prima di recarsi dal capo. Appena lo vide in faccia capì di aver fatto un errore terribile.

«Non m'interessa se suo marito è un burocrate, non tollero questo genere di negligenza», tuonò.

Shweta lo fissò, pensando per la millesima volta quanto assomigliasse al marito.

«Allora? Ha esaurito le scuse?» la aggredì. «Non ha più bambini malati, suocere moribonde, marito...» si fermò. C'erano dei limiti che non avrebbe mai superato, per quanto arrabbiato fosse. Suo marito era un segretario del governo, dopotutto, anche se tutti sapevano che da cinque anni viveva con una nota cantante.

Shweta sentì che, dall'altra parte della porta di cristallo, tutto l'ufficio stava ascoltando. Decise di dire la verità.

Quando terminò la storia, il direttore si limitò a ridere. «Se fossimo una ditta privata, la licenzierei per aver osato inventare una storia così assurda. Mi ha preso per stupido?»

«Ma è vero. Non sto mentendo», protestò lei.

«Ma davvero? Nessuna persona sana di mente se ne starebbe ferma a guardare un elefante che ammazza qualcuno. Soprattutto se quella persona aveva una riunione importante ed era in possesso di un documento fondamentale».

«Non ho visto l'elefante uccidere l'uomo», lo corresse Shweta. «Ma ho visto quello che è rimasto della macchina. Il guidatore non avrebbe potuto sopravvivere».

«Che razza di donna se ne sta a guardare un cadavere?» disse lui, fissandola con disgusto.

«Ero bloccata nel traffico, cos'altro potevo fare?» cercò di difendersi Shweta.

«Stia zitta. Non voglio sentire altre bugie. Farò un rapporto al ministero. Faccia venire qui suo marito a difenderla!» concluse il capo, voltandosi soddisfatto.

Shweta uscì dall'ufficio. Tutti finsero subito di essere occupatissimi. Andò nell'angolo che divideva con una vedova grassa e inefficiente, il classico caso umano, bersaglio di tutti gli scherzi dell'ufficio, e si sedette. Guardò l'orologio. Erano le undici e cinquantadue. Per il resto della mattinata lavorò a fatica. Ma la visione della Maruti appiattita continuava a ritornarle in mente. Fece ripassare quell'immagine varie volte, sperando di trovare un modo in cui il guidatore avesse potuto scampare da una morte certa. Così le venne il mal di testa. Verso le tre meno un quarto raccolse le sue cose. «Vado a casa. Non mi sento bene», disse alla vedova grassa. «Stamattina mio marito mi ha detto che vuole il divorzio». Non aspettò di vedere l'espressione sul viso della donna. Nel giro di un'ora, ne era certa, tutto l'ufficio l'avrebbe saputo. Entro l'indomani anche il presidente l'avrebbe saputo e magari l'avrebbe lasciata al suo posto, per pietà, come aveva fatto con la vedova.

Il biglietto del parcheggio era l'ultima cosa a cui pensava quando si trovò davanti il ragazzo addetto a riscuotere i soldi. Inizialmente pensò che fosse un maniaco sessuale o un tossico. Poi lo riconobbe.

«Cosa vuoi?» gli chiese freddamente.

«Si è dimenticata di pagare il biglietto», fece lui mostrandole il tagliando rosa.

Il tagliando le sfiorò il seno e lei sussultò. Il biglietto non c'entrava niente, quel ragazzo stava cercando di importunarla, usando la forza per intimidirla. Be', questa volta si sarebbe difesa. «Come osi toccarmi?» sibilò.

Lui fece subito un balzo indietro. «Signora, io...»

«Come osi? Chi pensi di essere?» gridò. «Sai con chi stai parlando?» Quante volte aveva sentito suo marito pronunciare quella frase. Le sembrava fantastico poterla usare, finalmente.

«Deve ancora pagare il biglietto», insisté Kishore.

Shweta si gonfiò per l'indignazione. «Ho già pagato», disse calma. «Come osi cercare di farmi pagare di nuovo?»

«Non ha pagato. È arrivata tardi e si è dimenticata».

«Mi accusi di mentire?» Quella falsità le uscì facilmente di bocca. Si voltò e fece per aprire la portiera. Sarebbe stato bene anche senza le cinque rupie. E comunque andava tutto a qualche sudicio *seth* rumina *paan*.

Sentì un colpetto esitante sulla spalla. «Signora, deve pagarmi adesso, se no... se no non la faccio parcheggiare qui domani», disse Kishore.

Shweta si girò di scatto. Aveva osato toccarla! «Cosa? Cerchi anche di minacciarmi? Chi credi di essere? Toglimi le mani di dosso. Adesso chiamo la polizia».

«Deve pagare. Non può andarsene così».

Ma Shweta si era già allontanata.

Fortunatamente non dovette fare molta strada. Attirata dalle sue grida infuriate, a una distanza rispettosa si stava radunando una folla piccola ma sempre più numerosa.

Appena sentirono la parola magica, "polizia", due poliziotti si staccarono dal gruppo e avanzarono verso di lei. Shweta li squadrò con sospetto. Uno era grasso come un bufalo d'acqua, l'altro sembrava uno scheletro con i denti marci.

«Che problema c'è, *memsahib*?» chiese quello magro.

«Quest'uomo mi ha minacciato».

Subito il poliziotto bloccò Kishore afferrandogli le braccia. «Perché hai minacciato la signora?»

«Non ho fatto niente», rispose Kishore. «Le ho solo chiesto di pagare il biglietto del parcheggio».

Shweta, che si sentì rimpicciolire, ribatté: «Come osi mentire in questo modo?» Poi, voltandosi verso la folla, chiese: «Vi sembro una che non pagherebbe cinque misere rupie per un biglietto? Il ragazzo cerca di imbrogliarmi solo perché sono una povera donna indifesa».

La folla rimase a guardare silenziosa, ma il poliziotto annuì, sorridendole con fare suadente. Ovvio, era impensabile che una *memsahib* imbrogliasse un addetto al parcheggio per cinque rupie. «È il modo di parlare a una *memsahib*?» dissero i poliziotti a Kishore in tono severo. Poi si voltarono verso Shweta. «Cosa desidera che facciamo con lui? Potremmo portarlo in prigione. Là gli insegnerebbero le buone maniere. Se vuole sporgere denuncia, saremo felici di chiamare subito una camionetta». Il poliziotto estrasse un walkie-talkie e lo sventolò orgoglioso davanti a lei.

All'improvviso Shweta si sentì in trappola. Non voleva che il ragazzo venisse picchiato senza motivo. Eppure, come poteva sbloccare quella situazione senza perdere la faccia? L'espressione sul viso del giovane era molto eloquente. Sapeva che lei non avrebbe fatto niente. All'improvviso non riuscì più a guardarlo.

Da parte sua, Kishore stentava a credere a quello che gli stava succedendo: una *memsahib* che possedeva un'auto e lavorava in un ufficio con l'aria condizionata poteva mentire per cinque rupie? Non aveva senso. Ma ora gli sembrava che ci fosse solo una via d'uscita, quella di fingersi colpevole. Si voltò verso i poliziotti e si gettò ai loro piedi.

«Ho fatto un errore. Vi prego, lasciatemi andare», implorò. «Giuro che non darò mai più noia a una signora. Vi prego, lasciatemi andare».

I due poliziotti lo ignorarono. Aspettavano che la signora si esprimesse. «Lasciatelo andare. Non ho tempo di compilare il modulo di denuncia», disse con aria di superiorità.

I due poliziotti annuirono compiaciuti. La giustizia sarebbe stata amministrata da loro. «Certo signora, ha ragione. Ci prenderemo noi cura di questo ragazzo. Sappiamo esattamente cosa fare con un piantagrane come lui. Gli insegneremo il rispetto per i superiori».

Shweta li guardò con aria impotente. Poi si voltò. Ma prima che potesse fare un passo, il ragazzo le aveva afferrato i piedi.

«La prego, *memsahib*, mi dispiace, mi lasci andare», implorò. La paura nella sua voce era palpabile.

«Non posso aiutarti», disse lei freddamente. «Avrai quello che ti meriti». Era quasi un uomo dopotutto, e un giorno avrebbe di sicuro picchiato sua moglie.

«Signora, non stia a sentirlo. È un furfante. Lo conosco», disse il poliziotto grasso. «I ragazzi come lui sono di casta inferiore, tipi criminali. La galera è quel che fa per loro. Le carceri sono piene di tipi così».

Le loro parole le alleggerirono la coscienza e all'improvviso Shweta si ricordò di essere una madre e una moglie, in breve, una donna degna di rispetto. «No, non voglio rovinare la vita di questo ragazzo. È giovane, e se tutto va bene imparerà».

I poliziotti sembravano delusi.

«Ha sbagliato a minacciarmi», si corresse lei rapidamente, «magari questo glielo potete spiegare. Ma non picchiatelo troppo, è giovane».

I visi dei due si illuminarono subito. «Non si preoccupi. Gli daremo qualcosa che lo aiuterà a imparare».

Shweta sorrise piena di gratitudine. Non erano terribili come le erano sembrati all'inizio. Il corpo di polizia stava ovviamente migliorando, i poliziotti sembravano più disponibili, meno corrotti. Forse quei corsi di sensibilizzazione che organizzava la sua amica della Ford Foundation cominciavano a dare frutti. L'India stava cambiando in meglio, decise. Salì in macchina mentre la folla guardava in silenzio. Fissò quel mare di visi. Persino la gente sembrava più controllata, meno selvaggia. Mentre faceva retromarcia e si allontanava, i poliziotti le fecero il saluto militare. Lei annuì e pensò al giorno in cui la sua Nuova India avrebbe alzato il capo e spazzato via dalle posizioni di potere uomini come suo marito e il suo capo. E, come donna emancipata, lei ne avrebbe fatto parte. Avrebbe lavorato con una ONG in qualche baraccopoli. Avrebbe detto al suo capo di tenersi il suo lavoro e di andare a quel paese! Sarebbe stata povera ma felice. Assorta nei suoi piani per il futuro, mentre si allontanava non guardò neppure nello specchietto retrovisore.

Kishore non era mai stato picchiato prima. Era finito in un sacco di risse, ma adesso era diverso. Perché questa volta aveva le mani legate dietro la schiena con un fazzoletto e non avrebbe potuto reagire. Quello che faceva più male era l'umiliazione di sentirsi impotente. Le botte in sé non furono così terribili, finché lo smilzo non gli sferrò un calcio all'inguine. In quel momento un dolore lancinante gli esplose nello stomaco e poi giù per le gambe, che gli cedettero all'istante. Quando fu a terra, lo riempirono di calci nelle costole e nella schiena. Ma siccome Kishore si era raggomitolato subito come una docile palla, si stufarono in fretta. Dopo un po' si accesero una *beedi* e aspettarono che si alzasse.

Kishore si rese conto che avevano smesso di picchiarlo soltanto quando annusò il fumo delle *beedi*.

Si mise a tossire e sentì in bocca il gusto del sangue. I suoi occhi si posarono sulle loro scarpe, nere e lucide, con un motivo a zig zag di polvere. Una mezza *beedi* giaceva fumante accanto alla punta di una scarpa. Come è successo? si chiese stordito. All'improvviso una delle scarpe si mosse, pungolandolo al petto. «Ehi, ci hai fatto fare un sacco di lavoro per salvarti», disse una voce. Alzò lo sguardo, ma così sentiva ancora più dolore. Vedeva sfocato, perciò si concentrò di nuovo sulla scarpa.

«Quella vecchia puttana grassa ti avrebbe portato alla stazione di polizia se non fossimo arrivati noi. Sei fortunato, stavamo bevendo un *chai* e abbiamo visto la scena».

«Ma io non ho fatto niente di male», disse Kishore.

«Non importa. Se ti schedano è la fine. La tua vita è rovinata, nessuno ti dà lavoro. La polizia ti piomba addosso appena succede qualcosa di grosso».

«Eh già, ti abbiamo proprio salvato la vita». Il poliziotto grasso gli tese la mano e lo aiutò a mettersi seduto. «Ho un parente a cui è successo, anche se non era stato lui a sbagliare. Ha dovuto vendere la casa e tornare al villaggio. La famiglia si è suicidata al completo, alla fine».

Kishore rabbrividì.

«Stai bene? Possiamo darti un passaggio all'ospedale se vuoi».

«No, no». Kishore scrollò il capo, e poi gemette quando una nuova ondata di dolore gli percorse il cranio. «Devo badare alle mie auto».

«Poverino. Queste vecchie stronze. Ruberebbero anche l'ultimo boccone dalla bocca di un pover'uomo».

«Puttane rinsecchite. Ecco perché i loro uomini preferiscono le nostre donne. Per quello le vecchie stronze sono così rabbiose».

L'altro poliziotto rise. «Chi mai potrebbe desiderare un frutto marcio come quello?»

Kishore cercò di alzarsi. Le gambe gli tremavano come foglie e sarebbe caduto in ginocchio se non fosse stato per i poliziotti, che lo afferrarono per le ascelle e lo tirarono su.

Poi lo guidarono delicatamente verso l'albero di *pipal*. «Spero che quella tizia si ammali», disse lo smilzo in tono comprensivo, «guarda cosa ci ha costretto a farti».

«Non sarà di certo una malattia sessuale», sottolineò l'altro.

«Un cancro allora».

«Magari ce l'ha già».

Risero entrambi. Kishore si sentiva a disagio. Non era abituato a sentir parlare così delle donne.

Lo fecero sedere pian piano e torreggiarono sopra di lui. Kishore non alzò lo sguardo. «Ehi, lo sai che per causa tua non abbiamo finito il nostro tè?» disse uno dei due.

«Dev'essersi raffreddato, ormai», aggiunse l'altro, dando a Kishore una gomitata nel petto. Kishore alzò lo sguardo.

«Non ci dai niente per il disturbo?» chiese il primo.

«Cosa... cosa volete? Non ho niente», rispose Kishore.

«Almeno dacci qualcosina per il *chai-pani*, ragazzo», disse lo smilzo.

Alla fine Kishore capì. Si frugò nella tasta della camicia, sollevato. Aveva venticinque rupie per il tè e l'autobus fino a casa. Le prese e le offrì ai due, grato.

«È così che mostri la tua gratitudine?» ringhiò il poliziotto grasso, allontanando con forza la mano tesa del ragazzo. «Avremmo dovuto portarti alla stazione di polizia. Non valeva la pena di fartela passare liscia».

«Aspetta», disse lo smilzo, mettendo una mano sul braccio carnoso dell'altro per fermarlo. «È giovane, non capisce cosa gli sarebbe successo in prigione». Poi si rivolse a Kishore: «Ti avrebbero trasformato in un *hijra*, sei così giovane e carino. Vuoi essere una donna?» Kishore si sentì raggelare. «Cosa volete, è tutto quello che ho», disse con voce tremula. Desiderava solo che lo lasciassero in pace.

«Due giorni dentro e il didietro ti farà così male che non riuscirai più a sederti».

«Cosa posso fare per voi?» chiese Kishore con la bocca secca.

«Sei sposato?»

«Sì, da febbraio», rispose Kishore senza pensare.

«E quando hai avuto questo lavoro?»

«In marzo».

«Sei fortunato, una moglie e un ottimo lavoro in un mese solo».

Kishore annuì, leccandosi nervosamente le labbra. All'improvviso le mani del poliziotto magro sfrecciarono verso di lui. Kishore alzò le braccia per parare il colpo, che non arrivò. Invece sentì che la sua tasca interna, quella in cui teneva i guadagni del parcheggio, veniva svuotata. «Ehi, quelli non sono miei, sono i soldi del *seth*!»

«E chi lo dice? Erano nella tua tasca, no?»

«Sì, ma devo darglieli stasera».

«Se i soldi appartengono al *seth* ma sono in tasca tua, allora devi averglieli rubati. Glieli restituiremo, non preoccuparti», rise il grassone.

«Vi prego, ridatemeli», implorò Kishore, la voce ridotta in un bisbiglio dalla paura. «Cosa dirò al *seth*?»

I due poliziotti cominciarono ad allontanarsi. «Digli che oggi non è venuto nessuno nel suo lurido parcheggio perché c'era un ratto morto che puzzava», disse il magro guardandolo da sopra la spalla. Kishore li fissò, ormai senza forze. Sapeva che sarebbe stato inutile seguirli. Dopo un po' tornò al suo posto sotto il *pipal*. I cartelloni pubblicitari luccicavano al sole e gli alberi ondeggiavano nella brezza primaverile, portando con sé il profumo dei fiori. Ma Kishore non lo sentiva più. Cos'avrebbe detto ai suoi genitori, ai vicini? Il parcheggio – con le sue macchine e i cani che ansimavano all'ombra, gli alberi, gli edifici e i cartelloni – gli sembrò all'improvviso odioso.

«Almeno non ti hanno portato in galera». Alzò lo sguardo, sapeva chi aveva parlato.

«Cosa?» gridò. «Vattene».

«Non devi gridarmi dietro. Cercavo solo di farti sentire meglio», rispose Pappu.

«Non stavo gridando. Non sentivo quello che dicevi. Mi ronzano ancora le orecchie».

«Cosa vuol dire che non mi sentivi? Come mai adesso mi senti così bene?»

«Se vuoi dire qualcosa dillo, oppure vattene», disse Kishore spazientito.

«Non hai gridato nemmeno una volta mentre ti picchiavano», disse Pappu, «proprio come gli eroi nei film».

Il rimbombo che Kishore sentiva dentro si placò un poco. «Non mi hanno fatto troppo male», rispose.

Pappu annuì, spostando il peso da un piede all'altro.

Kishore si stufò di aspettare. «Che c'è? Dillo e vattene».

Pappu sembrava sollevato. «Mi chiedevo se... be', visto che non hai ancora mangiato il tuo pranzo e sono quasi le quattro, mi chiedevo se avessi fame».

Kishore rise, sorprendendo persino se stesso. «Ecco, prendilo».

Pappu afferrò il pacchetto e indietreggiò di poco. Poi si sedette sul bordo del marciapiede e cominciò a mangiare. Kishore lo guardò con aria distaccata. «Sai», disse Pappu a bocca piena, «anch'io non avevo fame quando mi è successo».

Kishore lo fissò. «E quando ti è successo? Dove?» Ebbe un lieve barlume di speranza. «Con la stessa donna?»

«No, *bhai*. È successo a Noida. La polizia mi ha picchiato proprio come ha fatto con te. E mi hanno preso i soldi».

Kishore gemette. Si era dimenticato dei soldi. «Racconta. Cos'hai fatto?»

«Sono scappato via», disse Pappu semplicemente. «Ho persino dimenticato il mio pranzo».

Kishore rabbrividì. «Io non voglio scappare».

Per tutta risposta, Pappu ruttò sonoramente. «Beato te, tua madre cucina bene. La mia è morta».

«L'ha cucinato mia moglie», disse Kishore stancamente.

Pappu sgranò gli occhi. «Tua moglie? Hai una moglie?»

Kishore annuì esausto. «Dimmi Pappu, cosa devo fare?»

Pappu si alzò e gli andò vicino. «Se fossi in te, piscerei su una macchina».

«Cosa?» Kishore era sconvolto. «Non scherzare, io parlo sul serio».

«Non sto scherzando», rispose Pappu. «Te lo dico io, quando la rabbia mi prende così tanto da non poterla trattenere, piscio su una macchina. Poi mi sento meglio. Dovresti provare. L'acqua mi esce con la stessa forza del Gange. Prima ero sempre arrabbiato. Adesso non vedo l'ora di arrabbiarmi».

«Non mi sorprende che tu sia così stupido», disse Kishore disgustato. All'improvviso gli venne un'idea. Prese Pappu per le spalle: «Senti, il *seth* sarà qui alle sette. Hai ancora i tuoi soldi, no?»

Pappu annuì dubbioso.

«Puoi darmene metà?»

«Metà? Sei pazzo?» Pappu indietreggiò. «E cosa dico al *seth* dell'altra metà?»

«Digli che oggi c'erano meno macchine. Io gli dirò la stessa cosa. Dovrà crederci se lo diciamo tutti e due».

«*Nahi bhai*. Non posso. Pensi che il *seth* non sappia esattamente quante macchine vengono ogni giorno? È più intelligente di noi. È andato a scuola. Per quello è il *seth*».

«Non essere stupido», disse Kishore in tono pressante. «È il *seth* perché ha soldi per pagare i poliziotti, soldi che noi guadagniamo per lui. E dai, non avere paura. Non può farci niente. Chi si occuperà del parcheggio senza di noi?» Pappu rimase in silenzio per un po', poi scosse il capo. «Ci sono un sacco di ragazzi come noi».

Rimasero entrambi in silenzio. All'improvviso Pappu si illuminò. «Perché non dici al *seth* che i poliziotti ti hanno preso i soldi? Così lui li può riprendere da loro».

«Non dire scemenze. Non ci crederà mai. Penserà che sto mentendo e mi licenzierà».

«Allora perché non provi a chiedere i soldi in prestito a uno degli autisti?» chiese Pappu.

«E poi come glieli restituisco?» ribatté Kishore in tono sarcastico.

«Potresti restituirli pian piano, non so, dieci rupie al giorno. Non gli fai pagare il biglietto per un anno».

Kishore fissò Pappu con una nuova luce nello sguardo. Certo, l'autista che gli pareva simpatico l'avrebbe aiutato! Aveva un lavoro regolare, quindi di sicuro anche un sacco di soldi. Kishore si alzò e si guardò intorno. Ma il posto dove di solito c'era la sua auto era vuoto. Kishore imprecò.

«Cos'hai detto?» chiese Pappu.

«Niente, parlavo da solo».

«Fai sempre qualcosa da solo», ridacchiò Pappu.

Kishore lo ignorò. Scandagliò di nuovo il parcheggio, soffermando lo sguardo sul baracchino del tè. Gli autisti erano tutti riuniti sotto l'altro *pipal*.

Si alzò e si diresse verso di loro.

«Dove vai?» gli chiese Pappu.

Ma Kishore non lo ascoltava.

Gli autisti stavano ridendo di qualcosa quando Kishore li raggiunse.

«Come mai sei così carino, Kishore? Ti è passata sopra una macchina o cosa?» gli chiese uno degli autisti.

«Ho bisogno di settecento rupie», replicò lui, ignorando la domanda.

Tutti lo fissarono.

«E perché vorresti così tanti soldi? Per giocarteli? O per aprire un'attività?»

Kishore guardò di traverso l'uomo che aveva parlato. «Sono un uomo sposato», replicò con dignità.

«E allora a che cosa ti servono i soldi? Vai a giocare con la tua bambola».

Kishore fissò l'uomo che aveva parlato. Era l'autista dallo sguardo lascivo che si offriva sempre di insegnargli a guidare. «La polizia si è presa i miei soldi e devo pagare il *seth*».

Gli autisti si guardarono. Era come se ciascuno aspettasse che l'altro parlasse per primo. Alla fine uno di quelli che giocavano a carte, un uomo con una cicatrice sulla guancia sinistra, appoggiò le carte e parlò: «Vuoi che ti diamo dei soldi? E tu cosa ci dai in cambio?»

«Cancellerò il debito lasciandovi parcheggiare gratis. E... e ne pagherò metà tra due settimane», rispose, calcolando rapidamente che se raccoglieva immondizia fino a mezzanotte, Sushila poteva selezionarla entro le quattro di mattina e lui l'avrebbe rivenduta mentre andava al lavoro.

Il tizio magro sorrise. «Cosa ci garantisce che non ti intaschi i soldi e scappi?»

«Perché dovrei scappare? Mi piace questo lavoro, voglio fare l'autista come voi, un giorno». Scoppiarono tutti a ridere. Lui li imitò, pensando di averli convinti. Quando le risate si spensero, uno di loro disse: «Vuoi fare l'autista? E lasci che una donna ti tratti così? Lascia perdere. Non puoi fare l'autista. Non sei nemmeno un uomo».

«Non era colpa mia», protestò Kishore infuriato. «Avrei ottenuto i miei soldi se la polizia non si fosse messa in mezzo».

«Questa è la tua versione. Come facciamo a sapere che non sei stato tu a rubare i soldi alla donna? Probabilmente sei un tossico. Altrimenti perché la polizia ti avrebbe pestato così? Vuoi dei soldi? Vai ai bagni pubblici, ragazzina. Sei così carino, ti arricchirai in fretta».

Kishore non ebbe bisogno di guardare l'uomo per sapere chi era. Le sue mani si chiusero a pugno, fece un passo avanti e lo colpì. Ma era proprio quello che lui stava aspettando. Come un fulmine, gli afferrò il polso e glielo torse, gettandolo a terra.

Gli altri autisti applaudirono e risero trionfanti. «Guarda che femminuccia, non sa nemmeno combattere. E dice di avere una moglie. Che bugiardo».

Kishore, a terra, avrebbe voluto sprofondare. Alla fine si alzò con tutta la dignità che riuscì a dimostrare. «Non provare a parcheggiare qui senza pagare», disse all'uomo che l'aveva colpito, lo stesso che solo il giorno prima si era offerto di insegnargli a guidare.

L'uomo non lo guardò nemmeno. «Morirei piuttosto di pagare un altro biglietto a un buono a nulla come te», disse con calma. «Vai a toglierti i pantaloni e mettiti una sottana».

Molto più lontano, a Delhi Est, la moglie di Kishore, Sushila, era al lavoro davanti alla montagna di spazzatura che la suocera aveva raccolto all'alba. Con infinita attenzione separava la plastica dalla carta, le cose colorate da quelle incolori. Da un singolo cumulo di spazzatura ottenne quattro mucchietti ordinati: uno di cartone, uno di sacchetti di plastica, uno di luccicante stagnola che brillava al sole e uno di carta colorata e carta da giornale. Mentre lavorava canticchiava. Una folata di vento, forse la stessa che aveva indotto suo marito a sognarla, gonfiò un sacchetto brillante di stagnola azzurra, rossa e verde e lo sollevò in aria come una vela. Il sacchettino scintillava come una goccia d'acqua illuminata dal sole e Sushila si sentì il cuore leggero. Ma il vento svanì all'improvviso come era arrivato e il pacchetto ricadde a terra. All'improvviso la tristezza la penetrò come una pugnalata. Raccolse il sacchetto, lo appiattì amorevolmente e lo mise insieme agli altri.

La montagna bigia di rifiuti mescolati si fece sempre più piccola. Al suo posto emersero quattro collinette ricoperte di vegetazione multicolore. Al centro c'era un piccolo villaggio di scatole di cartone. Quelle erano la merce più preziosa, ciascuna valeva quasi quanto un'intera collina di carta. Una delle scatole aveva sul coperchio un ragazzino dalle labbra rosso fuoco e le guance paffute. Il ragazzo aveva una camicia candida, pantaloncini kaki e al collo una sciarpa a righe. Intorno alla testa e ai piedi gli danzavano delle candele. Mentre fissava quell'immagine, Sushila sentì il respiro che le usciva lentamente. Pensò al bambino che un giorno le sarebbe cresciuto nel ventre, riempiendola come il vento aveva gonfiato il sacchetto. Un bambino nato in un mondo così vivace e colorato poteva assomigliare a quello della scatola o sarebbe stato come tutti i piccoli del villaggio, scuri e mingherlini?

Toccò un frammento azzurro pallido, del colore del cielo nei pomeriggi d'inverno. Quattro mesi prima non si sarebbe mai immaginata che esistessero tante sfumature di un solo colore. O che ci fossero così tanti colori nel mondo. All'inizio voleva conservare ogni nuova tinta che scopriva. Ma non ci sarebbe stato spazio per tutte. Così si era limitata a un nuovo colore al giorno: lo rubava dal cumulo e lo nascondeva tra i vestiti in modo che la suocera non la scoprisse. Di sera, alla luce del lampione in strada che penetrava attraverso una fessura nel muro, lo mostrava a Kishore e gliene chiedeva il nome.

Il colore del cielo che aveva scelto per quel giorno era drappeggiato intorno a una stupenda ragazza con la pelle chiara, gli occhi verde pallido e capelli lisci. Esistevano davvero ragazze con la pelle di quel colore? Kishore diceva sempre che tutte le ragazze ricche di Delhi erano così, ma lei non riusciva a crederci. Le aveva detto che l'avrebbe portata a vederle appena gli davano il primo stipendio. Il suo cuore perse un colpo. Era oggi il giorno di paga. Fissò la donna della foto e si chiese se fosse una star del cinema. Kishore lo sapeva di certo, ma sarebbe tornato soltanto alla sera, e per allora le pile delle riviste dai colori sgargianti sarebbero state vendute. Prese una lama arrugginita che teneva apposta per quello e con estrema cura ritagliò la foto.

L'angolo dei fumatori di *charas* era un pezzo di marciapiede di un metro per due nell'angolo sudovest del parcheggio, tra i piloni dell'elettricità e i bagni pubblici. Si trovava sotto un cartellone pubblicitario che mostrava la pancia di una donna e una bottiglia di birra. I fumatori erano orgogliosi del loro angolino. Molto tempo prima, durante la festa di *holi*, qualcuno aveva giocato lì e colorato il marciapiede di rosa e verde. Ora ovviamente gran parte del colore era sbiadita. Macchie d'olio e sputo di *paan* erano andati ad aggiungere colore al marciapiede, ma c'era ancora abbastanza colore della *holi* perché i fumatori di *charas* ci vedessero il disegno divino.

Un famoso *charasi* era in grado di predire il futuro con una tale precisione che c'era sempre una fila di persone in attesa di pagargli la sua dose di *charas* da cinque rupie. Kishore avrebbe tanto voluto che quell'uomo fosse ancora nei paraggi. Comunque aveva un'idea abbastanza chiara di come sarebbe stato il suo futuro immediato. Tutto quello che voleva era che le cose tornassero a essere com'erano alle undici di quella mattina. Ma non si sarebbe venduto. E se le persone che si dichiaravano rispettabili non volevano aiutarlo, perché non avrebbe dovuto rivolgersi ai criminali?

L'angolo dei fumatori di *charas* era vuoto tranne per un solitario occupante, straordinariamente ben vestito per essere un fumatore di *charas*, seduto su un mucchio di stracci. Kishore non l'aveva mai visto.

«Perché le donne sono come le bottiglie di birra? Se sai rispondere condividerò il mio ultimo pacchetto con te», disse il vecchio, attaccando subito bottone.

Kishore lo guardò disgustato. «Non so, e comunque non ne voglio. Voglio solo vedere il tuo *seth*».

Il tizio sembrò divertito. «In ogni uomo c'è un fumatore di *charas*. È solo questione di capire quando arriva il momento dell'illuminazione. Fammi vedere la mano. Ti dirò se è giunto il tuo momento».

Kishore incrociò le braccia sul petto e fissò l'uomo. «Allora non riconosci un fumatore di *charas* da un non fumatore», disse.

L'uomo rise scoprendo i denti, mentre l'espressione furba dei suoi occhi diventava più intensa.

Kishore non era dell'umore per chiacchierare. «Se vuoi vendere qui devi pagarmi, questo è il mio parcheggio».

L'uomo lo ignorò. «Vedo la disperazione in te. Dammi la mano e vedrò se sei pronto per fartela togliere».

«Non voglio *charas*. Voglio soldi».

«Blasfemo, paragoni l'acqua all'alcol? Una prostituta a una star del cinema?»

Kishore tese la mano. «Dammi i soldi e basta».

«La *charas* è meglio dei soldi. Ed è anche esigente. Qualcuno le piace, a pochissimi è fedele. Ma se sei tra quelli a cui si affeziona, non c'è posto in cui non ti porterà. Accanto a lei, persino una donna sbiadisce. Io ero solo un uomo semplice quando mi ha trovato. Non volevo vivere ma ero troppo pigro per morire. Guardami adesso. Ho qualcosa per cui vale la pena di alzarmi tutti i giorni».

Ecco come attirava i nuovi venuti, pensò Kishore. Quello doveva essere l'uomo giusto. Decise di chiedergli i soldi direttamente. «Puoi prestarmi dei soldi?»

L'uomo lo guardò sconvolto. «Non vendere mai la tua anima per denaro. Così non c'è posto per l'amore. Ho dedicato l'anima all'amore tempo fa e gli sono sempre fedele».

All'improvviso gli venne un'idea incredibile. «Non sei mica il *baba* che prevede il futuro?» gridò.

L'uomo annuì. «Sono io».

«Ma... ma dicevano che un *seth* ti aveva portato via con la sua macchina».

L'uomo grugnì disgustato.

«Perché sei tornato?» chiese Kishore.

«È una lunga storia». Il vecchio evitò di guardarlo negli occhi, rivolgendo lo sguardo al cartellone. «Quando ero qui non avevo futuro, quindi potevo predire quello degli altri. Quando sono andato con lui, il futuro mi ha fatto suo prigioniero. Non mi lasciava più andare. Più soldi facevo, più il futuro mi teneva stretto. Poi mi resi conto che la libertà è non avere un futuro. Così sono tornato».

Kishore si sedette accanto a lui. «Puoi cambiare il mio futuro?»

«Certo», rise l'uomo scoprendo ancora i denti.

«Non voglio un futuro differente, non voglio soldi o una casa o... o un nuovo lavoro. Rivoglio il mio passato. Puoi mettere il passato al posto del futuro?»

Il vecchio lo guardò stranito. «Facile».

«Cosa devo fare? Non ho soldi adesso, ma ti lascerò rimanere qui gratis per il resto della tua vita, se vuoi. Ti porterò anche i pasti. Cibo fatto in casa, mia moglie è una gran cuoca».

«Cibo? Chi ha bisogno di cibo quando si ha la dea Lakshmi al fianco?» disse in tono sprezzante. «Non basta. Fallirai, perché non sai come assicurarti l'inizio. Devi dare prima di ottenere. Questo è il segreto del successo».

«Ma sono solo un povero custode di parcheggio, cos'ho, io, da dare?»

«Se vai dal medico e lui ti dice che sei malato, lo paghi, no? Devi fare lo stesso con me. È una questione di rispetto».

«Certo che ti rispetto», rispose Kishore. «Ma prima devi ridarmi il mio futuro, proprio com'era stamattina. Stavo per essere pagato. Poi sono successe tante cose. In questo momento il mio futuro puzza di morte. Quindi ridammi il mio passato e io ti pagherò».

«Fammi vedere la mano».

Il *baba* gli osservò la mano per quello che gli sembrò un'eternità. Accigliato, scosse la testa. Poi lasciò andare la mano di Kishore. «Mi sbagliavo. Il tuo è un caso molto difficile. Per la maggior parte delle persone, il passato e il futuro non sono molto diversi. Nel tuo caso c'è una netta separazione».

«Cosa... cosa vuol dire?» chiese Kishore, sentendosi raggelare.

«Vuol dire che dovrai sacrificare qualcosa alla dea per riavere indietro il tuo passato. Solo Kali mata è abbastanza potente da esaudire il tuo desiderio. Ma prima dovrai farle un'offerta».

«Che tipo di offerta? E come gliela do? C'è un tempio qui vicino? Devo fare in fretta».

«Oh, puoi semplicemente darla a me. Sono il suo sacerdote».

«Cosa vorrà da me in cambio?» chiese Kishore sospettoso.

«Eroina», rispose subito l'uomo. «Basta una dose. Il resto me lo darai dopo».

«Allora non puoi essere tu il *baba* che predice il futuro!» esclamò Kishore. Cercò di alzarsi, ma il vecchio fu più rapido. Lo gettò a terra e si sedette su di lui. Kishore cercò di divincolarsi, ma quello era sorprendentemente pesante per essere così smilzo. Così Kishore restò immobile. Eccomi ancora una volta a mangiare la polvere di questo stramaledetto parcheggio, pensò.

«Portami dell'eroina e ti farò vedere come cambiare il futuro, la dividerò con te. È quello che vuoi, no?» sussurrò il vecchio all'orecchio di Kishore.

«Io non mi drogo», rispose Kishore a denti stretti.

«Stai mentendo», disse il tossico, torcendogli il braccio con ferocia.

Kishore sentì le dita del vecchio frugargli disperatamente nelle tasche. Non trovando nulla, l'uomo fu sopraffatto dalla disperazione. «Oh, *devi*, perché mi fai questo?» gridò. «Prima mandi questo da me e poi m'imbrogli. Non ti ho venerato abbastanza fedelmente? No? Perché ora mi abbandoni?» Lacrime roventi gli scendevano sulle guance cadendo sulla schiena di Kishore. All'improvviso l'uomo si alzò e, cautamente, Kishore si drizzò a sedere. Il tossico se ne stava ritto sotto il cartellone pubblicitario della birra guardandolo con un'espressione radiosa.

Allora era quella la sua *devi*. Kishore si sentì all'improvviso molto, molto stanco. Guardò il drogato un'ultima volta. L'uomo stava implorando la sua dea di venire a salvarlo come aveva fatto le altre volte. «Ti perdono per aver ingannato il tuo servo», stava dicendo. «Ora vieni a salvarlo». L'immagine dell'uomo che parlava con la pubblicità gli si impresse nella mente. Mai più, giurò, avrebbe cercato di farsi salvare da qualcuno.

Quando Kishore tornò al suo albero di *pipal*, le ombre si erano estese per tre quarti del parcheggio. Le poche macchine rimaste sembravano ospiti. Persino Pappu era sparito. Kishore si maledisse per aver dato retta a Pappu, che l'aveva convinto a prendere i soldi quando le macchine entravano invece che quando uscivano. Avrebbe dovuto dare ascolto a suo padre. Le scorciatoie procuravano guai. Sempre. La polizia non avrebbe trovato niente se avesse fatto come gli era stato detto, e avesse raccolto il denaro di sera, quando le macchine lasciavano il parcheggio. Osservò lo spiazzo vuoto e un'ondata d'amore lo investì. Il parcheggio era la sua casa. Il parcheggio era il suo futuro. Come poteva lasciarlo? Decise di aspettare il *seth*. Se il *seth* avesse deciso di ucciderlo, almeno sarebbe morto da uomo. Non come l'altro ragazzo, che era scappato e poi l'avevano acciuffato e ucciso a Ghaziabad.

Dopo aver finito di selezionare l'ultima spazzatura, Sushila prese il cumulo di stracci che aveva raccolto e li immerse nell'acqua. Poi gettò le siringhe e altri pezzi di metallo in un sacchetto di plastica. Impacchettò ciascun cumulo di carta in una diversa borsa di iuta e la caricò sul carretto, pronto per essere portato via da suo suocero. Poi entrò in casa, mangiò un poco di riso freddo e *dal* acquoso, tirò fuori l'unica altra *sari* che possedeva e il sapone, e si avviò al rubinetto comune. Per fortuna c'era solo una ragazzina. Si sedette, dandole la schiena.

Sushila non si era ancora abituata a lavarsi in pubblico. Detestava doversi fare strada nel circolo di uomini ammiccanti per raggiungere il rubinetto tutte le mattine. Il rubinetto era sempre affollato, con le donne che sgomitavano per un posto più vicino al getto. Una volta riempiti i secchi, si sedevano da una parte e cominciavano a lavarsi, lanciando sguardi furtivi al pubblico maschile. Era come una commedia la cui trama rimaneva la stessa, ma con minimi dettagli della sceneggiatura che cambiavano ogni giorno. L'interesse degli spettatori si concentrava sull'enciclopedia di particolari erotici che le donne offrivano loro. Applaudivano una nuova mossa raffinata fatta da una delle donne e censuravano quelle che si lasciavano andare ad atti giudicati troppo provocatori. Sushila si rifiutava di partecipare al gioco, e addirittura cercava di nascondersi, ma quel comportamento non faceva che stuzzicare ancora di più gli uomini. Inavvertitamente, Sushila aveva aperto un nuovo capitolo nel gioco, con una combinazione di modestia e provocazione. E così era diventata una sorta di celebrità minore. Il risultato fu che le altre donne cominciarono a odiarla senza farne mistero; anzi, le buttavano a terra il secchio fingendo di inciamparci, le facevano cadere il prezioso sapone nel fango o calpestavano con i piedi sporchi la sua *sari* appena lavata.

Libera da occhi che fissavano e mani che la tormentavano, Sushila si lavava con piacere. La ragazzina accanto a lei cantava brani di canzoni di film hindi con voce dolce, intonatissima, e l'acqua scrosciante dava alla melodia una profondità sorprendente. Sushila si versava addosso una brocca dopo l'altra di acqua pulita, sciacquando via gli strati accumulati di sporco interiore generati dagli sguardi altrui. Poi si sciolse il nodo di folti capelli neri sulla nuca e si lavò anche quelli. Quando finì, la luce si era ammorbidita e le ombre avevano iniziato ad allungarsi. Si alzò. La ragazzina se n'era andata. Non se n'era nemmeno accorta. Ben presto Kishore sarebbe tornato con i soldi dello stipendio. Tornò in fretta alla *jhuggi* per vestirsi, canticchiando sottovoce brevi frasi di canzoni.

Nella stanza che lei e Kishore condividevano con i genitori di lui, infilata in un angolino c'era una piccola valigia di plastica in cui Sushila conservava i suoi pochi beni: il *bindi*, la *sari* nuziale, qualche braccialetto di vetro, una camicetta, una fotografia incorniciata di lei e Kishore davanti a un tramonto dipinto e la sua collezione di ritagli colorati. Aggiunse il nuovo pezzo al mucchietto poi, d'istinto, li sparpagliò tutti sul letto. Il brutto materasso grigio prese vita. Sushila lo fissava. I fogli colorati, riflettendo gli ultimi raggi di sole che entravano dalla fessura nel muro, sembravano prendere fuoco. Le venne un'idea. Pensò al villaggio che aveva lasciato da così poco tempo ma che già le sembrava lontano, separato dalla città da un gigantesco fiume di colore. Pensò alla città e alla luce che brillava sempre, persino di notte. Era la stessa luce, ne era sicura, che le ragazze del cinema avevano sul viso. Guardò il fiume di colore sul materasso e pensò che, se in qualche modo fosse riuscita a circondarsene, suo figlio sarebbe stato un lucente bambino di città, roseo e paffuto, e non una creatura di campagna scura e rugosa.

Frugò in fretta nella scatola, in cerca di ago e filo. Fece un buco nel cartoncino della signora in azzurro e ci infilò l'ago, poi annodò il filo, si alzò e bucò il soffitto di plastica con l'ago. Fece un nodo e indietreggiò per osservare la sua opera. La piccola sagoma adesso sembrava viva. Una folata di vento primaverile entrò nella stanza e la signora prese a volteggiare vertiginosamente. La *sari* azzurra sembrava gonfiarsi intorno a lei come se fosse vera. Sushila fu travolta da una sensazione sconosciuta, l'orgoglio. Nel giro di pochi secondi si era impossessato completamente di lei. Appese le stelle del cinema accanto alla signora e poi il bambino di cartone rosso che aveva trovato quella mattina, e infine altre donne vivaci e sorridenti.

Ben presto il soffitto fu affollato e Sushila non sapeva più dove appendere altre figure. Le baciavano il viso mentre si muoveva tra loro, e lei si sentiva piena di luce. Alla fine, stanca, si distese a terra. Le facevano male le braccia e la schiena. Ma quando alzò lo sguardo, il respiro le si fermò in gola. Anche se non c'era quasi più luce, il soffitto brillava, fremeva di vita. Il fiume di colori che aveva immaginato era vivo.

«Sushila, sei impazzita?»

La suocera di Sushila era una creatura minuscola, rugosa, ingrigita prematuramente. La vita le aveva risucchiato il colore dalla pelle e dai capelli, e ormai solo gli occhi avevano conservato il colore originario.

Sushila si drizzò subito a sedere e si toccò istintivamente il petto. Con orrore e umiliazione si rese conto di indossare soltanto la sottoveste e il corpetto.

«Svergognata, cosa stai facendo?» gridò la suocera entrando nella stanza. Allontanò una star che le penzolava sulla testa e che le finì in un occhio. La afferrò e la tirò con rabbia. A quel punto si sentì un rumore lacerante e un pezzo del tetto si staccò, lasciando entrare la luce. Entrambe fissarono il buco con orrore. La suocera fu la prima a riaversi.

«Cosa vuol dire tutto questo? Sei diventata pazza? Siamo tornati a casa e il cibo era freddo, e non hai comprato il pesce per stasera. Sai che giorno è oggi?»

Sushila si rifiutò di incrociare lo sguardo di sua suocera. Brancolò al buio in cerca della *sari*. «Che razza di moglie sei? Perdi tempo con la spazzatura invece di badare a tuo marito...» gridò sua suocera avvicinandosi.

Alla fine, Sushila alzò lo sguardo. «*Maa*, scusami. Vado subito, appena ho messo la *sari*».

L'accenno alla *sari* sembrò far infuriare la suocera ancora di più. «Perché te ne andavi in giro mezza nuda?» chiese. «Hai già trovato un amante? Era qui con te?» gridò afferrando Sushila, terrorizzata, per le spalle.

«N... non c'era nessuno qui», balbettò, arrossendo colpevole. «L'ho fatto per Kishore».

«Bugiarda. Come osi usare il nome di Kishore contro di me? È mio figlio. Non si sarebbe mai sognato di chiederti una cosa del genere».

La vecchia afferrò i lunghi capelli bagnati di Sushila e li tirò.

«È stata un'idea mia», confessò, e poi aggiunse in fretta, «ma l'ho fatto per lui, lo giuro».

Sushila urlò quando sua suocera le tirò i capelli ancora più forte. Il dolore faceva danzare davanti ai suoi occhi colori sconosciuti, spostandosi come un lampo dalla fronte al collo. La suocera continuava a parlare, ma Sushila non capiva più quello che diceva. L'intorpidimento aveva avuto la meglio sul dolore e ora una sorta di nebbia le aveva ricoperto i colori nel cervello.

All'improvviso la vecchia mollò la presa.

«Siamo stati ingannati. Ti rimanderò indietro. Non ci hanno mai detto che c'era la pazzia nel tuo sangue. I tuoi genitori ci hanno ingannato».

«Nooo!» gemette Sushila, afferrando le gambe della suocera.

La vecchia signora non si addolcì, e ricominciò a picchiare Sushila.

Con la testa fra le ginocchia, Sushila aspettava che la tempesta si abbattesse su di lei. Sapeva che le sfuriate di sua suocera non duravano mai a lungo. Un braccialetto di vetro si ruppe, poi un altro. All'improvviso, i colpi si fermarono. Sushila restò in attesa, non osava alzare la testa dal riparo delle gambe.

«Cosa succede?» chiese una voce straniera dall'accento marcato.

Sushila alzò subito lo sguardo. Sulla soglia c'era una donna alta, in *sari* bianca. «Perché tortura questa povera ragazza? Abbiamo sentito le sue grida fino alla scuola. Vuole ucciderla? Cosa può aver fatto perché lei la detesti tanto?»

Sushila fissò meravigliata il viso della donna. Era pallida e bella, persino così arrabbiata. Sembrava una *devi* venuta per proteggerla. La suocera di Sushila la guardò di traverso, ma non rispose. Anche lei era intimorita da quella donna alta.

Poi la signora entrò e andò dritta da Sushila. «Oh, povera piccola, ma tu sanguini», esclamò in inglese, poi si chinò e le toccò delicatamente il naso.

Sushila trasalì, più per la sorpresa che per il dolore.

«Non ti farò male», mormorò la signora. «Devo solo vedere se c'è qualcosa di rotto».

Sushila lasciò che la donna le toccasse il viso, poi fu sopraffatta dalla timidezza e si rintanò in un angolo.

«Povera piccola», disse la signora in inglese, rimanendo dov'era. Poi si voltò verso qualcuno sulla soglia e disse, in tono molto diverso: «Ho bisogno di un'interprete, per favore».

Dal suo angolo, Sushila fissò incuriosita la strana donna. Tutto era diverso in lei. Aveva la pelle rosea, come le ragazze delle immagini che ritagliava. E poi era più alta di un uomo, e sembrava anche più forte. Anche la sua voce passava dal tono autoritario di un uomo a quello gentile di una donna. Magari era un *hijra*? Kishore gliene aveva parlato e il pensiero la fece sorridere.

La donna rispose deliziata al suo sorriso e si chinò sui talloni davanti a Sushila.

«Quanti anni hai?» chiese in hindi, con un accento molto forte.

«Sedici», rispose Sushila. Non conosceva la propria età, ma Kishore le aveva detto di avere sedici anni, e lei aveva deciso di essere sua coetanea. Kishore le aveva fatto la stessa domanda appena si erano conosciuti, e lei si era messa a ridacchiare, perché non capiva cosa intendesse. Poi lui le aveva spiegato cos'era un compleanno e lei lo aveva ascoltato, incantata dal fare serio con cui le parlava.

«Sedici? Non sembri avere più di dodici anni, sei così piccola», esclamò la donna.

«La malnutrizione nell'infanzia non li fa crescere. Probabilmente dice la verità», replicò un'altra voce dalla soglia.

All'improvviso Sushila si sentì sopraffatta dall'imbarazzo, perché si rese conto che non indossava ancora la *sari*. Con un gridolino si voltò e andò a frugare tra le lenzuola. La donna alta le mise una mano sulla spalla.

«Aspetta, devo visitarti meglio», ordinò.

Sushila si sentì raggelare.

«Margaret, può dirle che devo visitarla?» disse la signora voltandosi.

«Non aver paura. La signora è un'infermiera, vuole solo assicurarsi che stai bene», disse la stessa bella voce in un hindi molto semplice. Sushila capiva ben poco, perché parlava solo bhojpuri, il suo dialetto. Ma lasciò che l'infermiera le passasse sul viso le mani morbide, fresche, assorbendo il loro profumo sconosciuto, di rosa e sandalo. Di fronte a quella signora magica, persino l'onnipresente puzzo di spazzatura si dichiarava sconfitto.

A un tratto l'infermiera inglese notò un pezzettino di

bracciale rotto e cambiò espressione. «Quella carogna», sibilò. Sushila alzò istintivamente le mani per proteggersi il viso. L'infermiera si intenerì all'istante. «Su, fammi controllare ancora quei tagli, devo vedere che non ci siano delle schegge di vetro». Si chinò e con delicatezza fece alzare Sushila, in modo da poterle esaminare il viso e le mani alla luce che proveniva dallo strappo nel tetto. Quando si rialzò, la sua testa andò a sbattere contro le sagome penzolanti, facendole danzare. Alzò lo sguardo e si mise a ridere.

«Vede, gliel'ho detto che questa ragazza è pazza. Ha visto cos'ha combinato?» disse ad alta voce la suocera di Sushila. «Ha anche rotto il tetto, tanto che non si può riparare, e mancano pochi mesi alla stagione dei monsoni».

«Vuole dire che è stata la ragazzina a fare tutto questo?» chiese l'infermiera guardando sbalordita Sushila.

«Sì, proprio oggi pomeriggio», spiegò la vecchia in tono trionfante. «Non posso lasciarla sola un minuto, come devo fare? Io lavoro, vado a raccogliere spazzatura con mio marito, altrimenti non possiamo sopravvivere. Lui ha gli occhi malati».

«Ma è stupendo. Questa ragazza è un'artista. Dovrebbe essere orgogliosa di lei», disse la signora in inglese, guardando la suocera e sorridendo mentre l'altra signora traduceva le sue parole.

Poi l'infermiera si avvicinò a Sushila. «L'hai fatto tu?» disse nel suo hindi incerto.

«Ma non sono pazza». All'improvviso Sushila aveva ritrovato la parola. «Era per il bambino. Voglio avere un bambino di città, luminoso e brillante come te. Per questo ho messo le signore lassù. I bambini appena nati guardano sempre in alto. Pensavo che forse i colori sarebbero entrati nel mio bambino e così sarebbe nato chiaro, non scuro come me!» Dopo aver finalmente pronunciato quelle parole, Sushila lanciò uno sguardo di sfida alla suocera. Non guardò la donna inglese, che bisbigliava qualcosa all'interprete. Non sentiva altro che la gelosia della vecchia. Poi la donna inglese si mise tra loro. «Voglio parlare a sua figlia in privato, se non le dispiace».

«Non è mia figlia, è la moglie di mio figlio», ribatté subito la vecchia. «Può portarsela via, se vuole».

«E lei porti via quelle signore», ribatté l'infermiera, indicando le donne del *mohalla* che si erano affollate dietro l'interprete. L'interprete si voltò subito e le allontanò con un tono che non poteva essere frainteso.

Quando non rimase più nessuno, Sushila si sentì nervosa. Fissò con apprensione l'infermiera inglese. Come si poteva avere una pelle così pallida? si chiese. Non era rosa come le ragazze dei ritagli. Aveva una luce piatta, fredda, come quella del televisore. Gli occhi erano così chiari che sembravano invisibili, i capelli grigi e marrone chiaro, del colore della polvere. Poi le venne in mente: le luci della città l'avevano scolorita. Per questo aveva così poco colore!

«Sei felice?» le chiese la signora nel suo hindi faticoso.

Sushila annuì con fare incerto.

«Ti tormentano per la dote?» chiese.

Sushila era ancora più confusa. «Che dote?»

La donna sospirò. «Non vuoi parlare, vero?» disse in inglese.

Sushila indicò il tetto. Poi lasciò uscire dalla bocca un torrente di parole nel suo dialetto. Perché le era venuto in mente all'improvviso che Kishore le diceva che le donne di città erano ricche, e anche se non riusciva a capire come mai una donna così evidentemente ricca facesse visita a una *jhuggi*, decise di chiedere alla donna dei soldi per riparare il tetto. Così sua suocera sarebbe stata felice e Kishore non si sarebbe arrabbiato con lei.

«Sì, sì, è bellissimo quello che hai fatto. Per quello sono gelosi».

L'infermiera era d'accordo e chiese all'interprete, in modo piuttosto perentorio, di tradurre rapidamente.

«Chiede dei soldi per aggiustare il tetto, così sua suocera sarà felice», rispose l'interprete con voce incolore.

«Oh, il tetto». L'infermiera rise imbarazzata. «Si finisce sempre a parlare di soldi, vero Margaret?»

L'interprete non disse nulla.

La donna inglese si girò verso Sushila, di nuovo tutta sorrisi e gentilezza. «Ti aiuterò io, non preoccuparti», disse. Poi domandò in hindi, indicando il soffitto: «Puoi farne altri per me?»

Sushila la guardò preoccupata. Poi guardò l'interprete che, obbediente, ripeté quello che aveva detto la donna inglese. Il viso di Sushila si illuminò, e annuì entusiasta.

La donna inglese rifletté per un attimo, poi, rivolta all'interprete: «Forse potremmo organizzare una mostra. Qualcosa di carino, senza pretese. Che ne pensa, Margaret?»

L'altra donna annuì, ma non rispose.

«Potremmo organizzarla tramite l'associazione delle mogli dei diplomatici. Presenterò la nostra piccola artista descrivendo come l'ho trovata, torturata dalla perfida suocera». Fece una risatina musicale. «Sono sicura che alla fine apriranno i portafogli. Cosa ne pensa, Margaret?»

«Signora, non so se riuscirà a rifare queste cose», rispose l'interprete guardando Sushila.

«Sono sicura di sì. Glielo chieda, Margaret, le chieda se può farne altri».

Così Margaret l'interprete tradusse la domanda dell'infermiera in un hindi corretto. Sushila non afferrò tutte le parole, ma capì che avevano a che fare con i ritagli, e che la signora ne voleva altri. Annuì. Lacrime di eccitazione le riempirono gli occhi e le rigarono le guance.

«Su, su, non piangere», disse l'infermiera a disagio. «Andrà tutto bene».

Sushila si chinò e le afferrò il bordo della *sari*. Era incredibilmente morbido, diverso da qualsiasi altra cosa avesse toccato prima. Baciò il tessuto, lasciando che il profumo di rosa e sandalo la inebriasse.

Alle sette, la mostruosa Mercedes nera di *chhota seth* entrò nel parcheggio. Era scesa la notte, ed erano rimasti solo i gusci delle macchine abbandonate. Poi, da tutti e quattro i lati, le ombre si staccarono dai muri e si diressero verso il lampione sotto cui il *seth* parcheggiava sempre. Avevano tutti lo stesso passo lungo, l'andatura leggermente curva, perché portavano con sé i guadagni della giornata, perlopiù in pesanti monete da cinque rupie racchiuse in sacchetti di plastica sotto la camicia. Ben presto si formò una coda vociante.

Kishore li guardò con invidia. Come avrebbe voluto essere in coda anche lui. Gli venne un'idea. Avrebbe potuto aspettare nell'ombra e assalire uno dei ragazzi. Così qualcun altro avrebbe fissato con invidia la coda sotto il lampione. Accantonò subito l'idea. Non poteva far portare a qualche altro innocente il peso della sua sfortuna.

L'auto parcheggiò sotto il solito lampione, l'unico che funzionava nel parcheggio, e l'autista alto e muscoloso scese. Andò alla bancarella del *paan* e prese la solita dose di Banarasi *paan* per *chhota seth* e la sua parte dei guadagni del *paanwala*. Era un segnale: i ragazzi dovevano contare un'ultima volta i guadagni della giornata e assicurarsi che la cifra corrispondesse al numero dei biglietti del parcheggio. Chi non aveva la cifra corrispondente veniva licenziato in tronco. *Chhota seth* non aspettava spiegazioni. E nemmeno concedeva una seconda possibilità. Tutti i ragazzi lo sapevano.

L'autista tornò alla macchina. I ragazzi guardavano, pieni di aspettative. Spesso *chhota seth* non arrivava, e il suo autista raccoglieva il denaro per lui. Ma quel giorno, il modo in cui l'autista ignorò i ragazzi li aveva già messi in allerta. Subito smisero di chiacchierare e si rizzarono sull'attenti. L'autista aprì la portiera posteriore con fare cerimonioso. Dopo qualche secondo emerse un paio di luccicanti scarpe zebrate che si piantò sul terreno. I pantaloni bianchi erano perfettamente stirati, impeccabili. Il resto di *chhota seth* rimase avvolto nell'oscurità. L'autista gli passò il *paan*. Grasse dita rosate con anelli d'oro e diamanti portarono le banconote e il *paan* alla fronte, poi le scarpe scomparvero. Uno a uno, i ragazzi cominciarono ad avvicinarsi alla macchina.

Quelli in coda osservarono in silenzio il primo ragazzo che veniva pagato. Kishore contò diciotto ragazzi. Ce n'erano venti in tutto, e si occupavano di tutti i parcheggi in Rajiv Chowk. *Chhota seth* aveva anche altri giri d'affari, concessionari d'auto, stazioni di benzina, negozi, prestito di denaro, agenzie di sicurezza. I ragazzi sapevano di avere un futuro con lui, e questo, più di ogni altra cosa, li faceva rigare diritto.

Poi Kishore scorse Pappu. Era il terzo della fila. Ogni tanto si voltava verso l'albero dietro cui stava Kishore. Kishore premette il corpo contro il tronco. Alla fine toccò a Pappu inginocchiarsi accanto all'auto e consegnare i soldi. Appena venne pagato, sgattaiolò via senza guardarsi indietro. Alla fine, tutti i ragazzi avevano ricevuto la paga, e non c'era più nessuno in coda. Kishore ebbe la tentazione di aspettare che *chhota seth* se ne andasse, ma sapeva che non era possibile. Sarebbe stata una fuga breve, seguita da una fuga perenne. Gli venne in mente la storia di Shekhar e rabbrividì. Così, quando l'ultimo ragazzo consegnò i soldi, Kishore si staccò dall'ombra e si avvicinò alla Mercedes nera.

Sbirciando dal finestrino, fu accecato dall'oscurità. «Ehi, straccione, cosa vuoi? Vattene!» gridò l'autista.

«Non sono uno straccione, *sahib*, sono io, Kishore, parcheggio 461», rispose.

Silenzio. Kishore attese fissando il buio. Quando i suoi occhi ci si abituarono, l'unica cosa che riuscì a vedere chiaramente fu il tempio in miniatura illuminato sul cruscotto. Poi notò quanto era spaziosa l'auto. Era così grande che la luce non penetrava dappertutto. Sui sedili posteriori si sentiva *chhota seth* che masticava il suo *paan*.

«È andata bene oggi, eh?» sussurrò una voce, il cui suono ricordava quello di un corpo trascinato sulle foglie secche.

Kishore rabbrividì. «*Sahib*...» cominciò.

«Ho sentito che hai avuto dei guai», continuò la voce.

Kishore si sentì cedere le gambe. «È... è stato un incidente», balbettò.

«Certo che è stato un incidente», lo interruppe ancora la voce. «Nessuna persona sana di mente dà alla polizia i soldi duramente guadagnati dal suo capo. Ma sono curioso, come è successo questo incidente?»

«Non glieli ho dati, *sahib*», protestò Kishore. «Me li hanno rubati. Preferirei morire piuttosto che dare via i tuoi soldi».

«Sbagliato. La polizia non può rubarti dei soldi. Loro puniscono chi ruba. Quindi, per definizione non possono rubare, possono solo prendere. Come i bramini: tu dai e loro prendono».

Kishore non capiva cosa c'entrassero i bramini con la polizia. Era sicuro che *chhota seth* si stesse prendendo gioco di lui. «Ma giuro che non glieli ho mai dati, *sethji*. Me li hanno presi dopo avermi picchiato. Guarda». Cercò di protendersi nell'oscurità, ma l'autista lo fece indietreggiare.

«Non dovevi darglieli», continuò la stessa voce implacabile. «Persino quando li prendono, significa che tu li hai dati. Quindi non sono loro che hanno rubato i soldi a te, sei tu che hai rubato a me. E non mi piace».

«M... ma...» Kishore si sentì affogare e si aggrappò al finestrino, facendolo cigolare.

«Ehi, non rovinare il vetro», gridò l'autista.

All'improvviso il finestrino cominciò a scivolare via dalle dita di Kishore. Lo strinse con più forza. Il motore emise un orribile suono stridulo. «Lascia andare, stupido!» disse l'autista. Ma Kishore era in preda al panico e aveva un solo pensiero in testa: farsi sentire da *chhota seth*.

Il finestrino si fermò. «*Seth sahib, seth sahib*», ansimò Kishore sbirciando nell'oscurità. «Sei un grand'uomo. Tutti ti ascoltano. Tu riuscirai a farti ridare i soldi. Dovranno darteli».

«Perché dovrei?» rispose la voce. «Prima di tutto, non glieli ho mai dati. Sei stato tu a dare i soldi alla polizia. Loro non mi avrebbero mai preso del denaro. Ora, dammi i soldi e vattene».

«Ma, *sahib*, non ho soldi. Oggi è l'ultimo giorno del mese», gemette Kishore.

«Non hai soldi», sibilò la voce. «Allora perché sei qui? Scappa e vai a nasconderti, così posso scovarti e ucciderti».

Kishore si inumidì le labbra che si erano seccate all'improvviso. «Ti prego, *sethji*, ho una moglie e due vecchi genitori da mantenere e... e... mi piace il mio lavoro, *sahib*». All'improvviso il motore della macchina si spense. Nel silenzio, Kishore tentò ancora di guardare nell'oscurità. Si chiedeva che aspetto avesse *chhota seth*. In tutte le loro conversazioni, nessuno dei ragazzi lo aveva mai descritto. Il fatto che nessuno conoscesse il suo viso lo rendeva ancora più spaventoso.

«Ah, allora sei un uomo sposato, responsabile. Sembri giovane per essere sposato», disse la voce inumana.

«Mi sono sposato da poco, *sethji*. Mia moglie è venuta dal villaggio solo due mesi fa. Ti ripagherò, *sethji*, lasciami lavorare ancora per te», lo implorò Kishore.

«Non sono mica il governo, sono un uomo d'affari. Non lascio lavorare per me chi mi ruba i soldi!» disse la voce gelida.

«Non sono un ladro, io», ribatté Kishore, dimentico di se stesso. «Non posso ridarti i soldi. Ma lavorerò sodo e ti ripagherò. Potrai prenderti un po' di soldi ogni mese».

Ci fu un lungo silenzio. Poi la voce chiese: «Che garanzia ho che non mi freghi?»

Kishore, confuso, disse la prima cosa che gli venne in mente. «Amo mia moglie, *seth sahib*. Lavorerò tanto. Un giorno, spero di diventare autista».

«Uh, un autista, che ragazzo ambizioso». All'improvviso Kishore sentì un cigolio di molle e comparve un'orribile faccia rosa. Le ciglia albine di *chhota seth* scintillarono alla luce del lampione.

«Sali», ordinò, ritirandosi subito nell'oscurità.

Kishore strizzò gli occhi. Non aveva mai visto un viso così spaventoso, tutto rosa, piatto, senza sopracciglia. Non aveva nemmeno un capello in testa.

«Ehi, smettila di fissare e sali». L'autista si chinò e aprì la portiera. Kishore indietreggiò. «Nessuno ti vuole mangiare», gli disse secco l'autista.

Terrorizzato ma speranzoso, Kishore salì.

Non appena entrò, l'autista avviò il motore e la macchina scivolò via dal parcheggio.

«Ci stiamo muovendo!» urlò Kishore terrorizzato. Poi si rivolse al *seth*: «*Seth sahib*, dove mi stai portando? Ti prego, non consegnarmi alla polizia. Non sono un ladro, ti ripagherò».

Chhota seth gli fece un sorriso tutto denti e ombre. «Non preoccuparti. Non stiamo andando alla polizia».

La macchina avanzava nel traffico. Kishore osservò i visi nelle auto. Non aveva mai visto personaggi così importanti da vicino, a pochi centimetri da lui, separati solo da una sottile parete di vetro. Eppure sembrava che nessuno si guardasse, che ogni viso fosse sicuro, protetto, distaccato dagli altri. Pian piano, nonostante la paura, Kishore cominciò a sentirsi anche lui così. Ecco come ci si sente a viaggiare in macchina, si disse. Così si lasciò andare sul sedile imbottito, godendosi la vicinanza dei *sahib*.

All'improvviso l'auto accelerò e in una frazione di secondo le altre macchine furono alle loro spalle.

«È così veloce», disse Kishore, incapace di contenere la propria ammirazione, «e così silenziosa».

«Questo motore è il migliore al mondo», disse l'autista abbandonando il silenzio di fronte all'entusiasmo di Kishore.

«I motori sono come i cani: se li nutri ti rimangono fedeli», disse *chhota seth* dal sedile posteriore.

L'autista rise. Kishore lo imitò.

All'improvviso le dita ingioiellate di *chhota seth*, gli picchiettarono la spalla. «Sei un ragazzo intelligente. Non mi piace perdere i ragazzi svegli».

La macchina si fermò davanti a un palazzo di appartamenti con una grande cancellata nera, sorvegliata da uomini in uniforme nera e rossa. I cancelli si aprirono lentamente e le guardie salutarono impettite mentre l'auto entrava. Il veicolo si fermò nell'atrio di marmo e l'autista saltò fuori per aprire la portiera a *chhota seth*.

Ma Kishore l'aveva preceduto.

«Impari in fretta, mi piace», rise *chhota seth*, dando una pacca sul braccio di Kishore mentre scendeva dall'auto. Diede al ragazzo due sacchetti di plastica pieni di soldi. L'autista lo guardò in modo strano e andò a prendere altri sacchetti dal bagagliaio. Insieme, i tre avanzarono nell'atrio rivestito di marmo. Kishore era colpito dalla pulizia impeccabile di quel posto. La guardia della sicurezza, in blu per distinguersi dalle altre guardie, salutò elegantemente. Entrarono in ascensore.

«Questo edificio è di proprietà del *sethji*. Anche il servizio di sicurezza», sussurrò l'autista a Kishore, con l'aria di sentirsi un po' padrone anche lui. Uscirono al primo piano.

Si trovarono in un lungo corridoio con il pavimento di marmo immacolato. C'erano quattro porte. L'autista fece strada fino a una porta d'acciaio nero in fondo al corridoio. Ci mise un po' ad aprirla, visto che aveva tre serrature, così Kishore ebbe il tempo di chiedersi dove lo stessero portando, e se l'avrebbero ucciso lì, sull'immacolato pavimento di marmo.

Era un appartamento d'angolo. Il corridoio di marmo proseguiva all'interno. Nella sala principale le pareti erano ricoperte di specchi, dal pavimento al soffitto. Pesanti tende di velluto marrone ricamate con rose di satin d'oro celavano le finestre che si aprivano sulla parete più lontana. Davanti alle tende troneggiava il televisore più gigantesco che Kishore avesse mai visto. Ai lati dello schermo c'erano due statue di donne nude, una nera e l'altra bianca, fiancheggiate da enormi piante in vaso con foglie a ventaglio verdi e porpora, simili a grandissime mani. Su tutta la parete destra si estendeva un lunghissimo bancone di vetro e metallo cromato sui cui erano allineate bottiglie di ogni tipo; sotto spiccavano due file di bicchieri con elaborate incisioni. Alcuni faretti abilmente nascosti nel vetro del bancone lo facevano scintillare come un iceberg in fiamme. I tavoli erano di cristallo e numerose mensole di vetro ingombre di ninnoli di porcellana ricoprivano le pareti. Davanti al televisore c'erano un divano e alcune poltrone in pelle nera e, dietro, un tavolo da pranzo in vetro con sedie di velluto e metallo lucido. Tutti i sensi di Kishore erano in tumulto. Non aveva mai visto colori come quelli. Gli sarebbe piaciuto che li vedesse anche Sushila.

«Metti i sacchetti su quel tavolo», ordinò *chhota seth*. Si sedette sul divano di pelle e cominciò a contare i soldi. L'autista andò al bar, riempì un bicchiere di whisky dorato e lo portò al *seth*.

L'uomo prese un sorso e fece una smorfia. «Più ghiaccio, idiota. Quante volte te l'ho detto?»

Si rivolse a Kishore, il viso chiazzato per la rabbia. «Gli autisti sono stupidi. Hanno il cervello nei pantaloni. Non dovresti diventare autista. Fai qualcos'altro».

«Qualunque cosa tu decida, *sahib*. La mia vita dipende da te», rispose Kishore umilmente.

La rabbia svanì dal viso di *chhota seth*. «Sei un bravo ragazzo. Mi piaci».

L'autista tornò con il bicchiere pieno di ghiaccio, il viso impassibile. «Vado a parcheggiare l'auto, *sethji*», disse rigido.

Chhota seth bevve un sorso e annuì, poi riprese a contare i soldi. Il silenzio avvolse la stanza, tranne per il fruscio delle banconote. Kishore cominciava a sentirsi assonnato. Quando mi dirà cosa devo fare? si chiedeva. Proprio allora il *seth* cominciò a parlare. «Sono un uomo solo», disse, prendendo un fascio di banconote e mettendole in una busta bianca. «Ho molte responsabilità, molte persone dipendono da me. Ma nessuno si prende cura di me. Tu sei fortunato. Hai dei genitori, una moglie che si prende cura di te. Tu sei ricco. Io sono povero».

«*Seth sahib*, come puoi dirlo!» protestò Kishore. «Tu hai così tanto. Nessuno può toccarti».

Chhota seth fece una risata cupa. «Questo mondo è un'illusione. Niente è reale».

Kishore era confuso. Perché un uomo ricco come *chhota seth* era infelice? *Chhota seth* mise un altro fascio di banconote in una busta, la segnò sul registro e guardò Kishore. «Nella vita, alla fine tutto si riduce a due cose, soldi e amicizia. Sai perché?»

Kishore scosse il capo.

«Perché il denaro è vita, e devi avere soldi per vivere». Ingollò rumorosamente un altro sorso di whisky. «Così, per vivere, tu ti fai i soldi. Ma hai anche bisogno degli amici. Di gente di cui ti puoi fidare. Hai bisogno di qualcuno che ti faccia sentire vivo. Altrimenti sei come morto. Il problema sorge quando hai un sacco di soldi. Allora tutti te li vogliono togliere, persino i tuoi amici».

Sulla parete di specchi Kishore vide il loro riflesso. Il viso di *chhota seth* sembrava il muro di un edificio governativo, spelacchiato e pieno di chiazze. All'improvviso Kishore si sentì inspiegabilmente dispiaciuto per lui. Quello non poteva essere il viso di un uomo che uccideva chi gli doveva dei soldi. Ci doveva essere un errore.

A un tratto *chhota seth* gli porse un fascio di banconote. «Puoi dirmi cos'è questo?» chiese.

Kishore sentì il cuore stringersi alla vista di tutto quel denaro.

«Non lo sai, vero? Se lo sapessi, non saresti seduto qui con me». *Chhota seth* guardò oltre la testa di Kishore, un punto lontano che solo lui vedeva. Il *seth* svuotò il bicchiere di whisky e ne chiese un altro con un cenno. «Il denaro è come la fame», continuò. «È la misura migliore della vita, la più efficiente. Tutti sono affamati di vita».

Kishore guardò ancora il riflesso. Guardò i luccicanti ninnoli d'argento, le statuette di porcellana, cigni, scoiattoli e bambini nudi. La vita gli sembrava molto irreale in quel momento.

«*Sahib*, disse, voglio fare soldi. Dimmi cosa posso fare».

«Vieni qui». *Chhota seth* lo guardò severamente. «Inginocchiati, così ti posso guardare bene», gli ordinò. Kishore si chinò davanti a lui con una strana sensazione di timidezza. *Chhota seth* gli mise una grassa mano rosa sotto il mento e gli sollevò il viso. Kishore lo guardò, cercando di pensare a Sushila. Gli occhi dalle ciglia bianche di *chhota seth* si piantarono nei suoi. «Quanta fame hai? Sei pronto ad abbandonare i tuoi amici?»

Kishore rimase immobile. Si sentiva ipnotizzato dagli occhi cerchiati di rosa di quell'uomo.

«Bene, allora tieni bene a mente l'immagine di queste banconote». *Chhota seth* gli sventolò davanti agli occhi un altro fascio di banconote. «Adesso ti insegno una magia. Chiudi gli occhi». *Chhota seth* gli diede un rapido pizzicotto sulla guancia. «Adesso immagina che ogni persona nel mondo sia una pompa di benzina, e tu una macchina. Hai bisogno della loro benzina per muoverti, quindi il tuo obiettivo è di succhiare dalle pompe tutta la benzina che riesci a prendere, pagando il meno possibile. Lo vedi?»

Kishore non riusciva a immaginarsi quella scena, ma non voleva offendere il *seth*, così annuì entusiasticamente.

«Bene». L'uomo riprese a contare i soldi. Kishore rimase dov'era, temendo che se si fosse mosso sarebbe stato dimenticato.

Il silenzio scese ancora una volta sulla stanza. Kishore aspettò. I fasci di soldi davanti al *seth* divennero più alti e spessi. Alla fine non resse più.

«*Sethji*», disse.

Chhota seth lo ignorò.

«*Sethji*, e il mio stipendio?»

Vedendo una grossa mano rosa sfrecciare verso il suo viso, Kishore si abbassò, ma era troppo tardi e l'albino gli colpì l'orecchio.

«Sto contando, idiota. Sta' zitto», gli ringhiò.

Alla fine il *seth* chiuse il registro rivestito di stoffa rossa e lo legò con un nastro. Mise le buste nella ventiquattr'ore e il resto dei soldi in un'altra borsa.

All'improvviso chiese: «Sai perché questo mondo è un inferno e noi sogniamo di liberarcene?»

Kishore scrollò il capo ma tenne gli occhi fissi sulle scarpe lucide di *chhota seth*. Tra sé e sé pensava che *chhota seth* fosse ancora più pazzo del *charasi*.

«Soldi e amicizia, le uniche due cose vive in questo mondo, sono opposti e si combattono continuamente. Per questo non c'è pace al mondo. Per vivere hai bisogno degli amici. Ecco perché sono un uomo ricco e solo e non un ragazzo povero e felice come te. Solo Krishna mi è amico. E mi aspetta nell'aldilà. E questa vita? gli chiedo. Sai quanto ho donato al tempio lo scorso anno? Quaranta *lakh!* Sì, quaranta *lakh,* e cosa ottengo? È mai sceso in questo mondo? Mi ha mai dato un bacio di ringraziamento per avergli fatto costruire quel tempio? No, e invece rende il sole geloso di me e mi dà questa malattia che mi costringe a uscire solo di notte, quando tutti gli uomini rispettabili sono a letto con le loro mogli. Io odio il sole. Lui odia me. T'immagini un nemico più potente di lui?»

Kishore fissò l'uomo, a disagio. Non voleva altro che andarsene da quell'appartamento. *Chhota seth* aveva smesso di parlare e fissava lo schermo della televisione con aria imbronciata. All'improvviso si volse verso di lui. «Allora, giovane Kishore, ti ho reso la vita più facile. Dimmi, che garanzia puoi darmi che non diventerai mio nemico?»

Kishore si concentrò per dargli una risposta che gli piacesse. Aveva paura. «Vieni, ti renderò le cose ancora più facili», grugnì. «Voglio la tua amicizia. Dammi un segno della tua amicizia, è l'unica garanzia che ti chiedo per i due anni che ti ci vorranno a ripagarmi».

A Kishore balzò il cuore in gola. «Certo *sethji*, sono il tuo fedele amico. Cosa posso fare per dimostrartelo?»

All'improvviso Kishore fu catapultato in avanti e cadde sulle ginocchia. Sentì delle mani afferrarlo da dietro e strappargli i pantaloni. «*Sahib*, cosa...» Qualcosa di duro gli piombò sul cranio, e Kishore sprofondò nell'oscurità.

La Mercedes nera si fermò in un tratto non illuminato di Ring Road. La portiera si aprì e un fagotto grande, immobile, venne gettato fuori. La portiera si richiuse e l'auto ripartì con uno sbuffo di fumo al diesel. Kishore rimase fermo sull'asfalto ancora caldo, pregando che si aprisse e lo ingoiasse. Non aveva dei ricordi chiari di quello che era successo ma sentiva un dolore lancinante tra le gambe. Aveva un vago ricordo di mani rosa che lo tastavano. Sapeva quello che gli era successo, ma lo ricordava in modo sfocato, distaccato, quasi come se fosse accaduto a qualcun altro. Si voltò pian piano fino a girarsi di schiena e guardò il cielo. Era una notte incredibilmente limpida, il tipo di notte che si vedeva solo occasionalmente, in primavera, quando soffiava il vento. Kishore guardò i milioni di stelle che tappezzavano il cielo. Ben presto, lo sapeva, una macchina sarebbe arrivata e lo avrebbe schiacciato. Sperava solo che non ci mettesse molto. Poi sentì uno scampanellio e un'enorme testa nera come la pece oscurò le stelle. «Oh Dio, no!» gridò Kishore, mentre il desiderio di vivere riaffiorava in lui con una forza sorprendente. Rotolò di lato, sfuggendo per un pelo all'enorme zampa che stava per schiacciarlo.

L'elefante si bloccò.

«Ehi, sei pazzo? Cosa ci fai addormentato sulla strada?» lo apostrofò una voce furiosa. «La mia povera Rani ha avuto abbastanza emozioni per oggi».

Kishore non rispose. Ascoltava il tamburellare del suo cuore.

«Sei ferito?» chiese il *mahout*, sbirciando da dietro la testa dell'elefante.

«No, sto bene, vattene», rispose Kishore.

«Non hai un posto dove andare? Se è così almeno vai a dormire sul marciapiede come un essere umano».

Era troppo per Kishore. «Tu... carogna, io ce l'ho un posto dove andare. Ma sono stato derubato, assalito e non ho soldi per tornare a casa. Ho perso la paga di un mese e forse anche il lavoro. Non so come riuscirò a dirlo a mia mo... alla mia famiglia». Si interruppe bruscamente.

La voce del *mahout* si ammorbidì. «Se abiti dall'altra parte della Yamuna ti posso dare uno strappo fino a Patparganj. È lì che abitiamo Rani e io. Sei troppo giovane per stare solo in questa città. Possono succedere cose orribili ai ragazzi».

«La mia famiglia vive a Nand Nagri», borbottò Kishore dopo un attimo di silenzio.

«Nand Nagri», disse il *mahout* con un fischio. «È molto lontano. Vieni con noi. La mia Rani non è una Maruti, ma è veloce quando vuole».

Kishore alzò lo sguardo, vedendo bene l'elefante per la prima volta. Non ne aveva mai visto uno così da vicino. «È gigantesca... davvero può andare in fretta?» chiese al *mahout*.

«Aspetta e vedrai quanto va veloce. È stata una giornata lunga per lei, e per poco non è finita in prigione!» rise.

Anche Kishore rise, immaginando di condividere una cella con l'elefante. Per poco non gli scappò che stava per finire anche lui in prigione. Ma se l'avesse detto avrebbe dovuto rispondere a molte domande, e parlare di cose di cui non voleva parlare, così rimase in silenzio.

«*Hai*, Rani, *hai*. Lo portiamo con noi», disse il *mahout* all'elefante.

Obbediente, l'elefante avvolse la proboscide intorno alla vita di Kishore e lo sollevò con facilità in groppa. Insieme, i tre si lasciarono alle spalle le strade di New Delhi.

Insonnia

La mia prima destinazione come dipendente statale fu Mangladi. Era un villaggio minuscolo e pacifico, più o meno dimenticato, sul confine tra il Karnataka e il Kerala. Non ci era mai passato nemmeno un vip. Ma i vip mi importavano ben poco. Mi interessava assicurarmi che le cose fossero fatte nel modo migliore, e l'ordine venisse mantenuto. La chiave per mantenere l'ordine era il buon governo, e io mi concentrai su quello.

Avevo ben poche illusioni sul mio lavoro. I miei concittadini erano un manipolo sgangherato di superstiziosi, ma io ero convinto che uno stato razionale, illuminato, potesse eventualmente distoglierli da quello stile di vita oscuro, caotico. Allora l'India sarebbe diventata il grande paese che sarebbe dovuta essere, occupando il posto che le spettava come leader delle nazioni.

Mangladi dimostrò che mi sbagliavo.

Il 13 maggio 1978 stavo facendo un controllo di routine sui sistemi di difesa fluviale e sui canali d'irrigazione nella zona costiera del distretto, in preparazione ai monsoni. Era l'ultimo giorno d'ispezione e non vedevo l'ora di tornare alla civiltà. Era stata una giornata lunga e calda. Una complicata disputa su un terreno nel villaggio vicino mi costrinse a un'imprevista fermata notturna in un villaggio in cui non ero mai stato. Il nome del villaggio era Purandaru.

Essendo un assiduo lettore di materiale d'archivio, sapevo che il villaggio non era stato visitato negli ultimi dieci anni. Per lo stato non esisteva, se non come parte di un villaggio teoricamente più grande, Daaru, che non si poteva definire tale perché di fatto era formato da una decina di capanne abitate da caste diverse. Quella sera scoprii il nome del villaggio chiedendo a un uomo che tagliava noci di cocco ai margini della zona abitata. Fortunatamente gli archivisti avevano pensato bene di accennare al fatto che il villaggio possedeva un bungalow forestale inutilizzato, così decisi di fermarmi lì per la notte.

Era quasi il tramonto quando arrivai al villaggio. C'era una grande attività nelle strade, e pareva che gli abitanti fossero tutti in giro, fatto insolito a quell'ora del giorno. E sembravano tutti molto affaccendati. Mi sfrecciavano accanto senza quasi accorgersi di me, con un'eccitazione repressa a fatica e ben visibile sui loro visi. Persino i bambini non fecero una piega quando si resero conto che in mezzo a loro c'era un *sahib*. C'erano in giro anche le donne, greggi di donne con indosso le *sari* migliori e i fiori nei capelli resi lucidi dall'olio appena applicato. Pensai che il motivo di tutta quella eccitazione fosse l'arrivo di una compagnia teatrale che per tutta la notte avrebbe recitato il *Mahabharata* o il *Ramayana*, inframmezzati da canzoni di film e scenette volgari.

Così l'arrivo del *sahib* era stato eclissato da un teatro ambulante da due soldi! Sorrisi tra me. Poi notai che tutte le donne portavano *mangalasutra* e braccialetti, avevano il *sindoor* nei capelli e portavano vassoi carichi di noci di cocco, frutta e fiori con in cima ghirlande appena fatte. E mi resi conto che era più probabile che quella sera si svolgesse una funzione comunitaria, una *puja* in onore della divinità locale. Ma, a differenza degli uomini, non c'era nulla di gioioso nel modo in cui le donne si muovevano, e sui loro visi non vedevo traccia dell'entusiasta partecipazione che preannuncia una notte di celebrazione della dea. Avevano un'espressione assente. E la loro fulgida eleganza era offuscata dalla trascuratezza. I vestiti di donne e bambini erano striati di polvere e qualcuno aveva persino frammenti di cibo appiccicati ai tessuti dai colori vivaci.

Anche il villaggio era tremendamente trascurato. I tetti di paglia delle case erano riparati malamente e certo inadatti per affrontare la furia dell'imminente monsone. Ed ero pronto a scommettere che i serbatoi anti-inondazione e i canali d'irrigazione erano in condizioni simili. Avevo già notato con disapprovazione che metà dei campi intorno al villaggio erano a maggese. I restanti, inclusi quelli in cui sarebbero state trapiantate le piantine di riso, erano preparati male, con i solchi storti che si interrompevano bruscamente, lasciando tratti di terra lisci che ricordavano isole in un mare agitato. Le foglie non erano state spazzate via, molti dei canali di scolo erano otturati, c'era spazzatura dappertutto, persino nei cortili delle case, dove giaceva in sgradevoli mucchi o semplicemente lasciata a decomporsi liberamente dov'era caduta.

Finalmente una ragazzina sudicia mi notò e iniziò a strattonare la mano di sua madre. La madre si fermò, torse il braccio della povera bambina e si mise a picchiarla. Non erano colpi molto forti, ma il braccio doveva farle male di sicuro. La bambina lanciò uno sguardo ottuso alla madre, senza lasciar uscire un solo gemito. La madre continuò a picchiarla, incapace di smettere, mentre la gente si fermava o proseguiva per la sua strada.

Per alcuni istanti fissai quella scena con orrore, poi passai all'azione. Raggiunsi la donna a grandi falcate e le afferrai la mano. «Datti una calmata. Non vedi che le fai male?» gridai. La sua mano si ammosciò all'istante e la donna mi fissò stancamente, gli occhi cerchiati di scuro. Mollai la presa. Lei afferrò la mano della figlia e proseguì come se non fosse successo niente. Confuso, fermai un passante. «Cosa sta succedendo qui?» L'uomo indietreggiò come un cavallo imbizzarrito. Lo bloccai prima che scappasse e ripetei la domanda. Lui si guardò i piedi e borbottò qualcosa di incomprensibile, poi si strappò letteralmente dalla mia presa e corse via.

Mi chiesi se non mi fossi imbattuto nello scemo del villaggio. Ma quando altri due uomini a cui feci la stessa domanda si comportarono nella stessa maniera, capii che c'era qualcosa di molto strano in Purandaru e che sarei dovuto rimanere lì per tutto il tempo necessario a svelare il mistero. Notai un uomo seduto davanti a casa sua a succhiare un pezzo di canna da zucchero. Sembrava ignorare deliberatamente il trambusto che lo circondava. Lo raggiunsi e gli chiesi dove si trovava il bungalow forestale. Puntò su di me gli occhi gonfi, iniettati di sangue, e mi diede indicazioni precise per raggiungerlo. Incoraggiato dalla sua apparente normalità, anche se aveva occhi da alcolizzato, osai fargli un'altra domanda. «Che cosa si festeggia? Perché sono tutti così di fretta?» Poi infilai una terza domanda: «Perché lei non partecipa?»

Gli brillarono gli occhi, animati per un attimo dall'odio. «Si festeggia quello che si festeggia tutte le sere», rispose laconico, ignorando la terza, fondamentale domanda.

«Cosa intende?» chiesi con cautela.

«Questi indù pregano per tutta la notte. E così noialtri non chiudiamo occhio», disse, includendomi generosamente nel "noialtri".

«Noialtri?»

«Noi cristiani, ovviamente». Mi guardò come se fossi idiota. All'improvviso sembrò rendersi conto che ero forestiero. Mi lanciò uno sguardo calcolatore. Lo ringraziai rapidamente e proseguii. Ero certo che il custode del bungalow mi avrebbe detto quello che mi serviva sapere. Il giorno dopo avrei fatto visita al capo del villaggio.

Mentre attraversavo il paese, notai alcune isole silenziose in mezzo al fermento, finestre buie e porte chiuse. Al centro del villaggio vidi una splendida chiesa, alta e solenne, in perfette condizioni, circondata da un caos multicolore. A destra della chiesa, in quello che doveva essere il campo da cricket, si trovava il fulcro dell'attività.

C'erano persone che sfrecciavano in ogni direzione, trasportando e prendendo cose, chiamandosi l'un l'altra. Bambini e cani si inseguivano tra le gambe degli adulti, sgusciando via prima di prendersi una pacca in testa o un calcio nel fianco. Le mucche masticavano solennemente piatti di foglie di banano usati e altri resti. Gli altoparlanti gracchiavano, e una voce insistente cantilenava il programma degli eventi, interrompendosi di tanto in tanto per urlare istruzioni urgenti alle persone che si affaccendavano nel campo. Qua e là, come occhi nella notte, si aggiravano i *sadhu*, solitari e arroganti nelle loro tuniche arancioni.

La folla era più fitta nei pressi del piccolo tempio tozzo dall'altro lato del campo. Un palco improvvisato spuntava tra i teli rossi e dorati di un tendone eretto solo in parte. Più avanti nel campo, un gruppo di persone decorava con lucine natalizie e fili argentati un tendone molto più grande, in tonalità pastello rosa, azzurre e gialle, che sembrava una via di mezzo fra una torta e un castello. Dietro la tenda, come armi abbandonate, enormi calderoni giacevano sul fianco o capovolti sul terreno segnato dal fuoco. Un branco di cani si era riunito intorno ai pentoloni per mangiare gli avanzi di cibo. Ai bordi del campo erano disseminate tende più piccole, fatte di pezzi di lamiera, plastica e stracci, in cui sedevano commercianti dai visi duri che vendevano di tutto, dai *bindi* agli articoli per la casa. Una ruota panoramica e una giostra, in un angolo del campo a destra del tempio, strombazzavano una versione di una famosa musica da film, attirando come un magnete frotte di bambini cenciosi. Il frastuono proveniente dal campo era già cacofonico e i *bhajan* non erano nemmeno incominciati. Sapendo che con l'avanzare della serata il fracasso sarebbe solo peggiorato, non potei fare a meno di compatire i cristiani.

Poi sentii le campane della chiesa, con il loro suono basso e dolce che sfiorava il campo. Alzando lo sguardo, vidi la loro sagoma nera contro il cielo rosso. Quel suono mi riportò agli anni di scuola, dai padri gesuiti di St. George, a Patna. Ogni giornata si apriva con le campane, che davano anche la buona notte. Mi chiesi all'improvviso se fossero state loro a instillarmi la passione per la musica classica occidentale. Ma mentre pensavo, il suono delle campane si faceva sempre più frastornante, frenetico, dissipando musica a ogni rintocco.

Un anziano dai capelli bianchi che mi camminava accanto cominciò a imprecare fluentemente in un baritono profondo. La mia espressione sconvolta lo indusse a spiegarsi non appena le campane si zittirono. «Lo fanno tutti i giorni, ogni ora, qualche volta persino ogni mezz'ora, solo per tormentarci».

Lo fissai sbigottito. «Cosa intende?»

Ma prima che potesse rispondermi, i *bhajan* attaccarono dall'altra parte del campo, così frastornanti che fu impossibile continuare la conversazione.

Decisi di aggiungere al mio programma per l'indomani una visita alla chiesa.

Le case terminavano e la strada diventava uno stretto sentiero tra file di alberi. Finalmente arrivai al bungalow. Sembrava abbandonato da anni. Un'enorme ragnatela ricopriva il cardine che univa il cancello al pilastro. Il lampione non aveva lampadina. Il vialetto era cosparso di foglie e rami spezzati. Nella luce calante vidi che un tappetino di polvere ricopriva il portico, conferendogli un pallido bagliore. Non mi sorpresi molto di scoprire che della mia macchina, che avevo lasciato all'entrata del villaggio per percorrere a piedi le stradine fangose, non c'era nemmeno l'ombra. Non si vedevano né il mio autista né un rappresentante dell'amministrazione locale. Chiamai il *chowkidar*, ma in risposta ebbi solo silenzio.

La logica mi diceva che nessuna proprietà governativa veniva abbandonata senza qualche motivazione scritta. Provai di nuovo, chiamando a gran voce il custode. Rispose una folata di vento caldo che portava con sé brandelli della canzone di un vecchio film. Aprii il cancello, distruggendo la ragnatela. Mi si appiccicarono alcuni fili alla camicia e io, mosso dalla superstizione, tentai subito di staccarli: rompere una ragnatela porta sfortuna. Andai alla porta e bussai con forza. Invano. Aspettai e provai di nuovo, ma non ebbi fortuna. Disperato, andai sul retro in cerca della radio a transistor.

Facendomi strada con il bastone tra i cespugli, per allontanare eventuali serpenti, arrivai all'abitazione dei domestici e bussai con insistenza. Dopo un'attesa piuttosto lunga, sentii un tramestio e poi dei passi. La porta si aprì e spuntò una faccia esausta.

«Sono il vice magistrato distrettuale, e voglio che mi venga preparata subito una stanza», dissi all'uomo in tono gelido.

Lui non si mosse e mi guardò, l'incredulità che gli si diffondeva sul viso.

«L'auto si è guastata, così sono venuto a piedi», mi sentii dire imbarazzato. «Arriverà tra poco».

«Ma non sono il custode, signore, sono solo il *chowkidar*», rispose l'uomo, e fece per chiudere la porta.

«Non m'importa chi sei», scattai perdendo la pazienza. «Vieni subito fuori».

Quel tono di voce gli fece cambiare idea, e il suo viso si ammorbidì. «Certo signore. Un minuto solo, per favore». Rientrò e uscì dopo qualche minuto con addosso una *lungi* e una maglietta bianca spiegazzata. Arricciai il naso disgustato. Puzzava di sonno.

Mi seguì fino all'entrata del bungalow.

«Così tu sei il *chowkidar*», dissi quando fummo davanti alla porta.

«Sissignore».

«E il custode dov'è?»

«Non c'è, signore».

«Cosa vuoi dire, non è qui? Non è forse un dipendente pubblico?»

«È tornato al suo villaggio, signore».

«E ha chiesto il permesso?» Ovviamente sapevo la risposta, ma mi sentii in obbligo di fare ugualmente quella domanda.

«Non so, *sahib*».

«E l'hai lasciato andare senza dire niente?»

Mi fissò senza espressione. All'improvviso mi resi conto di quanto fosse forte e robusto. Non potevo permettermi di farlo arrabbiare, non senza tutto l'apparato statale al mio seguito.

Reagii in fretta. «Bene allora, vieni a mostrarmi la stanza. E poi potresti anche trovarmi un tè».

Inizialmente sembrò riluttante a muoversi, poi la sua espressione cocciuta svanì. Fece oscillare il capo e scomparve. Tornò meno di cinque minuti dopo con le chiavi. Questa volta indossava la camicia verde bosco da *chowkidar*.

Anche la stanza era ricoperta di polvere. Le ragnatele pendevano come felci esotiche dai muri. A quel punto ero tentato di tornare al villaggio e chiedere al cristiano con cui avevo parlato per primo di darmi un letto per la notte. Poi il peso della mia carica mi dissuase. Drizzai la schiena e mi preparai risolutamente ad affrontare la notte nel bungalow.

«Manda subito qualcuno a pulire la stanza», ordinai. «Nel frattempo prenderò il tè in veranda».

Andai nella veranda, pulii bene una poltroncina e mi sedetti. Guardai il giardino trascurato, ricoperto di foglie, chiedendomi da quanto fosse in quelle condizioni. Mi chiedevo anche quanto tempo mi ci sarebbe voluto per scoprire come mai era così, e lasciarmi quel villaggio alle spalle per sempre. Avevo già sviluppato una profonda avversione nei confronti di Purandaru.

Una donna sciatta mi portò il tè in una tazza crepata e ricoperta di vecchie macchie di tè. Ero tentato di chiederle di lavare la tazza e rifare il tè, ma sapevo per esperienza fino a che punto si possa premere sui contadini analfabeti prima che si ribellino e si rifiutino di eseguire gli ordini. Così presi la tazza e finsi di non accorgermi che era sudicia. Dopo di che arrivò il *chowkidar* con uno straccio ancora più sporco. Si mise a colpire i mobili, come se dovesse ammazzare le mosche, sollevando nuvoloni di polvere dappertutto. Cominciai subito a tossire.

«Basta», gli dissi. «Lascia perdere. Trovami solo delle lenzuola pulite».

Sembrava confuso.

«Lenzuola», dissi mimando il gesto di fare il letto.

Il suo viso sembrò illuminarsi per un secondo, poi si oscurò di nuovo. «Niente lenzuola», borbottò fissando il terreno.

«Cosa vuol dire, niente lenzuola?»

«Niente chiavi», disse mimando un tintinnio di chiavi. Capii che il custode doveva aver nascosto le chiavi, o forse se le era portate via.

«Bene allora. È possibile cenare?»

«Cena?» Sembrava ancora più confuso di prima.

«Sì. Cena. Cibo», dissi, pensando che non capisse il mio accento del nord.

«Oh, cibo», annuì. «Biscotti?»

«No, non voglio i biscotti. Voglio sapere cosa mi potete preparare per cena», risposi, pronunciando lentamente ogni parola.

«Sì, sì». Indicò il cielo sempre più scuro per mostrare di aver capito. «Solo biscotti per cena», disse in inglese.

L'idea di biscotti per la cena di un vice magistrato distrettuale mi paralizzò. «Non penso di poter mangiare biscotti per cena», dissi, più calmo che potevo. «Ho bisogno di cibo vero. Riso, *sambar*, verdure».

«Sì, sì, signore. Ma niente cibo nel mercato da molti giorni ormai», disse in hindi, pensando che non avessi capito.

«Cosa vuol dire?»

«La bottega è chiusa da molti, molti giorni, signore».

«Il commesso è un dipendente statale, non può chiudere il negozio quando gli pare!» sbottai.

«Il negozio è chiuso da molti giorni», ripeté angosciato.

«Allora digli di andare ad aprirlo», sbottai.

«Non posso, signore, è alla *puja*».

Incominciai a preoccuparmi seriamente per lo stato di quel villaggio.

«Sono tutti alla *puja*?»

«Sì, signore, comincerà al tramonto. Grande *puja* stanotte». Era tornato a un inglese maccheronico, ovviamente perché pensava che fosse più facile farla franca.

«Ma perché non avete cibo in dispensa? Di certo sapete di dover esser in grado di preparare dei pasti per i funzionari statali», dissi con impazienza in kannada.

Oscillò imbarazzato da un piede all'altro. «Ma veniamo sempre preavvisati, signore». Il suo tono sottintendeva che non potevo essere un vero funzionario governativo, visto che ero arrivato solo e senza preavviso, senza nemmeno l'auto ufficiale con le luci rosse.

Mi maledissi per non aver preso la macchina. Ero così abituato a far conto sui simboli del potere che mi ero dimenticato cosa significa non averli. Mi sentivo assurdo, come un soldato senza armi.

«E il tuo cibo? Di certo mi potrai offrire qualcosa, no?» Sentivo una nota di conciliazione scivolare nella mia voce.

«Niente cibo. Devo andare», disse con fermezza.

«Cosa vuol dire che devi andare? Mangerai qualcosa prima di uscire, no?»

«No. Vado al tempio».

«Aspetterò il tuo ritorno».

«Torno al mattino. Come tutti».

«Allora fammi preparare qualcosa da tua moglie».

Sembrava sconvolto. «Ma anche lei deve venire. Tutti devono venire stanotte».

Ero stufo di discutere con un analfabeta. «Ti proibisco di andare. Altrimenti ti faccio licenziare».

Sgranò gli occhi terrorizzato. «Signore, il *pujari*, il villaggio. Non posso!»

«Non voglio sentire scuse», gli dissi in tono severo, sentendo di avere finalmente in mano il controllo della situazione. «Se vai a quella stupida festa farò in modo che nessuno dei tuoi figli abbia mai un impiego governativo».

«Signore», il poveretto cadde in ginocchio senza una

traccia di sfida nella voce. «La prego, signore, abbia pietà. Non punisca i miei figli. Sono un uomo povero».

Mi addolcii un poco. «Va bene, ma trovami qualcosa da mangiare».

Scoppiò in un torrente di kannada appassionato. «Signore, devo andare, la prego. La supplico, mi lasci andare, il *pujari* si arrabbierà. Grande *devi puja* stanotte».

«No». Aggrottai la fronte, sperando di sembrare più arrabbiato del *pujari*. «Questo è il tuo lavoro».

«Ma la *devi* può essere riportata indietro solo oggi. Signore, devo andare».

«Non m'importa della tua *devi*. Voglio mangiare».

Mi lanciò uno sguardo che esprimeva chiaramente ciò che pensava del mio commento blasfemo. Poi, astutamente, cambiò tattica. «Ma ci sarà tutto il villaggio. Sapranno che non sono andato».

«E allora? Mi hanno visto tutti attraversare il villaggio. Sapranno che stai facendo il tuo lavoro, che stai badando al tuo *sahib*».

Il suo viso divenne una maschera. «Ma, signore, sono soltanto il *chowkidar*, non è mio compito badare a lei».

La rabbia spazzò le mie inibizioni sull'uso e l'abuso del potere. «E io posso farti licenziare stasera stessa», sibilai.

L'uomo si gettò sulle mie gambe e seppellì il viso nei pantaloni, lasciandomi senza parole per il disgusto. Cercai di staccarlo, ma lui strinse ancora di più la presa. «La prego, devo andare, signore. Altrimenti diranno che sono un cattivo indù, signore».

Cercai di staccarmelo dalle gambe e al tempo stesso di consolarlo. «Non si diventa cattivi indù se non si va una volta al tempio. Potrai andarci domani, dopo che me ne sarò andato».

Per un secondo le sue braccia allentarono la presa a tenaglia, poi si strinsero di nuovo. «Devo andare, signore, devo proprio», piagnucolò, «altrimenti diranno che sono diventato uno di loro. E poi, non so cosa mi faranno, signore. Sono un indù devoto, non voglio diventare cristiano. Cosa dirà mio padre? E i miei figli... non li rivedrò più».

Lo fissai. Per un secondo il tempo sembrò fermarsi. Poi il mio cuore incominciò a battere all'impazzata. Cercai di pensare lucidamente. «Smettila di piangere. Vai, se vuoi andare». I gemiti smisero. «Ma prima mi devi dire cosa succede al villaggio».

L'uomo si drizzò e si pulì il viso con un lembo della *lungi* sudicia. «Le dirò tutto», disse entusiasta, il viso trasformato.

Mentre aspettavo in veranda che il *chowkidar* si mettesse la *dhoti*, pensavo a quello che gli archivi dicevano su Purandaru.

Era un tipico villaggio kannada. Gli abitanti coltivavano riso, verdura e frutta, principalmente mango e cocco. Gli alberi di noce di areca fornivano entrate regolari. Gli stagni erano ricchi di pesci. Il motivo per cui quel nome mi era rimasto impresso era una strana lettera scritta quasi due anni prima da qualcuno che diceva di essere il *pujari* del villaggio e implorava il governo di mandare un insegnante per la scuola. Secondo l'uomo, il maestro assunto dal governo non si faceva vedere da tre mesi, e non era stato mandato un sostituto.

Avevo chiamato il sovrintendente scolastico e gli avevo riferito della lettera, spiegandogli che l'archivio non conteneva una risposta da parte nostra. Non ricordava il caso, ma promise di occuparsene. Qualche settimana dopo, all'inaugurazione della scuola di sua moglie, accennai ancora alla questione.

«Allora, ha verificato quali azioni sono state intraprese?»

«Il solito, signore», rispose senza incrociare il mio sguardo. «Gli abitanti del villaggio hanno cercato di sfruttare lo stato per risolvere le loro dispute personali. Ho controllato gli archivi. L'insegnante era andato a scuola tutti i giorni».

«Ah. Bene, mi mandi una copia della nostra risposta. La metterò in archivio».

Dopodiché mi ero dimenticato di Purandaru.

Ma il *pujari* del villaggio, ora lo sapevo, non aveva cercato di sistemare la faccenda.

«Siccome l'insegnante non arrivava, non potevamo fare altro che mettere i nostri figli nelle loro scuole», disse il *chowkidar* senza guardarmi.

«Che scuola?»

«La scuola cristiana, vicino alla chiesa. Il *pujari* cristiano insegna inglese».

«Ma cosa c'entra con la *devi puja*?» chiesi, ormai impaziente. Il viso del *chowkidar* si riempì di vergogna. «È perché alcuni di noi hanno mandato i figli in quella scuola... la *devi* si è arrabbiata e ci ha abbandonato».

«È assurdo!» sbottai. «Ti definisci dipendente governativo e credi a scemenze del genere! Le *devi* non possono andarsene, non sono umane».

Aspettò pazientemente che la mia rabbia scemasse. «Lo scorso anno il raccolto è andato male. Prima la *devi* ha portato via la pioggia, poi i pesci sono morti, così abbiamo perso la nostra unica altra fonte di cibo. Se le piogge non arrivano quest'anno, moriremo tutti».

«Che scemenza! L'anno scorso le piogge sono state abbondanti».

«Ma non qui».

«Impossibile», scattai, poi mi zittii ricordando di aver letto di un caso simile, avvenuto una ventina d'anni prima.

«Poi, quando sono morti anche i pesci nello stagno abbiamo dovuto fare qualcosa. Siamo andati dal *pandit*, che ci ha consigliato di fare un *devi mahayagna*. All'inizio eravamo incerti. I *mahayagna* costano un sacco e non era rimasto molto. Ma alla fine Rajamma ci ha convinto».

«E chi è Rajamma?» chiesi.

«È una vedova, signore, e ha un figlio, Raju, che è un po' pazzo. Però è un bravissimo ragazzo, e la *devi* gli vuole bene. Stava seduto con lei tutto il giorno, certe volte, a cantare per lei. Era anche molto amico del prete cristiano. Siccome Rajamma lavorava tutto il giorno, lui andava spesso alla scuola».

«E allora cosa c'entra Raju con la chiesa?» chiesi impaziente.

«Be', quando il prete ha avuto le campane per la chiesa, Raju è scomparso. Qualcuno dice di aver visto il prete che lo portava via in macchina. Poi il gestore della bottega ha visto Raju nell'istituto del convento, in città».

Pettegolezzi. Ogni villaggio era un focolaio di pettegolezzi.

«E poi cos'è successo?»

«Rajamma è andata dall'oracolo e l'ha implorato di chiedere alla *devi* dov'era suo figlio. Le ha detto che Raju era diventato cristiano. Ma non di sua volontà. Era stato stregato. Rajamma era molto triste. Così il nostro *pandit* le ha detto che avrebbe fatto una *puja* speciale alla *devi* per liberare il ragazzo e riportarlo alla ragione. A tutti gli abitanti fu chiesto di partecipare alla *puja*. Rajamma vendette la sua terra e usò il denaro per pagarla. La *puja* durò per tutta la notte. Il *pandit* aveva affittato degli altoparlanti. Un gruppo speciale di *sadhu* venne a cantare *bhajan* per tutta la notte».

«E Raju è tornato?» chiesi sarcastico. Probabilmente faceva il lustrascarpe a Bombay, ormai.

«Sissignore».

«Cosa?»

«È tornato, signore, ma non ricordava più dov'era stato. Non parla da quando è tornato. Era il prezzo richiesto dalla *devi* per avercelo restituito. Così il villaggio ha deciso di organizzare una *puja* per la *devi*. Il prete ha chiamato un gruppo di cantanti, che si sono stabiliti nella piantagione di palme da cocco dietro il tempio. Poi ha assunto dei pittori e dei musicisti da Kavallur, ha chiamato dei cuochi bramini da Kokinallam, e mentre la statua della *devi* veniva lavata e ridipinta, tutti cantavano, recitavano *shloka* e cucinavano».

Non riuscivo a seguire la sua logica, ma avevo sentito abbastanza. Se non si faceva subito qualcosa, la situazione sarebbe esplosa. «Da quanto dura questa situazione?» lo interruppi.

«Da quanto dura cosa?»

«Da quando sono iniziati i *jagran* che durano tutta la notte?»

Sembrava confuso. «Non mi ricordo. Un mese? Due settimane? Difficile dirlo, è da tanto tempo...» sbadigliò.

«Da tanto tempo cosa?»

«Che non dormiamo», disse schietto.

Si asciugò una lacrima.

«Ogni notte ci riuniamo al tempio e preghiamo e cantiamo per la *devi* fino all'alba, implorandole di tornare. Ma lei non torna. I nostri figli sono deboli per la mancanza di sonno, abbiamo gli occhi asciutti e non possiamo piangere, i piedi ci fanno male e abbiamo la gola secca perché continuiamo a implorare la *devi*. Ma lei non torna, signore».

«Perché non lasciate che se ne occupi il *pujari*? Magari la *devi* lo ascolterà di più. Dopotutto è un professionista».

L'ironia non venne colta. «Oh no, signore, una sola voce non basta per richiamare la *devi* una volta che se ne è andata, anche se il nostro sacerdote è un grand'uomo. Sono le campane, signore». A un tratto il suo viso divenne irriconoscibile. «Se lei potesse far fermare le campane», gridò, «sono sicuro che la *devi* tornerebbe».

«Perché? Cosa c'è che non va nelle campane?»

«Suonano tutto il giorno, così non possiamo dormire, ci rubano la *shakti* e quindi non possiamo pregare in modo adeguato la *devi*. Abbiamo paura che sia già troppo lontana».

Rimasi in silenzio, sconvolto dalla complessità del problema.

«Signore, non può parlare al prete, dirgli che il governo ha ordinato la rimozione delle campane?» chiese il *chowkidar*.

«Certo che no». Lo interruppi prima che l'idea potesse

fermentare. Se gli abitanti del villaggio fossero venuti a chiedermi udienza in gruppo, lo stato sarebbe stato coinvolto, i media l'avrebbero scoperto e avrebbero sbattuto tutto in prima pagina, e il problema sarebbe diventato politico. A quel punto la faccenda si sarebbe risolta solo nel sangue. «Incontrerò il vostro *pujari* e il loro, e darò ordine di interrompere questa follia immediatamente», annunciai.

Il *chowkidar* sgranò gli occhi e si aggrappò ai miei piedi. «No, signore, la prego, signore. Se sanno che gliel'ho detto mi ammazzano. La prego, signore».

Guardai l'uomo ai miei piedi. Aveva il viso luccicante di sudore e tremava. «Va bene, va bene, non dirò nulla. Portami con te, almeno mangio qualcosa», mentii.

«Poi tornerà qui a dormire?» chiese preoccupato.

«Sì, sì, promesso. Andiamo?»

La notte aveva trasformato la strada per il villaggio in un pallido ruscello argenteo serpeggiante in una densa massa nera, simile a una creatura viva ma addormentata in preda a sogni strani e agitati. Ben presto facevamo parte di un gruppo di uomini e donne trasandati e con lo sguardo allucinato, che si trascinavano lentamente verso il tempio. Camminavano con cautela, come se il semplice compito di mettere un piede davanti all'altro fosse irto di pericoli. Su di loro regnava un silenzio esausto. Solo quando raggiungemmo la parte illuminata del villaggio cominciarono ad animarsi, a tirarsi sul capo i pezzi di stoffa che indossavano e ad affondare il mento nel petto.

Arrivammo alla chiesa, che splendeva serena alla luce della luna. Qualcuno sputò. «Ha usato i nostri soldi, raccolti dai bambini nella sua scuola, i nostri bambini, signore, indù e cristiani, per comprare quelle campane», spiegò un uomo grassoccio, che aveva l'aspetto di un barbiere. Gli altri borbottarono in segno d'assenso. All'improvviso i loro piedi strascicanti furono animati da uno scatto d'energia, ed entrammo nel campo sfrecciando.

Il campo da cricket era inondato di luci alogene. I *bhajan* che esplodevano dagli altoparlanti legati alle palme da cocco gareggiavano, senza gran successo, con la musica da film che sgorgava dalle radio dei numerosi venditori di *bindi* e cipria da due soldi. Fummo accolti da nuvole pungenti di sudore, *ghee* rancido, incenso e cibo andato a male, urina e grasso sfrigolante. Eppure il campo era stranamente vuoto.

Gli altri scomparvero con una rapidità impressionante, lasciando solo il *chowkidar*, che mi guidò verso il tendone più piccolo di fronte al tempio che avevo visto prima. All'interno ci trovammo davanti un muro di carne. Miracolosamente, appena entrammo si formò un varco abbastanza ampio da lasciar passare una persona. Il *chowkidar* mi spinse avanti.

«Cosa succede, signore? La stanno aspettando», bisbigliò.

Gli anni di pratica nell'esercizio del potere mi trassero in salvo. Perché nonostante non avessi nessuna voglia di addentrarmi in quella tenda puzzolente e affollata, sapevo che, come unico rappresentante dello stato, non avevo scelta. Dio e il governo dovevano condividere lo stesso palco, altrimenti noi dipendenti statali non saremmo mai stati in grado di sostituirci a lui. Gli abiti del potere si possono scegliere di rado, eppure mai, fino a quella notte, mi ero sentito così a disagio.

Ci fu un mormorio di approvazione quando presi posto davanti a tutti. Cercai di drizzare la schiena il più possibile, ma mi sentivo come una formica con un ciclone alle spalle. Si era scatenato qualcosa di demoniaco. Lo sentivo avanzare tra la folla, perforarmi la schiena. Sarei riuscito a controllarlo? O era già troppo tardi? Fissai dritto davanti a me e cercai di sembrare assorto nel mio compito.

Il palco stesso sembrava modesto, con ghirlande di fiori arancioni e bianchi che pendevano ai lati e ornavano le pareti, e quattro lampade da terra con tanti stoppini ai quattro angoli. Al centro, davanti alla tenda rossa e dorata, c'era un unico microfono argentato. Dietro, in un'alcova chiusa da tende, si sentivano i sacerdoti cantare. Il calore era insopportabile. Il fumo delle lampade che bruciavano mi pizzicava gli occhi, facendoli lacrimare. L'odore di fiori, incenso e *ghee* era opprimente. I miei polmoni volevano a tutti i costi aria fresca. Temendo di non farcela, allungai una mano e mi appoggiai al bordo del palco.

I canti smisero e un uomo comparve davanti alla tenda. Non era alto, ma di una magrezza ascetica, quasi scheletrica. Camminò languidamente fino alla parte anteriore del palco. Portava con sé un'aura di energia attentamente controllata che sembrava intensificarsi man mano che avanzava. Il viso era quasi privo di carne. Sottili vene bluastre si incrociavano sulla fronte. La pelle avvizzita era tesa fra mascella e zigomo. Ma la cosa più impressionante erano gli occhi: sporgenti e praticamente senza palpebre, con piccole pupille nere luccicanti che galleggiavano in una vasta superficie di un sorprendente bianco azzurrino. Sembravano in grado di vedere ciò che nessun altro riusciva a scorgere. Arrivò al microfono e fissò la folla, soffermandosi su alcuni visi. Il pubblico fu percorso da un tremito. Anch'io lo percepii e seppi con assoluta certezza che avevo di fronte il *pujari* del villaggio, lo stesso che aveva avuto il coraggio di scriverci.

Non era un *pujari* ordinario, di quelli che si occupano dei rituali quotidiani del tempio, di matrimoni e morte, e che si fanno i fatti loro. Capii perché il *chowkidar* era così spaventato da lui. Sembrava che non ci fosse nulla che quest'uomo dagli occhi penetranti non sapesse dell'invisibile. Anche quando non ti fissava, il suo corpo emaciato sembrava volerti rammentare l'essenziale debolezza della carne. Ma più della magrezza, era la pelle che sembrava dimostrare la sua purezza interiore, perché luccicava come rame brunito, più vivo di una fiamma. Non avevo mai visto una pelle simile in tutta la mia vita. Come se fosse consapevole del potere magico della sua pelle, il sacerdote era nudo fino alla cintola, tranne per il filo sacro che riluceva candido sul petto e i grani del *rudraksha* intorno al collo. La *lungi* zafferano che indossava faceva spiccare ancora di più il colore della sua pelle, e l'uomo sembrava ardere in penitenza perenne per la debolezza di noi comuni mortali.

Il *pujari* attese finché i bisbigli e lo scalpiccio non si placarono. Ci volle pochissimo, o così mi parve. Poi cominciò a parlare.

«Vedo che ci siete tutti. Questo è bene».

Era una delizia ascoltare la sua voce, perfettamente modulata e colta, eppure ricca di pathos. Nessun attore avrebbe parlato così bene.

«Oggi è il tredicesimo giorno di adorazione e *amma* non è ancora arrivata. Sapete perché?» Dalla folla si levò un gemito collettivo, come un sospiro di perdita. L'uomo chiuse gli occhi e ascoltò soddisfatto. La sua carne vibrava come la superficie di un lago sfiorata dalla flebile traccia di una brezza.

«Non lo dimenticherò mai», cominciò. «Oggi l'ho vista così chiaramente». Fece una pausa, la voce incrinata. Poi, proprio quando la tensione era quasi insostenibile, aprì gli occhi e lasciò che ne fossimo sopraffatti. «Più chiaramente di quanto vedo voi, con cui ho vissuto e mangiato per tutta la vita, e che ora siete davanti a me». I suoi occhi si spostarono in un punto indeterminato sopra le nostre teste. «Era qui, sul limitare del villaggio, si stagliava contro il boschetto di bambù. Non mi guardava, i suoi occhi erano concentrati su un punto lontano che non riuscivo a distinguere. Mi sono avvicinato, ma lei mi ignorava. Avrei voluto piangere, perché era in condizioni terribili. Sembrava una vedova che si fosse smarrita da tempo nella foresta. La sua bellissima *sari* rossa, quella che le ho messo addosso con le mie stesse mani, era sparita», disse sollevando le mani vuote per aggiungere enfasi alle proprie parole. «E la *sari* bianca da vedova che indossava era striata di grigio e marrone, e piena di strappi. Vedevo orribili spine attaccate ai suoi abiti in vari punti. I suoi piedi di loto erano così straziati che sembravano i resti del pasto di una tigre. I suoi lunghi capelli neri erano impastati di polvere e foglie morte. Le mancava un orecchino e aveva perso la cintura. A terra erano sparpagliati frammenti dei suoi braccialetti di vetro e la corona le vacillava di lato, impigliata nelle ciocche arruffate. Il suo viso, quel bellissimo viso lunare, era inerte, pallido. Cerchi scuri le bordavano gli occhi e le labbra erano smorte e screpolate. Il suo *bindi* da sposa era sparito, nella riga tra i capelli non aveva *sindoor* e sul petto avvizzito pendevano dei fiori secchi.

«"*Amma*, cosa ti è successo?" gemetti, cadendo ai suoi piedi. "Perché sei ridotta così?"

«"I miei figli mi hanno dimenticato. Non si ricordano più di me", rispose tristemente.

«"Non è vero, madre. Hanno fatto un errore, ma ora capiscono di aver sbagliato e ti chiamano, *amma*. Non li senti?"

«Non disse niente e cominciò ad allontanarsi in direzione della foresta.

«"Oh, dea dagli splendidi occhi, perché continui a ignorare i tuoi figli?" gridai. "Non hanno fatto ancora abbastanza? Non sei soddisfatta del loro pentimento? Cosa devono fare i tuoi figli?" Disperato, caddi a terra. Finalmente si voltò a guardarmi. I capelli le si impigliarono in una fronda di bambù, rivelando l'altro suo orecchio. Pensavo di morire dalla vergogna, perché il suo bellissimo orecchio a forma di conchiglia sanguinava. Mentre guardavo, il sangue le scorreva dalla ferita come pioggia, impregnando la *sari* bianca.

«"Oh, *amma*, cos'è successo?" gridai spaventato.

«"Siete stati voi a farmi questo", rispose. "Salvatemi". E svanì».

Il sacerdote tacque. Tra il pubblico molti singhiozzavano forte, alcuni gemevano «no, oh no», oscillando avanti e indietro.

«Cosa possiamo fare per *amma*?» gridarono all'unisono.

L'uomo li scrutò in silenzio e un sorriso soddisfatto si dipinse sulle sue labbra sottili. «Dobbiamo continuare a pregare». All'improvviso il calore, il fumo e l'odore di così tanti corpi mi sopraffecero. Tentai di farmi strada nel muro di persone, incurante delle grida furiose che si levavano.

Dovevo essere svenuto perché mi ritrovai a terra, vicino all'entrata del tendone. Ero tornato bambino, con la testa in grembo a un uomo che mi faceva vento.

«Fratello maggiore», mi disse in tono di rispetto appena aprii gli occhi. «Ti senti meglio? Vuoi dell'acqua?»

«Come? Cosa... cos'è successo?» dissi, cercando di drizzarmi a sedere.

«Zitto, rimani sdraiato. Concedi loro il tempo di dimenticarti», sussurrò, facendomi aria con il ventaglio. Aveva una voce stranamente priva di enfasi e di inflessione.

«Cosa vuoi dire?» chiesi, cercando di scorgere il viso dell'uomo. Ma l'oscurità m'impediva di vedere altro che non fosse il bianco dei suoi occhi.

«Fratello maggiore, li hai turbati. Sono di uno strano umore stasera, lo sento». Percepivo la verità nelle sue parole, quindi gli obbedii, chiedendomi che posto occupasse il mio benefattore nel mosaico politico del villaggio. Mi drizzai a sedere, ricordandomi chi ero. Le sue labbra si dischiusero a malapena in un cenno d'approvazione, ma i suoi occhi non si staccarono dal palco. L'immobilità del suo corpo mentre osservava la scena e la sua perfetta concentrazione mi impressionarono e al contempo mi infastidirono.

All'improvviso la sala cadde nell'oscurità più completa e, come se fosse il segnale che aspettavano, sei sacerdoti comparvero da dietro la tenda che nascondeva il *sancta sanctorum* agli occhi del pubblico. Avanzarono solennemente fino al limitare del palco. Uno portava una bassa scatola di latta e una scopa. Il secondo e il terzo portavano rispettivamente la legna e l'olio. Gli altri tre erano musicisti che si misero subito a suonare mentre veniva preparato il fuoco.

Nel frattempo, dietro la tenda, vennero accese delle lampade e incominciò un gioco di ombre. Due braccia allungate lavavano l'idolo, altre sventolavano scacciamosche d'argento dalle elaborate incisioni. Un'altra coppia di arti sollevava due lampade a più bracci e le muoveva in lenti cerchi al ritmo della musica, creando sulla tenda grottesche ombre tentacolari. Fissai il mio benefattore. Il suo petto si sollevava per l'emozione e gli occhi umidi, luccicanti, erano incollati allo schermo.

Quando il fuoco venne acceso e la musica cessò, il *pujari* ricomparve e si impossessò nuovamente del microfono. «Il programma serale sarà lo stesso di ieri. L'unico cambiamento è che oggi l'*abhishek* sarà seguito dal *kirtanam* e poi dalla distribuzione del *prasadam*», disse.

Alla folla sfuggì un lamento e la donna di fronte a noi strinse al petto il suo bambino.

«Impressionante, eh, il nostro *pujari*?» chiese l'uomo.

Non aprii bocca.

«Non è d'accordo?»

«Non è compito mio essere d'accordo o meno», risposi diplomaticamente.

Sul palco, il *pujari* riprese a parlare. «Vorrei aggiungere che siamo costretti a fare così perché alcuni degli assistenti di cucina non sono arrivati in orario. È questo che succede quando alcuni di voi non prendono seriamente le proprie responsabilità. Ne soffrono tutti, specialmente i bambini, che sono i favoriti della *devi* e a cui lei risponderà più probabilmente. Se i bambini non avranno il loro cibo in orario, la *devi* si arrabbierà». Un gemito si levò dalla folla. «Dopo il *prasadam*, ci saranno delle *puja* speciali per coloro che le hanno richieste e per coloro che sono stati contaminati dal tocco del nemico. Chiamerò i loro nomi, e potranno venire a prendere le loro ceste di offerte. Poi i canti riprenderanno, e voglio che siate tutti qui. Stanotte è *ekadasi*, e la *devi* è più suscettibile alla vostra chiamata. Nessuno deve andare a dormire». Fissò minaccioso parecchie persone. «Soprattutto tu, Chinnakutty», gridò. «Ti terrò d'occhio». Il suo sguardo penetrava la massa nera dei corpi al centro della tenda. «E tu, Gauriamma, non tentare di portare a casa presto i tuoi figli».

Mi guardai intorno per vedere con chi stava parlando e vidi una donna con una pelle malsana, grigiastra, e occhi sgranati e fissi. Abbassò il capo e strinse a sé quattro bambini dall'aria impaurita.

«Poveri piccoli, non vede che li fa soffrire? Stanno morendo di stanchezza», bisbigliò l'uomo accanto a me.

Drizzai le orecchie. «Da quanto va avanti questa cosa?»

Mi fissò attentamente. «Diciotto giorni, incluso oggi», fu la sua risposta immediata. «Mi chiedo quanto resisterà il villaggio».

Mi sentii molto incoraggiato. Ecco una persona intelligente e istruita che poteva aiutarmi a capire cosa succedeva e forse a mettere fine a quella situazione.

La voce ipnotica del *pujari* continuò a fluire verso il pubblico. «Spero che tutti abbiate lasciato qualcosa nella scatola delle donazioni a lato della sala, se non l'avete ancora fatto vi prego di farlo ora. Alcuni di voi aspettano un po' troppo, e so chi sono». Si interruppe e scandagliò la folla con lo sguardo. «C'è stato un calo notevole nelle collette, così come nel cibo. Ero infuriato per l'egoismo di alcuni, ma poi ho capito che dev'essere la volontà della *devi* di purificarci ancora di più. Da oggi verrà servito solo *payasam* di riso». Un mormorio percorse il pubblico, e molti abbassarono il capo.

Un improvviso fermento attirò di nuovo il mio sguardo sul palco.

Altri *pujari*, questa volta in tuniche zafferano come i *sadhu*, sciamarono sul palco, percuotendo tamburi e cimbali di tutte le dimensioni e soffiando in corni e conchiglie. Sembravano tutti ferocemente devoti. Le tende furono tirate indietro, rivelando l'idolo. Un sospiro di sollievo si levò dalla folla. Perché lì, nel santuario del tempio, avvolta in un caldo alone di luce, c'era la *devi* in persona.

Di natura non sono superstizioso. Un padre agnostico e una madre atea mi avevano fatto diventare un seguace della razionalità. Ma lo stesso fui percorso da un brivido, perché, nonostante tutto ciò che mi era stato insegnato, sentii che la *devi* era viva. Lo percepivo, come accadeva sicuramente al resto del pubblico. Vidi i suoi capelli muoversi nella brezza delicatamente profumata di loto che all'improvviso pervase la stanza, e sentii il cuore che inspiegabilmente si alleggeriva, una silenziosa invasione di gioia in quel posto buio, caldo, puzzolente. Un grido di felicità mi uscì dalla gola e sentii le lacrime scendermi sulle guance. Le asciugai furtivamente, gettando uno sguardo imbarazzato all'uomo accanto a me. Con mio sollievo, notai che anche le sue guance erano bagnate di lacrime.

«È bellissima, vero? Difficile non lasciarsi commuovere», dissi.

Voltò il capo e si asciugò in fretta le guance. «L'idolatria non è una cosa positiva», biascicò. «Venga, usciamo».

Avrei dovuto essergli grato. L'uomo mi aveva impedito di diventare superstizioso quanto gli abitanti del villaggio. Invece ero risentito, come se fossi stato rimproverato ingiustamente. L'uomo si alzò e mi tese la mano. Con una certa riluttanza, lasciai che mi aiutasse ad alzarmi e scivolammo insieme fuori dalla tenda nel campo da cricket deserto.

Un vento leggero che profumava di mare soffiò attraverso il campo, portando via il puzzo di rifiuti. Aspirando l'aria fresca, la razionalità si rimpossessò di me. Stavano per arrivare le piogge. La macchina ce l'avrebbe fatta a uscire dal villaggio? Era arrivata? Che cosa ne era stato?

Un cane addormentato su un cumulo di spazzatura fu svegliato dal vento, spalancò le fauci e ululò. Uno strillo di risposta lacerò la pace della nottata. Il cane balzò in aria e corse via.

«Cos'era?» chiesi all'uomo.

Rimase imperturbato. Poi ci fu un altro strillo, ma questa volta il fruscio che seguì rese chiaramente individuabile la fonte del rumore. Erano stati accesi gli altoparlanti.

«Ha fame?» chiese l'uomo.

Ero affamato, certo, ma prima volevo sapere chi era il mio misterioso benefattore. «Non molto», mentii. «Mi dica, chi è lei? Come fa a sapere l'inglese?»

L'uomo rise, mostrando denti bianchi e regolari. «Mangi prima. Dev'essere affamato».

«No, sto bene. Posso mangiare più tardi», gli dissi impaziente.

«Mia madre diceva sempre che non bisogna parlare a stomaco vuoto». Fece una strana risata.

Dovetti accettare. L'odore del cibo cucinato per il tempio, esclusivamente con olio di cocco, mi stava facendo borbottare lo stomaco. Cedetti.

«E lei? Vuole mangiare con me?»

Scosse il capo. «Dopo. L'aspetto all'albero laggiù».

Entrai nel tendone. Un cuoco sudicio riempì un piatto di foglie di banano con riso al limone e yogurt acquoso. La sporcizia era incredibile, ma avevo troppa fame per badarci. Presi anche dei peperoncini e uscii. I cuochi mi guardarono andarmene senza smettere di lavorare. Persino loro sembravano sapere chi fossi, perciò mi avevano lasciato mangiare prima degli dei.

Quando uscii dalla tenda, l'uomo mi aspettava sotto l'albero, proprio dove aveva detto che sarebbe stato. Si alzò e mi offrì educatamente un posto su un ramo ricurvo come un'altalena a poche spanne dal terreno. Poi si sedette a terra davanti a me.

«Allora, chi è lei? Cosa ci fa qui?» chiesi subito.

La sua risposta mi sbigottì. «Sono venuto per conoscerla», disse.

«Perché? È un dipendente statale? O un membro del *panchayat*?» Cercai di leggere l'espressione del suo viso, ma guarda caso era ancora in ombra, mentre le luci che pendevano dalla cima dell'enorme tendone mi accecavano.

«Lei viene dal governo... è del governo», si corresse. «È raro che un funzionario governativo, persino di minor grado, faccia visita a un villaggio minuscolo come questo. Cosa ha portato qui una persona importante come lei?»

L'uomo aveva un'autorità naturale che ti spingeva a rispondergli, ma mi trattenni, consapevole della mia carica. «Le voci girano in fretta, eh? Mi dica, come mai un uomo così istruito si accontenta di stare in un posto così?»

«Perché so che il mondo non è nient'altro che un grande villaggio». Rise brevemente, senza abbandonare il mio viso con gli occhi nemmeno un secondo. Il suo sguardo mi turbava, ma non riuscivo a distogliere il mio. «La gente qui è abbastanza semplice da gestire. Tranne quando viene spaventata da qualcosa di fuori del comune. Come il suo arrivo improvviso, per esempio. Perciò sono venuto».

«Come mai parla così bene l'inglese?» chiesi. La curiosità aveva avuto la meglio.

«Volevo diventare un burocrate come lei», rispose bruscamente.

«E perché non l'ha fatto?» chiesi, quando riuscii a riprendermi dalla sorpresa.

«Crede che la vita possa essere pianificata?» ribatté.

Preso alla sprovvista, diedi una risposta stupida. «Certo che sì. Se si è cauti, prudenti».

«Cautela. Prudenza». Sorrise in un modo che mi fece sentire giovane e sciocco. «Che belle parole. Così vaghe e confortanti. E se sei nato in un buco di posto? Che cosa si può progettare in quel caso?»

«Progetterei di lasciare il buco», risposi paziente.

«E pensa che non ci abbia provato?» mi chiese, la voce resa più acuta dalle emozioni represse.

«Come faccio a saperlo quando si rifiuta di dirmi qualcosa sulla sua vita?» risposi. Il varco che attendevo era finalmente arrivato.

«Sono nato in un villaggio bramino nascosto in una piega dell'Himalaya. Mio padre era il sacerdote del villaggio. Si occupava del tempio della dea Chamundi. A quei tempi non c'erano strade per arrivare al villaggio e bisognava percorrere a piedi gli ultimi dieci chilometri lungo un sentiero strettissimo. Così non arrivava mai nessun insegnante statale, e mio padre dovette mettersi a insegnare. Era bravissimo, e molti dei suoi alunni ottennero impieghi statali.

«Sapeva insegnare qualsiasi materia ed era estremamente colto, ma la sua grande passione erano i testi sacri. Conosceva il sanscrito, come me. Mi ricordo ancora il suo viso radioso quando al mattino si sedeva sulla sua stuoia e incominciava a recitare le preghiere. Così, anche se il villaggio era poverissimo e lui estremamente erudito, era felice di rimanerci, stimolato dal rispetto che gli dimostravano gli abitanti. A trent'anni sposò una ragazza magrissima, denutrita, figlia di un bramino troppo povero per darle una dote. Fui il loro primo figlio, ed erano così orgogliosi del fatto che fossi un maschio che ci misero quasi tre anni a rendersi conto che ero nato sordo.

«Dopo di me nacque una femmina, poi un'altra, poi un'altra ancora. Mio padre era furioso. Chi avrebbe recitato i suoi adorati mantra alla sua morte, sulla pira funeraria? Come avrebbe potuto la sua anima raggiungere i cieli? Chi avrebbe eseguito i rituali per proteggere la sua anima che avrebbe vagato per un anno e tredici giorni prima di raggiungere il cielo?

«Crescendo, diventai forte e sveglio. Non mi ammalavo mai. Mia madre mi teneva con sé il più possibile, lontano da mio padre. La aiutavo a cucinare, a pulire e a badare agli animali. Mi adorava, lo sentivo dal modo in cui mi teneva vicino a sé, dal modo in cui mi guardava quando non c'era mio padre. Lui faceva persino fatica a guardarmi in faccia. Non pensava ad altro che alla vergogna che gettavo su di lui. Era certo che tutto il villaggio ridesse di lui, insegnante, *pandit*, l'uomo più colto del villaggio, con un figlio analfabeta e sordomuto. Ricordo che lo guardavo mentre mi gridava qualcosa. Non lo sentivo, ma le sue parole mi facevano male e piangevo anche prima che mi toccasse.

«Poi, quando avevo nove anni, mia madre ebbe un altro figlio. Mio padre era fuori di sé dalla felicità. Ma a tre anni il mio fratellino fu morso da un serpente e mio padre non riuscì a portarlo in ospedale in tempo. Morì. Mio padre perse la testa. Sfogava la sua disperazione su di me. Ormai ero un ragazzone e restituii il colpo, una sola volta. Ma per lui fu sufficiente. Prese una barra di ferro e mi colpì finché sanguinai tanto che mia madre e gli abitanti del villaggio dovettero allontanarlo. La settimana dopo prendemmo un autobus e poi un treno. A Lucknow mio padre mi lasciò davanti a un baracchino del tè sul ciglio della strada. Non lo vidi mai più».

«Che... che cosa terribile», balbettai, faticando a credere alle mie orecchie.

Proseguì come se non mi avesse sentito. «All'inizio ero felicissimo. Era come essere finito in un sogno bellissimo. Solo quando mi venne fame mi resi conto di essere solo, che ero stato abbandonato».

Il ricordo dell'abbandono era come una ferita sul suo viso.

«Non so come sia riuscito a non farmi ammazzare il primo giorno. Non sentivo le macchine che mi strombazzavano dietro. Alla fine uno scooter mi investì e mi svegliai in ospedale. Visto che non sapevano come trovare i miei genitori, mi spostarono in un istituto minorile per ragazzi. Venivamo tenuti in celle come animali, ci svegliavano al mattino per darci da mangiare qualcosa di disgustoso e poi ci facevano stare seduti a oziare in una classe con le inferriate alle porte e alle finestre. Di tanto in tanto passava un uomo a gridarci qualcosa se facevamo troppo baccano. I ragazzi... be', non starò a descriverle quello che ho passato, ma fu orribile.

«Però il mio incubo personale era ancora peggiore. Sapevo che la gente comunicava in qualche modo misterioso che aveva a che fare con la bocca. Ma quando aprivo la mia, qualunque suono emettessi sembrava provocare reazioni simili a quelle di mio padre. Pensavo che le parole fossero ombre equivalenti alle espressioni sul viso delle persone. Le sentivo anche agitarsi dentro di me. Aprivo la bocca, pensavo a quella sensazione e producevo un suono. Ma la persona che avevo davanti voltava la faccia, e io sapevo di non essere riuscito a comunicare. Ci riprovai, ancora e ancora, e diventai sempre più violento man mano che la disperazione cresceva dentro di me. Alla fine decisero che ero troppo pericoloso per stare con gli altri ragazzi. Fui affidato ai missionari cristiani di Lucknow».

«I padri cristiani!» esclamai. All'improvviso mi venne un tremendo sospetto. «Lei non sarà...»

Annuì con un ghigno. «Ero ridotto a un animale quando mi accolsero. Non mi fidavo di nessuno. Non sapevo nemmeno il mio nome. Non conoscevo, e non lo conosco ancora, il nome del mio villaggio. Non potrei più tornare dove sono nato. I padri mi chiamarono John. Mi insegnarono a leggere le labbra, a scrivere e a parlare».

Non potevo più trattenermi, e mi voltai completamente verso di lui. «Lei è... lei è... il prete?»

«Finalmente l'ha indovinato», disse sarcastico. «Con tutti gli indizi che le ho dato, pensavo che ci sarebbe arrivato molto prima. Per quale altro motivo parlo inglese bene quanto lei?»

«Io... non pensavo... non mi aspettavo di trovare...» balbettai, a disagio nel rendermi conto che mi leggeva le labbra e chiedendomi cos'altro potesse capire dal linguaggio del mio corpo.

«... un prete in questo posto? Perché no? Volevo parlare con un vero *sahib*. E sapevo che l'avrebbero portata qui».

«Sarei venuto a trovarla domani», spiegai subito, sentendomi in colpa.

Si accigliò. «Domani? Domani potrebbe essere troppo tardi. Comunque, volevo parlarle per capire se lei è davvero una persona migliore di me».

«Perché dovrei essere migliore di lei?»

«Perché lei governa questo grande paese. Io mi prendo solo cura delle sue anime», rispose, senza risparmiarmi l'ironia.

«Da quel che ho sentito, lei è il Pifferaio di Hammelin di questo villaggio, no?» dissi secco. «Ha portato via tutti i bambini».

Mi lanciò uno sguardo strano, non privo di un certo rispetto. «Non sono un pifferaio. Non ho mai detto al governo di non educare il suo popolo».

La nostra era una schermaglia, mi resi conto all'improvviso, e con mia sorpresa scoprii che mi divertivo. «Lei odia gli indù, vero? A causa di suo padre».

Fece una risata cinica. «Mio padre non era niente. Un animale incapace di pensare, con delle belle parole in bocca. Cosa poteva saperne di Dio, visto che non sapeva nemmeno cos'è la morale?» Gettò un'occhiata verso la tenda e il suo viso si deformò per l'amarezza. «Perché dovrei odiare queste persone? Non sono persone, sono un'unica massa indefinita. Strisciano sulla terra senza pensare. Li si può calpestare e non reagiscono, perché non hanno ragione, solo emozioni. E le emozioni senza una mente che le diriga sono inutili. Ma se tocchi i loro simboli impazziscono di rabbia. Il mio unico rimpianto è che il sangue indù di mio padre è in me e un giorno mi tradirà».

«Basta toccare i simboli di qualsiasi gruppo e scoppia il pandemonio», dissi freddamente. Poi qualcosa mi spinse ad aggiungere: «Eppure scommetto che gli indù sono di gran lunga il gruppo più tollerante. Prenda questo distretto. Cristiani e musulmani convivono felicemente in uno stato a maggioranza indù. Non ci sono mai stati tumulti qui».

«Perché i cristiani e i musulmani hanno tanto buon senso da non svegliare il can che dorme».

«Oppure perché gli indù tollerano il fatto che lei insista con la sua intollerabile arroganza!» scattai.

Si limitò a guardarmi. Poi il suo viso si spaccò in un sorriso che non aveva niente di spontaneo. All'improvviso ebbi la premonizione di un disastro.

Il prete si alzò. «Bene, andiamo a scoprire quant'è tollerante la vostra gente», disse, mettendosi a correre verso il tempio.

«Ehi! Si fermi!» gli gridai dietro. «Cosa sta facendo?» Parlavo al vento, l'uomo continuava a correre. Gli corsi dietro. La gente sciamava fuori dal tendone. Sgomitavo per farmi largo e loro non reagivano. Avevano sguardi vacui e si spostavano al tocco della mia mano, i corpi che si accartocciavano come carta.

Entrai nel tendone vuoto. Era buio e silenzioso. Del prete nessuna traccia. Poi sentii il fruscio dei piedi sulle assi di legno. Il prete era sul palco. Corsi verso di lui e salii sul palco. Davanti a me, la *devi*, svelata, mi sorrideva con un'espressione intima, gli occhi vitrei, sereni, che riflettevano la moltitudine di minuscole lampade ai suoi piedi. Non potevo fare a meno di guardarla. Come un lago in mezzo a un incendio, pensai, commosso contro la mia volontà. All'improvviso percepii una presenza alle mie spalle.

Il prete era lì, con un mucchio di spazzatura tra le braccia.

«Perché...» Poi mi venne in mente un pensiero terribile. «Perché ha portato quella roba?»

Fece un ghigno sardonico. «Aspetti e vedrà».

«Cosa intende fare?» La mia voce era uno squittio terrorizzato.

Fece un balzo in avanti, scansandomi con tanta forza che caddi a terra e rimasi intontito. L'uomo mi mise un piede sul collo e mi tenne bloccato. Non avevo bisogno di guardare per capire cosa stava facendo. Lo sentivo fischiettare in modo disarmonico. Nella minuscola fessura del cervello in cui si era nascosta la mia razionalità, mi chiesi come avesse imparato a fischiare. All'improvviso una mano mi stava alzando. «Su, si alzi. Dia un'occhiata a quello che ha combinato», bisbigliò.

Mi voltai verso la *devi*. Il cuore mi si gonfiò di orrore. Le tende in fiamme avvolgevano la dea in una brutta luce arancione. Il suo viso era coperto di avanzi di riso e verdure, sacchetti di plastica, bucce e qualcosa di marrone e grumoso che non osavo nominare. La corona dorata svolazzava come una falena negli sbuffi d'aria creati dalle fiamme. Sulla *sari* era appiccicata altra roba marrone, cibo, piatti di foglie e i piedi erano completamente ricoperti di rifiuti. Le lampade erano ribaltate e il *prasadam* di riso e *laddoo* sparpagliato tra i fiori ai suoi piedi.

Mi voltai verso il prete. «Bastardo!» gridai.

«Pulisci», ordinò ridendo come un folle. «Chiamerò gli altri per darti una mano».

Si protese verso le corde e incominciò a suonare le campane del tempio. Esitai, incerto se dargli un pugno o dedicarmi al mio compito. Ma era troppo tardi. Sentivo il fruscio di numerosi piedi in corsa, e grida. Gli abitanti del villaggio correvano verso il loro amato tempio.

Il prete smise di ridere. Mi afferrò la mano. «Su, dobbiamo uscire di qui».

«No, devi pulire prima che arrivino. Ti darò una mano. Non è giusto». Tentai di pulire gli abiti della *devi*, lasciando strisce marroni nella scia delle mie dita. Mi strattonò. «Ti ammazzano se ti trovano qui. Non perderanno tempo a fare domande».

Sbirciai dalla fessura sul retro della tenda. La folla cresceva man mano che la notizia si diffondeva, e ora formava una massa enorme, un muro nero di distruzione, inarrestabile come un'ondata.

Mi trascinò giù per i gradini ai lati del palco e ci aprimmo un varco nel cumulo di spazzatura da cui aveva raccolto le sue offerte per la *devi*. Appena lo superammo, incominciammo a correre, lui davanti. Saltammo il muretto che separava il tempio dal cortile, attraversammo il cimitero scansando le lapidi e svoltammo l'angolo dell'edificio di fronte alla chiesa. Il prete trafficò con la pesante porta di legno e io aspettai terrorizzato dietro di lui. Finalmente riuscì ad aprirla e ci tuffammo dentro. Il prete chiuse il portone a chiave e con i catenacci.

«Non terrà per molto», dissi cupo, vagamente soddisfatto all'idea.

«Hai ragione», disse accigliandosi. Dopo un breve silenzio, alzò lo sguardo e sorrise. «Seguimi», ordinò indicando delle scale a fianco dell'altare. Esitai. «È l'altra via d'uscita dalla chiesa?»

Inarcò le sopracciglia. «Uscita? Non possiamo nasconderci da nessuna parte in questo villaggio. Ci daranno la caccia come topi. Siamo più al sicuro qui».

«Mio Dio!» All'improvviso mi resi conto di quella prospettiva orribile. «C'è un telefono? Potrei chiamare la polizia».

Fece una risata amara. «Cosa se ne fa un sordo del telefono?»

Imbarazzato, distolsi lo sguardo. Il silenzio fu spezzato dal rimbombo dei pugni che battevano alla porta.

«Su», disse brusco. «Non possiamo più aspettare, conosco un posto dove possiamo nasconderci». Sfrecciò verso le scale e cominciò a salire. Lo seguii ansimando, perché i gradini erano molto alti. Solo allora mi resi conto dove stavamo andando e il respiro mi si strozzò in gola. Mi stava portando in una trappola. I gradini portavano in cima al campanile. Una volta lì, saremmo stati bloccati. Esitai. L'uomo si voltò come se mi avesse letto nel pensiero.

«Non preoccuparti, so quello che faccio». Il potere di quell'uomo era tale che gli credetti.

La scala terminava con una piccola piattaforma. Direttamente sopra di noi, a un braccio di distanza, c'erano le campane. Sotto, l'intero villaggio e la campagna circostante si estendevano come un mantello nero con sprazzi di colore. Nella luce vivida dei riflettori spiccavano sfumature assurde di rossi, porpora e rosa del tempio e della sagra. A malapena visibili nella luce riflessa, i bianchi e gli arancioni bruciati dei tetti e dei muri, oltre i quali la campagna era avvolta nella notte. Dalla mia postazione vedevo chiaramente, sparpagliati nel campo come un manto sbrindellato, gli abitanti del villaggio che mi avevano fatto passare tra loro così docilmente meno di tre ore prima. La loro rabbia era palpabile, resa ancora più temibile dal silenzio e dall'apparente mancanza di emozioni. Avanzavano nel campo come un'onda sulla cui cresta spiccava un vivace punto zafferano che brandiva un tridente. All'improvviso, dalla tenda del cuoco spuntarono numerose torce che corsero a raggiungere il corpo principale di persone ammassate all'entrata del *maidan*. Quando le torce li raggiunsero, gli altri esultarono brevemente, poi avanzarono come uno sciame. Ogni tanto si sentiva una voce che invocava la *devi*, invocava Mahadev, giurando vittoria o morte. Le parole non sembravano appartenere a nessuno, semplicemente si levavano dalla massa dei corpi che fluiva lungo la strada principale fino al portone della chiesa.

«Continueranno finché non avranno bruciato la tua preziosa chiesa», dissi al prete.

«Ma io avrò vinto la mia scommessa», gongolò lui.

«Che scommessa? Di cosa parli? Sei pazzo!» urlai.

Non rispose. Si limitò a guardarmi e mi parve che ogni parola che avevamo scambiato diventasse viva.

Un vento fresco si fece strada nel calore opprimente, asciugando il sudore sul mio corpo e facendomi sentire un freddo improvviso. «Ti prego, hai dimostrato quello che volevi dimostrare. Ora fai finire questa follia». Guardai gli abitanti del villaggio ammassati ai piedi della chiesa. Il prete si sporse e afferrò le corde che pendevano dalla trave al centro della torre. Incominciò a tirarle.

«Cosa fai?» urlai terrorizzato. «Saranno qui in un secondo».

Visto che non rispondeva, cercai di strappargli le corde di mano. Ma era grosso una volta e mezza più di me e almeno il doppio più forte. Mi scansò come se fossi un filo d'erba. Caddi con un tonfo sulle lastre di pietra. Per un secondo non sentii nulla, poi un bruciore alla base della colonna vertebrale e le gambe intorpidite. Rimasi disteso a fissare impotente le bocche enormi delle campane.

Inizialmente sembrò che le campane non reagissero. Poi, lentamente, incominciarono a muoversi di pochi centimetri, mentre l'arco aumentava lievemente a ogni rotazione. Ma il movimento non aveva raggiunto l'apice, e non usciva alcun suono. Il prete alzò lo sguardo verso le campane e tirò con più forza. All'improvviso le campane trovarono il loro ritmo e iniziarono a oscillare avanti e indietro, risuonando in tutta la campagna in un grido di soccorso e al contempo di rabbia e sfida.

Mi sforzai di drizzarmi perlomeno a sedere e guardai giù dal parapetto. Uomini e donne confluivano davanti al portone della chiesa formando una coda lunga almeno un chilometro. Le torce accese illuminavano i loro visi rivolti verso l'alto. Stavano tutti guardando le campane, paura e meraviglia dipinte sui loro visi.

Poi non sentii altro che le campane. Come un milione di minuscole frecce che mi trafiggevano il corpo, il suono delle campane affogava qualsiasi altra sensazione. Guardai il prete. Era aggrappato alle corde e le tirava con il godimento di un ragazzino. Aveva gli occhi chiusi e un'espressione di concentrazione beata sul viso. Era lontano dalla realtà, in un mondo tutto suo dove nulla poteva toccarlo. E io ero solo.

Guardai in basso. La folla sembrava diminuita. Sono andati via, pensai, le campane li hanno spaventati. O forse si era sparsa la voce che ero nella torre con il prete e mi ero pentito dell'infelice coincidenza che mi aveva portato lì. Poi mi resi conto che non se ne erano andati. Erano solo indietreggiati fino al bordo del cerchio di luce, preparandosi ad abbattere il portone della chiesa con un maglio di legno.

La brezza si intensificò sferzandomi i capelli, e la paura

mi inzuppava la camicia. All'improvviso sentii l'odore, quel primo soffio di umidità misto a polvere foriero di pioggia. «Stanno per abbattere il portone della chiesa», gridai al prete.

«Non preoccuparti, la mia gente arriverà presto», gridò tra le folate di vento sempre più fresco.

«Non lasceranno bruciare la chiesa», aggiunse, strattonando le corde con maggiore forza. La piattaforma di legno su cui eravamo tremò. Alzai lo sguardo sulle campane. Oscillavano selvaggiamente avanti e indietro, e la trave a cui erano appese scricchiolava in modo sinistro.

«Fermati! La trave si spezzerà e le campane ci schiacceranno!» gridai.

A un tratto sentii un frastuono terribile. Abbassai lo sguardo. Il maglio aveva iniziato la sua opera.

«Vedi? Saranno qui tra poco», dissi al prete con cupa soddisfazione.

«Anche la mia gente», rispose.

«La tua gente è codarda», sibilai.

Ma il prete non reagì: stava tirando le corde, con gli occhi chiusi, le labbra che si muovevano silenziosamente in preghiera.

Un altro colpo fece tremare l'edificio, questa volta accompagnato dal suono di vetri in frantumi. Mi sporsi dal parapetto. Gli abitanti del villaggio esultavano affaticati, pregustando la vittoria. Un altro grido in onore della *devi* squarciò l'aria e la folla indietreggiò per il terzo e l'ultimo colpo.

All'improvviso il cielo fu squarciato da fragori di tuono, ma la gente era così concentrata su quello che stava per fare che non vi prestò attenzione. Le mie orecchie sembravano essere le uniche ad ascoltare gli ammonimenti di Dio.

«Hai sentito quel tuono?» gridai al prete. «È il modo di Dio per dirti di fermare questa follia prima che sia troppo tardi. Se non vuoi ascoltare me, almeno ascolta lui».

La sua espressione rapita non cambiò e il suo sguardo rimase vitreo. «Le ho sentite», mormorò estasiato. «Ho sentito le campane».

«Non erano le campane, erano tuoni!» urlai.

Mi lanciò uno sguardo compassionevole. «Non capisci. Dio mi ha dato la sua ricompensa», disse. «Doveva essere così».

Lo fissai disgustato. «Vai giù a chiedere scusa prima che sia troppo tardi», lo implorai, «se non vuoi vedere il sangue scorrere nella casa di Dio, stanotte».

«Non ho fatto nulla di sbagliato», disse calmo. «Sei stato tu a fare tutto».

«È opera del tuo odio», dissi, «e ci ucciderà».

«Non avresti dovuto venire qui», replicò. «Sei stato tu a scatenare tutto questo».

Abbassai il capo. In qualche punto dentro di me una voce sussurrava che il prete aveva ragione. La violenza aveva bisogno di uno spettatore, di qualcuno che, da fuori, potesse apprezzarne l'orrore. Poi riuscii a distinguere delle urla acute, voci di donne che davano l'allarme dai margini della folla. Un fulmine saettante avvolse la folla in una luce momentanea, e vidi un gruppo armato di persone che correva sulla strada principale verso la chiesa. Come armi brandivano torce e attrezzi agricoli, e anche loro si muovevano in silenzio.

Il gruppo di fronte alla chiesa si spaccò in due, una parte rivolta al gruppo avversario, l'altra che continuava a picchiare il maglio sul portone.

Mi scagliai sul prete e lo trascinai al parapetto. «Guarda, la carneficina sta per cominciare», gli urlai in faccia.

Ma il prete sgusciò dalla mia presa e afferrò di nuovo le corde. Le campane ricominciarono a suonare e il suo viso assunse di nuovo quell'espressione rapita, distante.

Un attimo dopo, due eventi perfettamente distinti si fusero in uno solo. La porta della chiesa fu abbattuta e i due gruppi avversari, indù e cristiani, si mischiarono con un ruggito. E nella torre il prete si inginocchiò e incominciò a pregare, ringraziando Dio per il suo miracolo.

Distolsi lo sguardo dallo spettacolo del prete pazzo e guardai inorridito la carneficina che proseguiva sotto di noi. «No, no, no», gemevo, «ti prego Dio, no». Ma già mentre imploravo Dio, vedevo le parole in inchiostro freddo, permanente, del rapporto che avrei dovuto scrivere più tardi, e spostai la mente in un futuro più sicuro. All'improvviso sentii qualcosa di freddo e bagnato sulle guance. Feci per asciugarmi, pensando che fossero lacrime. Ma erano troppe. Poi mi resi conto delle gocce che mi colpivano la testa e le spalle. Alzai lo sguardo. Le campane si stavano fermando. La loro levigata superficie grigio piombo brillava come la pelle degli elefanti selvatici. La pioggia aveva gettato un manto silenzioso sul fragore della battaglia. La osservai cadere sui quei corpi sudati, su quelli immobili, ancora caldi, sulle lame grigie brillanti, i bastoni appuntiti e il fango marrone-rossastro. Non sentivo altro che il suono della pioggia, il sibilo delle gocce che cadevano sulle foglie e il vento che le strappava via.

Non so quanto rimasi là in piedi, troppo terrorizzato per scendere. Alla fine la pioggia diminuì. I pochi sopravvissuti abbandonarono le loro armi e incominciarono ad aiutare i feriti.

Sentii il prete spostarsi. Mi guardai intorno. «È finita», dissi.

Lui si alzò e guardò giù dal parapetto con un viso inespressivo.

«Ecco! Sei soddisfatto adesso?» gridai.

Il prete fissò il massacro sotto di noi e poi, con orrore, vidi la sua bocca spalancarsi in un enorme sbadiglio e poi richiudersi lentamente. Quindi si voltò e, senza guardarmi, incominciò a scendere le scale. «Dove vai?» gridai seguendolo. «Dove stai andando?»

In fondo alle scale ci trovammo di fronte un incubo. La battaglia si era riversata anche nella chiesa. Piccoli falò dall'odore pestilenziale rivelavano i resti di corpi bruciati. Altri giacevano in pozze di sangue sul pavimento di pietra, molti privi di braccia, gambe, testa. Il prete avanzava vacillando tra i corpi. Alcuni erano ancora vivi e chiedevano debolmente aiuto. Il prete proseguì verso l'uscita, sguazzando in pozze di sangue, ignorando le richieste di soccorso.

«Mio Dio. Cos'hai fatto? Cos'hai fatto?» gemetti, incapace di distogliere lo sguardo da quei visi attoniti, vicini alla morte. Poi lo seguii lungo la navata.

Vicino al portone lo raggiunsi e lo costrinsi a voltarsi.

«Dove vai?» chiesi.

Mi guardò come se fossi un bambino idiota.

«A dormire», rispose con noncuranza. «A dormire, naturalmente».

Lo chef

La zuppa è la gloria suprema della buona cucina. È lo squillo di tromba della vittoria, il segnale del trionfo del gusto sulla sostanza, dell'amore sulla vita. Fatta con i resti di cibi deliziosi e servita all'inizio, una buona zuppa è un pasto in sé, non perché rappresenti l'essenza di un pasto completo, ma perché riporta i sensi al ricordo di quello precedente e alla promessa, velata e misteriosa, di quelli futuri. Quindi una buona zuppa non può essere sezionata, perché rispecchia la vita molto da vicino.

Le Chauldron d'Or

Al ristorante, il pranzo terminò prima del solito. Così, dopo aver pulito il piano di lavoro, Marcello Tocinelli si lavò le mani, si precipitò in terrazza e alzò lo sguardo. Era una splendida giornata. Il cielo era di un azzurro abbagliante, senza una sola nuvola che lo sciupasse. Il sole aveva finalmente in sé la promessa dell'estate e il suo calore delicato gli penetrava nella carne come burro. Un vento leggero stuzzicava il glicine color lavanda che separava la terrazza dalla dispensa. Al di là del patio, il loro piccolo vigneto si estendeva in file dritte come frecce fino al lago, con le foglie nuove di un verde tenero contro la ricca terra nera.

Si sedette appoggiando la schiena al muro della dispensa cotto dal sole, prese un sigaro dalla tasca dei pantaloni e lo annusò con fare critico. Non era buono come un Davidoff, ma comunque lo trovava adeguato, affidabile. Dall'altra tasca estrasse un coltellino svizzero e tagliò l'estremità del sigaro, poi accese il Corona e si appoggiò al muro, lasciando che il sapore della terra cubana gli pervadesse la bocca. Era stata una buona giornata, rifletté. Il lavoro di uno chef era come quello di un generale. Era a capo di un esercito di mercenari, tutti molto abili con i coltelli. Per avere il loro rispetto doveva essere sempre più avanti di loro di qualche passo. E doveva essere in grado di subodorare un guaio prima che fosse troppo tardi. Non era difficile se aveva il piano di battaglia sempre in mente. Era la pianificazione a regolare la vita del ristorante, e il menu la registrava ogni giorno. Per un cuoco, o un aiuto di cucina esperto, il menu era come un diagramma di ordini e posizioni di battaglia. Con un piano ben formulato, un pasto era come un balletto complesso in cui ogni ballerino aveva il suo insieme personale di movenze. La cosa più importante per uno chef era di essere in grado, qualunque cosa succedesse, di mantenere il ritmo. Il ritmo era ciò che regolava il flusso del cibo da crudo a cotto. Se quello si inceppava, il caos prendeva ben presto il sopravvento e l'esercito, sentendosi tradito, avrebbe perso la testa.

Ma quel giorno era andato tutto bene. La mattina era cominciata, come quasi tutte le sue giornate, con un sogno culinario. Al momento cruciale, quando stava per assaggiare la manna che lui stesso aveva creato, i suoi occhi si erano spalancati, adattandosi senza fatica al grigiore che precedeva l'alba, e il battito del suo cuore aveva accelerato al pensiero delle sorprese che lo attendevano al mercato.

L'alba lo accolse al suo arrivo, ma lui era cieco alla sua bellezza. La sua mente era concentrata su quello che gli serbava il labirinto delle bancarelle. Gli agricoltori all'entrata avevano preparato i banchi al solito modo, mettendo in bella mostra le verdure, la frutta e i tagli di carne e selvaggina più appetitosi e nascondendo dietro gli articoli meno attraenti. Tutti lo riconoscevano e molti lo invitavano a dare un'occhiata. Ma lo chef non badava ai loro richiami. Sapeva che, come le donne, le verdure più perfette non erano mai le più soddisfacenti. Lui cercava invece l'imprevisto: pomodori con il profumo della terra ricca e umida che ne ingentiliva la nota asprigna, oppure carote dalla tonalità insolita, dalla colorazione intensa, quasi rosso sangue. Erano quei dettagli a ispirare i suoi piatti di maggior successo.

Ma quel mattino, mentre cercava tra i lunghi cetrioli e le melanzane viola, i suoi sensi non erano stati stimolati. Alla fine aveva dovuto optare per le costose spugnole selvatiche. Non c'era niente che profumasse. Cosa stavano facendo gli agricoltori? pensò vagamente irritato, aspirando il suo sigaro. Avevano forse sfinito la terra, risucchiandone qualsiasi traccia di creatività? I suoi occhi si tuffarono nei solchi tra le viti in cerca di una risposta. Dovevano essere tutti quei fertilizzanti chimici che si usavano adesso.

Il vento incessante increspò la superficie del lago, deformando il riflesso dei pini. Non c'erano vele sul lago, era troppo ventoso. Ma, come sempre, la vista dell'acqua lo calmò. La tensione scivolò via dai muscoli e venne sostituita da una piacevole stanchezza. L'ennesima battaglia era stata vinta. Prese un altro tiro dal sigaro e osservò pigramente il fumo che si drappeggiava intorno alla sua testa come una sciarpa. Pian piano la sua mente si svuotò.

Dall'altra parte del séparé di glicine, sotto l'occhio di falco di Madame Tocinelli, gli ultimi avventori indugiavano sul dessert. Erano quasi tutti clienti abituali, banchieri in pensione con mogli e nipoti. Solo un tavolo, una coppia giovanissima, attirò la sua attenzione. Si tenevano per mano e l'uomo bisbigliava qualcosa nell'orecchio della giovane donna. Mentre ascoltava, sul viso di lei si dipinse un piacere imbarazzato. Poi le labbra le tremarono e la gola vibrò mentre scoppiava improvvisamente a ridere. Aveva una risata bellissima, profonda e intrepida, giovanile e dolcemente seducente. Il giovane si appoggiò allo schienale con aria soddisfatta e prese un altro sorso del delizioso vino da dessert.

Dietro il pergolato, lo chef drizzò le orecchie. Cercò di immaginare che tipo di donna potesse essere l'autrice di una risata simile. Probabilmente poco più che ventenne, decisa, bella, sexy, pronta a farsi corrompere. Cosa aveva mangiato? si chiese. Cacciagione, o forse l'anatra. Niente diete per una risata del genere. Solo una gran quantità di giovane carne soda che scattava al tocco come una molla. Molto tempo prima aveva classificato le donne in tre tipi fondamentali: antipasti, portate principali, e dolci. La donna antipasto era il primo amore, una storia agrodolce, destinata a finire prima che iniziasse davvero, e a stimolare l'appetito ma niente più. Poi c'era la donna portata principale, quella che nutriva l'uomo, lo metteva a suo agio. E alla fine, quando era pronto, arrivava il dessert, la sposa ideale, tutta dolcezza e luce, una facile conquista priva di complicazioni e fonte di delizia per i cacciatori maturi.

Eccitato, stava per alzarsi a dare un'occhiata, quando sentì sua moglie salutare un cliente vicino al glicine. «Grazie per essere venuto, Monsieur Flavius. Spero che sia stato tutto di suo gradimento», stava dicendo.

«Certo che sì. Soprattutto la zuppa, era divina. Non è cambiata minimamente da quando l'ho assaggiata la prima volta».

«Ventotto anni fa, quando è venuto per la prima volta», suggerì Madame Tocinelli.

Come faceva a ricordarsi quei particolari? si chiese lo chef.

«È passato tanto tempo?» fece lui un po' imbarazzato.

«Certo, anche se di recente non abbiamo avuto molto spesso il piacere della sua compagnia».

«Ci ho perso soltanto io, confesso. Abbiamo sentito...» L'uomo fece una lunga pausa. «Mi dica, Madame, suo marito ha dei nemici?»

Nemici? Marcello drizzò le orecchie.

«Nemici? È solo un cuoco: perché dovrebbe avere dei nemici?» Sua moglie sembrava nervosa.

«Temo che li abbia, Madame», continuò l'uomo in tono serio. «Non intendo intromettermi, ma la prego di pensarci bene: è sempre meglio conoscerli, i propri nemici».

«Ma anche i rivali di mio marito hanno una certa età e guadagnano bene. La gente può permettersi di mangiare fuori, ma non è stato aperto nessun ristorante nuovo in zona. Di questi tempi i giovani non sono disposti a lavorare così tanto».

L'uomo rise, annuendo. «Eppure a Ginevra qualcuno ha fatto girare la voce che la vostra cucina non è più quella di una volta. E chi ha fatto girare la voce era così in vista che noi banchieri gli abbiamo creduto». Fece una risata amara. «Mi fa piacere che quelle voci non abbiano fondamento, eppure sono confuso. Un pettegolezzo infondato ha sempre una fonte e una motivazione, e in questo caso non riesco a individuare né l'una né l'altra».

Dietro al graticcio, Marcello digrignava i denti per la frustrazione. Si mise ad ascoltare più attentamente.

«Non sapevo di queste voci», la sentì dire con calma. «Certo, lo chef non è più giovanissimo, ma la sua età e l'esperienza sono un vantaggio, non uno svantaggio».

Marcello si irrigidì. Cosa c'entrava l'età? Perché Maria stava sulla difensiva? Cucinava meglio che mai.

«Nulla può sostituire l'esperienza», concordò l'uomo. «Le prometto che mia moglie e io faremo del nostro meglio per correggere quelle voci con amici e colleghi. La prego di fare i complimenti a suo marito da parte nostra. La prossima volta lo inviteremo a bere un bicchiere di vino con noi».

Dietro il glicine, Marcello si alzò per affrontare sua moglie. Ma proprio quando stava per svoltare l'angolo del graticcio, sentì dei passi rapidi e nervosi che si avvicinavano e d'istinto indietreggiò. «Mamma, dobbiamo finirla», sentì dire a sua figlia Graciella, la maggiore, con fare concitato. «Non riesco più a concentrarmi sul mio lavoro».

Finire cosa? si chiese Marcello drizzando le orecchie. «Non possiamo», disse sua moglie. «Devi tenerlo d'occhio quando non sta guardando. Così non s'insospettisce».

«Facile dirlo, per te», ribatté Graciella accalorata. «Tu stai con i clienti, in sala. Io devo stare al suo fianco. Sai che è come un falco quando si tratta del suo cibo. Per poco non mi ha beccato, due volte». La voce di sua figlia si era alzata, in preda al panico. «Non posso resistere ancora per molto. Tra poco mi scoprirà. Dobbiamo trovare un altro metodo».

Un altro metodo per fare cosa? si chiese Marcello.

«Non c'è altro modo», ribatté secca sua moglie. «Se ci scoprono, sarà la fine».

La fine? La sorpresa del cuoco incominciava a trasformarsi in preoccupazione.

«Amanita lo sa?» chiese Graciella nervosamente.

«Non ancora, non pensavo che venisse a casa questo mese. Sai quanto è affezionata a tuo padre».

«Dovrai spiegarle il piano e costringerla a tenere la bocca chiusa. È una sciocca romanticona, lo sai».

«Ma abbiamo bisogno che stia dalla nostra parte, se questa storia continua».

«Parlagli, mamma».

«Non posso».

Ci fu una pausa di silenzio. All'improvviso sua moglie disse: «Tra poco verrà fuori a fumarsi il suo sigaro. Andiamo dentro a parlare».

I passi si allontanarono, la porta si chiuse e lo chef rimase solo con i suoi pensieri. Per parecchi minuti restò seduto a fumare, fissando il panorama senza vederlo. La sua mente era nel caos. Non sapeva da dove cominciare, quale filo tirare, per sbrogliare l'intrico di pensieri ed emozioni che gli riempivano la testa. All'improvviso sentì il bisogno irresistibile di nascondersi.

«Il pranzo si fredda, papà». La voce della figlia minore lo svegliò dalle sue inquiete fantasticherie. La guardò con fare assente.

«Cosa succede?» chiese lei, sconvolta da quell'espressione. «Non ti senti bene?»

«Sto bene», rispose lui brusco. «Perché sei tornata? Di certo il cibo qui non può essere migliore delle opere d'arte del tuo mentore strapagato. Non è che ti hanno sbattuta fuori, vero?»

Sembrò ferita. «Questo non è giusto».

Aveva ragione, e lui lo sapeva. Sua figlia aveva un naso degno di Hercule Poirot, proprio come lui. Capiva subito quale ingrediente mancava in un piatto, e quanto ne mancava, semplicemente annusandolo. Non poteva sbagliarsi nemmeno se avesse voluto. Per quello ci era rimasto così male quando se ne era andata per diventare vicecuoca in un hotel il cui chef badava di più all'aspetto che al gusto del cibo. Imbronciato, si alzò a fatica dalla panchina e la seguì dentro.

A pranzo Marcello fu insolitamente silenzioso e non prese parte alla conversazione. L'argomento principale era il tanto atteso nipote. «Devi darmi almeno un preavviso di tre settimane, altrimenti non potrò venire in ospedale per il parto. Sono molto severi a scuola», disse Amanita, in tono serissimo. Le due donne scoppiarono a ridere.

«Non puoi pianificare quando arriverà il bambino. È lui a decidere», rispose Madame Tocinelli con uno scintillio negli occhi. «Tu, per esempio, sei arrivata tre settimane dopo il previsto». Cercò di incrociare lo sguardo di suo marito mentre lo diceva, ma lui fissava il muro con la fronte un po' aggrottata. «Marcello, stai bene? Hai mal di testa?» chiese.

«Perché? Perché me lo chiedi?» scattò lui rabbioso. «Cucino meglio che mai».

«Sembravi... sembravi in un altro mondo, tutto lì», rispose lei ferita. «Non stavamo parlando di come cucini».

«Pensi che pioverà ancora stasera?» chiese in fretta Graciella, per cambiare argomento. «Sono stufa della pioggia. Perché l'estate ci fa questi scherzi? Dovremo abbreviare il menu per questa sera, se piove».

Marcello ignorò il commento di sua figlia. «Il pranzo è finito molto presto, oggi», disse lo chef di proposito, osservando attentamente il viso di sua moglie.

«È l'inizio dell'estate, nient'altro, non è colpa tua», balbettò, con un rossore significativo che le colorava il collo.

Prima che Marcello potesse chiedere cosa intendeva con "colpa sua", intervenne la figlia minore. «Il bambino decide anche quanto mangia Graciella?» chiese indicando il piatto di sua sorella.

«Non riesco a farne a meno. È per il bambino. E poi l'insalata è diversa oggi, non riesco a smettere, è una delizia», rispose Graciella, lanciando uno sguardo a suo padre.

Cercano di lusingarmi, pensò lo chef. Aveva preparato l'insalata nel solito modo, ne era certo. Era una delle sue ricette preferite. Semplice e ben strutturata, gli ingredienti si incastravano alla perfezione, come tasselli di un puzzle. Per prima cosa faceva saltare i funghi selvatici con un poco di burro e di prezzemolo, poi, su un altro fuoco, passava un poco di prosciutto in panna, burro e miele. Ammorbidiva i funghi con il vermut mentre friggeva fettine sottilissime di fegato con un po' di prezzemolo. Quando tutti gli ingredienti erano pronti, li disponeva in strati, come un piccolo tempio, a cominciare dalle foglie di insalata, poi il fegato, una fetta di pera in conserva, il prosciutto e infine i funghi. Il risultato era la perfezione. Come si poteva migliorare?

Si alzò di scatto. Fuori, le prime gocce di pioggia si spandevano contro le portefinestre.

«Ecco il nostro menu serale che se ne va», commentò Graciella. «Piove così anche dall'altra parte del lago?»

«Non so», rispose sua sorella impassibile. «Non vedo mai il cielo».

Mentre si chiudeva la porta alle spalle, Marcello sentì la loro risata riecheggiare.

All'improvviso capì cosa gli soffocava il cuore: era la sensazione di essere escluso.

A Marcello sfuggì un gemito. Si era fidato troppo. Mai un sospetto. La sua mente vacillava. Ripensò attentamente alle ultime settimane. Pian piano minuscoli dettagli, cose che notava e subito seppelliva nella fretta quotidiana, cominciarono a riemergere in superficie. Un coltello che aveva appena usato non era perfettamente riposto. Un cucchiaio non proprio nella posizione in cui lo lasciava sempre.

C'era quella volta in cui, tornando da una ricognizione ai forni, aveva notato che Graciella si allontanava in fretta dai fuochi. Quando le aveva chiesto spiegazioni, lei aveva detto di aver sentito odore di bruciato e di essere andata a controllare. Naturalmente si era sbagliata. Graciella non aveva naso. Ma lui aveva lasciato perdere. Le donne incinte sono notoriamente ipersensibili agli odori.

Poi c'era quella volta, otto giorno prima, in cui un piatto intero che aveva preparato era semplicemente scomparso. Aveva mandato in sala il primo piatto di un complicato ordine per dodici, ed era andato a prendere l'anatra parzialmente cotta e il vitello per preparare il secondo. Tornato in cucina, non aveva notato nulla di strano, inizialmente. Si era concentrato sulle carni e solo quando le aveva messe a cuocere gli era venuto in mente di controllare i due fuochi più lontani da lui, quelli riservati al pesce. Ma le due *meunières* che erano state ordinate non c'erano!

«Dove sono le mie due sogliole alla mugnaia?» aveva mugghiato.

«Quali sogliole?» Sua moglie era arrivata subito, ansiosa, come se si sentisse in colpa.

«Il pesce del due». Guardò il foglietto rosa che aveva tenuto sulla sua destra. «Era quasi pronto e... è sparito».

«Come può essere? Sei sicuro di non averlo già mandato fuori? Vado a controllare». Ed era corsa via.

Stava per ricominciare tutto da capo, quando sua moglie era rientrata, sollevata. «Le aveva Graciella, ha finito i piatti e le ha portate fuori. Devi essertene dimenticato».

Ma Marcello sapeva di non avergliele mai date.

Era successo di nuovo una settimana dopo. Questa volta erano stati i *magrets* d'anatra a sparire. E persino dopo essersi messo a sbraitare cercandoli, si erano rifiutati di tornare. Così si rassegnò a prepararli da capo. Quando la carne era quasi pronta, si chinò per mettere al caldo i *magrets* mentre finiva la salsa. E lì, appollaiati innocentemente sulla mensola, c'erano i suoi petti d'anatra.

Aveva accantonato l'episodio come una dimenticanza, anche perché nessuno di quegli incidenti si era rivelato grave o aveva avuto conseguenze visibili. Quindi, come poteva biasimarsi per non aver capito che stava succedendo qualcosa di strano sotto il suo stesso naso?

La mezzanotte era il momento della giornata preferito di Marcello. Tutte le notti, quando la spazzatura era stata portata via e tutti se ne erano andati a casa, usciva in cortile, si accomodava sulla sua sedia preferita, un vecchio sgabello da cucina, con la schiena appoggiata al bidone della spazzatura, e guardava le stelle. Le stelle gli ispiravano pensieri a cui si dedicava di rado, come brani di poesia o il significato della vita. Oppure se ne stava immobile a inalare la dolce aria notturna.

Era una notte di luna piena. Una leggera brezza, sorella di quella che l'aveva spinto a uscire il giorno prima, faceva tremare le foglie e mandava scintille argentate nel cielo della notte. Ma ormai la bellezza della scena era sprecata. Lui invece pensava alle zuppe.

Per Marcello c'era qualcosa di puro, magico, in una zuppa. Per quanto lo chef fosse abile, la zuppa rimaneva misteriosa e impenetrabile. Tra tutti i piatti, era la più difficile da preparare sempre bene. Era imprevedibile. Se ne era reso conto molto tempo fa e aveva smesso di tentare di controllare il risultato. Lasciava semplicemente che la zuppa venisse come le pareva, cercando, come un umile sacerdote, di intuirne i desideri. Tutte le sue zuppe erano canzoni d'amore dedicate a una sola donna, sua moglie. Perché lei era l'unica che lo completava e lo faceva sentire invincibile. Per fare una buona zuppa bisognava sapere cosa significava amare ed essere amati così, ed era qualcosa che non si poteva spiegare. Quindi Marcello non lasciava preparare la zuppa a nessun altro. E solo a sua moglie era permesso assaggiarla.

Ma quel mattino, quando sua moglie aveva messo in bocca la prima cucchiaiata, sul suo viso si era dipinta un'espressione sconosciuta.

«Cosa c'è?» le aveva chiesto.

«Non so. Ha un gusto diverso, oggi».

«Cosa vuoi dire? Ogni zuppa ha un gusto diverso, ogni zuppa *è* diversa. Dovresti saperlo, ormai».

Lei aveva assaggiato di nuovo, ci aveva pensato un po', poi, spingendo il cucchiaio di lato, si era stretta nelle spalle. «Hai ragione. È solo un pizzico meno stupenda del solito». Poi aveva aggiunto: «Ma non si può essere sempre perfetti. Non preoccuparti. I turisti non noteranno la differenza, e fortunatamente oggi è sabato».

Quando si era ripreso dall'affronto, le aveva chiesto cosa intendesse, e lei aveva distolto lo sguardo dal suo. «Non... non sono sicura, ma forse dovresti farla assaggiare a una delle ragazze». In quel momento l'aveva guardato, e lui aveva scorto nel suo sguardo una traccia di ansia. Era troppo. «Nessuno toccherà la mia zuppa, hai capito?» aveva ribattuto.

Quando lei si era allontanata, Marcello aveva assaggiato la zuppa, ma non gli era sembrata affatto diversa dal solito.

Ma poi erano arrivati i primi ordini e lui era andato al piano di lavoro. Doveva preparare due antipasti e un primo. Si mise subito al lavoro e ben presto fu assorbito dalla costruzione dell'insalata di spugnole, quando una voce nervosa lo interruppe. «Mi scusi».

Alzò lo sguardo. Un cameriere dai capelli rossi, fresco di diploma, era ritto davanti a lui. Marcello gli lanciò uno sguardo torvo. «Cosa vuoi?»

«N... niente signore. Stavo cercando Madame».

«È alla zuppa», rispose brusco Marcello senza alzare lo sguardo dall'insalata.

«Sì. Questo è il problema». Il giovane depose una ciotola sul bancone. «L'hanno... mandata indietro», balbettò arrossendo.

«Cosa?» Marcello si sentì raggelare, poi bollire. Fissò la ciotola come se avesse di fronte uno scorpione.

Guardò il punto dove si stavano preparando le zuppe. Le donne erano sparite. Ma la sua mentre ritornò all'immagine di sua moglie e della figlia che bisbigliavano accanto alla zuppa come streghe. Strappò la ciotola dalle mani del cameriere e la annusò. Essendosi raffreddata, l'aroma era diminuito. La gettò via e si diresse verso la zuppiera sulla stufa, poi, a metà strada, cambiò idea.

«Dai al cliente una *terrine*. E digli che la zuppa è per gli esseri umani, non per i maiali».

Il ragazzo sgranò gli occhi, a bocca aperta.

«Non startene lì come un pecorone. Muoviti», gridò Marcello.

La cucina fu pervasa dal silenzio. Non era mai successa una cosa del genere. Il cameriere fu il primo a riprendersi. «Sissignore». Fece oscillare il capo e corse via.

Marcello tornò di gran carriera ai fornelli. La figlia maggiore non c'era ancora. Cominciò a preparare l'ordine successivo, la mente in subbuglio.

Quando Graciella ritornò, Marcello stava dando gli ultimi ritocchi alla salsa all'arancia per l'anatra. Alzò lo sguardo e le chiese con fare brusco se le rape erano pronte. Lei gli fece un sorriso un po' colpevole e un po' impaurito e si mise subito al lavoro. Lo chef lasciò che incominciasse e poi le chiese, in tono disinvolto. «Cosa ci facevi vicino alla zuppa?»

Graciella trasalì, un pezzettino di burro uscì dalla padella e sfrigolò sulla fiamma. «Niente», rispose. «La stavo solo ammirando».

Marcello smise di rimestare la salsa, irritato. Gli stava mentendo. Anche se il cameriere non fosse venuto da lui e non l'avesse vista ronzare vicino alla zuppa, avrebbe saputo che stava mentendo.

«Di solito non si sta ad ammirare una zuppa nel bel mezzo di un pranzo da servire», sibilò.

Graciella arrossì. «Ma... ma...»

«Smettila di balbettare e rispondimi», le ordinò. «Cos'ha la zuppa? Come mai non la annusi ogni giorno?»

«Volevo che l'assaggiasse», disse sua moglie, spuntando all'improvviso.

Marcello si voltò. «Tu cosa ci fai qui? Non parlavo con te».

«Ma è stata una decisione mia», ribatté sua moglie. «È ora che le ragazze imparino a fare la tua zuppa. Volevo che l'assaggiassero, per capire e imparare».

A quel punto Marcello ebbe un'illuminazione. Il nemico segreto non era altro che sua moglie. *E voleva che le ragazze imparassero i suoi segreti per poter prendere il suo posto.*

«Non arrabbiarti, amore mio, lo sto solo facendo per il ristorante», disse lei con aria ansiosa.

«Non sono arrabbiato. Ci sono tre ordinazioni da preparare. Non posso permettermi di essere arrabbiato», ribatté seccato.

Sua moglie non rispose. Si voltò e si allontanò in fretta.

Marcello si agitò sul suo sedile. Ripensarci gli faceva ancora più male. Perché tutta quella segretezza? Se volevano prendere il suo posto bastava chiedere. Era stufo della routine, delle infinite esigenze della cucina. Avrebbe tanto voluto mollare tutto e viaggiare, ritornare a essere un cacciatore, persino conoscere donne nuove. Forse poteva portare sua moglie a fare il giro del mondo. Desideravano da sempre andare a Tahiti.

All'improvviso Marcello si raggelò. Gli tornarono in mente i primi tempi, quando suo suocero, lo chef, era il sovrano indiscusso del *Chauldron à Quatre Pas*, come si chiamava allora. Marcello era un umile addetto alla griglia, figlio di un bracconiere italiano. Ma l'umile aiutante aveva sposato la figlia dello chef e ogni sera, man mano che il suocero gli rivelava i suoi segreti, lui e sua moglie sognavano il giorno in cui sarebbero stati loro a mandare avanti il ristorante. Che ricette deliziose avrebbero inventato!

Una cupa melodia incominciò a riecheggiargli nel cervello, espandendosi in tutto il corpo. Non avrebbe ceduto il ristorante. La gente veniva a gustare il *suo* cibo, a imparare da *lui* a godersi benessere e un pizzico di sensualità. Non li avrebbe delusi. Si alzò. La notte era avvolta nell'immobilità più totale. Sentiva il cuore battergli velocemente, in modo irregolare. All'improvviso un gatto saltò sul bidone della spazzatura, spezzando il silenzio. Rimase immobile, una sagoma nera contro il cielo. Marcello lo osservò. Il gatto sosteneva il suo sguardo senza paura. Non lo aveva mai visto prima, era nero pece tranne per una stellina bianca sulla gola. Allungò pian piano una mano. Sarebbe tornato a fare il cacciatore, giurò a se stesso. Poi si voltò di scatto e si precipitò in casa, senza accorgersi degli occhi preoccupati che lo fissavano dalla camera da letto padronale.

Quella notte Marcello fece sogni strani che lo lasciarono turbato. Rivisse scene del passato in dettagli quasi insopportabili. Per ben due volte si svegliò sudando freddo, con l'immagine dell'espressione accusatrice di suo suocero. Poi gli ritornò tutto alla mente.

Un dettaglio continuava a tormentarlo. Non riusciva a capire con chi volessero sostituirlo. Amanita era la scelta più ovvia. Ma le aveva sentite dire che non faceva ancora parte della cospirazione. Come potevano essere sicure che sarebbe stata d'accordo? Sua moglie non avrebbe mai lasciato al caso una parte così cruciale del complotto. Doveva esserci qualcun altro. La domanda continuò a girargli per la mente, ma non riusciva a darle una risposta. Alla fine si addormentò. E ricominciò a sognare.

Il mattino dopo Marcello si svegliò stanco. Aveva sognato un finocchio, con le sue guance gemelle bianchissime come i glutei di una bella donna. Si univano in una curva sensuale fino a formare una vita snella, di un verde traslucido. Gli sembrava di toccare la soda polpa fresca e inerte dell'ortaggio che pulsava nella sua mano. A quel punto si svegliò. In silenzio si alzò e si vestì.

Qualche minuto dopo, Graciella uscì a fatica da un sogno erotico che la lasciò altrettanto turbata.

«Sveglia». Aprì gli occhi e vide suo padre che la scrollava con delicatezza.

«Cosa c'è?» disse, drizzandosi a sedere spaventata. «La mamma sta bene?»

«Sì, sì, sta bene», rispose lui impaziente. «Vestiti, svelta. Andiamo al mercato».

Nel furgone rimasero in silenzio. Graciella era ancora mezzo addormentata, e Marcello non sapeva come avviare il discorso. Il mercato fu, ancora una volta, una delusione. Nessun profumo nuovo, e persino quelli familiari sembravano deboli, smorzati. Lasciò che fosse lei a fare le compere e la vide commettere molti degli errori tipici dell'apprendista. Quando ebbero terminato, Marcello la condusse al bar all'imbocco del mercato.

«Hai mani meravigliose e occhi svegli», cominciò, per lusingarla. «Qualità fondamentali in uno chef».

Sembrò sorpresa. «Grazie papà, ma ho ancora molto da imparare. E poi non so se voglio diventare chef», disse, picchiettandosi d'istinto il pancione.

«Certo», concordò, «hai ancora tante cose da imparare, ma io posso insegnarti tutto quello che devi sapere».

Arrossì. «Grazie, ma sono soddisfatta di quello che faccio».

Ecco la sua cara, vecchia Graciella. Marcello si sentì inondato dall'amore per sua figlia. «Mi vuoi bene?» le chiese.

Lei si scostò con un cipiglio preoccupato sul viso. «Certo, papi. Perché me lo chiedi?»

Marcello fu il primo a distogliere lo sguardo, imbarazzato. «Oh, così, me lo chiedevo». A un tratto cominciò a domandarsi se non fosse stato uno stupido, se quella situazione non fosse una versione diurna del suo solito incubo notturno di una ricetta che va irreparabilmente storta.

Ma la successiva osservazione di sua figlia mise in fuga le sue speranze. «Papà, non sei più te stesso ultimamente», gli disse.

«Cosa vuoi dire?»

«Be'», disse lei leccandosi le labbra, «ci... ci sono stati degli errori».

«Errori? Di che cosa parli?»

«Nel... nel cibo».

Una piccola mano gelida gli strinse il cuore. Non poteva più aspettare. «Smettila di dire sciocchezze. Non faccio mai errori». Strinse gli occhi. «Perché la mamma ti ha chiesto di spiarmi?» Si protese verso di lei. «Dimmi cos'ha in mente».

L'effetto della domanda fu spettacolare. Graciella, che si stava innocentemente portando la tazzina di caffè alla bocca, se lo versò tutto addosso. Balzò in piedi, borbottando qualcosa di incomprensibile, e corse via.

Marcello digrignò i denti e aspettò che tornasse. Ma quando ricomparve non era sola.

«Gli ho detto che potevamo dargli un passaggio. Ha un messaggio urgente per Matthias», spiegò. Matthias era il capocameriere.

«Perché non può chiamarlo più tardi?» chiese Marcello insospettito.

«Dice che Matthias si rifiuta di parlargli al telefono».

Marcello osservò quel giovane delicato. Non sembrava il tipo d'uomo che potesse piacere al loro muscoloso cameriere.

«Sei un amico di Matthias?» chiese dubbioso.

«Certo che lo è», rispose Graciella con impazienza, passando le borse della spesa al ragazzo e spingendolo verso il furgone.

Marcello non poté fare altro che seguirli in silenzio. Un cacciatore non poteva permettersi di essere impaziente.

Amanita e sua moglie corsero in cortile per aiutarli a scaricare. Sua moglie sembrava preoccupata e anche arrabbiata. Amanita era come al solito, seria ma serena. Marcello si chiese se sua moglie le avesse parlato. Sorrise alla figlia minore. Lei sembrò sorpresa, poi rispose timidamente al sorriso. Gli si alleggerì il cuore. Non le aveva ancora parlato. Lasciò che scaricassero il furgone e andò a controllare le provviste. Ma a metà delle scale gli venne un'idea e, saliti in fretta i gradini, entrò nel piccolo studio-soggiorno. Se conosceva sua moglie, appena finito di scaricare avrebbe portato lì Graciella per fare una "chiacchierata".

Si guardò intorno in cerca di un luogo dove nascondersi. In fondo alla stanza c'era un'altra porta e, dietro, la scala che portava alle camere da letto. Si infilò nello spazio ristretto sotto la scala, lasciando la porta socchiusa. Non dovette aspettare molto. Si era appena pigiato nella nicchia che sentì la porta aprirsi pian piano.

«Cosa gli hai detto?» chiese Madame Tocinelli appena la porta fu richiusa.

«Niente», rispose sua figlia, spostandosi al centro della stanza.

«Ma sei stata con lui per almeno due ore! Di che cosa avete parlato?»

«Non abbiamo parlato un granché, dovevamo solo fare la spesa. Mi ha spiegato cosa cercare e cosa evitare al mercato».

«Bene. Farai meglio a imparare anche quel lato della gestione. Marcello dice sempre che i fornitori sono dei truffatori. Gli hai chiesto della salsa all'arancia?»

«No, perché poi mi ha chiesto se gli volevo bene e... e io mi sono versata addosso tutto il caffè».

«Cosa? È assurdo».

«È quello che ho pensato anch'io», concordò Graciella.

«Magari ha subodorato qualcosa», disse sua moglie con la voce incrinata.

«Sono sicura di no. È sempre stato molto emotivo», disse Graciella in fretta.

Perché non racconta a sua madre anche il resto? si chiese Marcello incuriosito. Si sporse in avanti per aprire la porta un filo di più, in modo da poterle guardare di sfuggita. Poi si ricordò che la porta cigolava e ritirò in fretta la mano. Ma qualcosa scricchiolò e lui rimase immobile, con il braccio ancora teso.

«Cos'è stato?» chiese sua moglie, nervosa.

«Cosa?»

«Quel rumore. Come un passo sulle scale».

«Oh, non preoccuparti, probabilmente è un topo, o Amanita di sopra».

«Amanita non è andata di sopra».

«Allora è un topo. Li vedo quando scendo di notte per girare l'impasto». All'improvviso cambiò argomento. «E Amanita? Gliel'hai detto?»

Ci fu una pausa. «Mi sono dimenticata», ammise sua moglie alla fine.

Graciella emise un sospiro esasperato. «Mio Dio, hai avuto tutto il tempo che volevi e non gliel'hai detto? Il ristorante è anche tuo. Vuoi salvarlo o no?»

«Lo so, ma non riesco a dirglielo. Il senso di colpa mi opprime terribilmente».

«Ma devi farlo, non abbiamo scelta. Devi convincerla a tenere la bocca chiusa».

Marcello si sentiva nauseato. Come aveva potuto generare una serpe del genere, una vera e propria attrice?

Sua moglie sospirò. «Hai ragione. Scusami. Glielo dirò alla prima occasione. Sei sicura che lui non sospetti nulla?»

«Sicurissima».

«Grazie a Dio. Ero così preoccupata quando mi sono svegliata e ho visto che non c'eravate».

Marcello sentì i loro passi dirigersi verso la porta principale, che cigolò quando una delle due la aprì. Aspettò che la porta si richiudesse per uscire dal suo nascondiglio. Ma il *clic* non arrivava e lui rimase ad aspettare, meditando sulla perfidia delle donne. La schiena incominciava a fargli male e si rese conto di quanto era scomodo in quella posizione. Sentì i suoni lontani che arrivavano dal corridoio. Nulla era più come sembrava. Alla fine il dolore ebbe la meglio sulla paura di essere scoperto. Scivolò nello studio vuoto e si lasciò cadere pesantemente su uno dei divani a fiori scelti da sua moglie. Una stanza completamente colonizzata, pensò disgustato. Aveva lasciato il suo marchio su tutto, tranne sulla pannellatura di legno. Le cose sembravano molto peggio di quello che si era immaginato. Chiaramente Amanita non era il fulcro del loro piano, quindi doveva essere qualcun altro. Ma chi? Il padre del figlio di Graciella era in Australia. Inoltre era un pessimo cuoco. Il crampo peggiorò invece di migliorare. Marcello fece una smorfia di dolore, chiedendosi come avrebbe potuto cucinare. Poteva farlo fare a Jean, il suo studente al terzo anno di Losanna dalle mani di pasta frolla? Oppure doveva testare il suo addetto alla griglia turco? Poi gli venne in mente Amanita e si rincuorò.

A un tratto la testa di sua moglie spuntò dalla porta.

«Cosa c'è?» ringhiò lui.

«Eccoti qui. Il macellaio ti cercava».

«Digli di andare al diavolo». Il dolore alla schiena era insopportabile.

Lei lo guardò incuriosita. «Cosa ci fai qui?»

«Mi è venuto un crampo per le scale, così sono venuto qui».

Lei si preoccupò subito. «Dov'è? Com'è successo? Devo chiamare un dottore? Stavi trasportando qualcosa di pesante? Fammi vedere».

Trasalì al suo tocco, ma lei finse di non accorgersene. Le sue abili dita trovarono subito i nervi accavallati e li massaggiarono piacevolmente. I muscoli di Marcello incominciarono a reagire, e anche qualcos'altro si svegliò, una valanga di ricordi, sensazioni sopite da tempo, e anche desiderio, pungente e speziato. Le dita di sua moglie tremarono all'improvviso, poi ripresero a muoversi come se nulla fosse cambiato. Nessuno dei due parlava. Perché non diceva qualcosa, pensò Marcello infelice. Non sapeva che avrebbe felicemente ceduto lo scettro se lei gliel'avesse chiesto?

«Ecco fatto», disse lei, smettendo di massaggiarlo.

Marcello, sbalordito, si rese conto che la schiena non gli faceva più male, così si alzò e uscì dalla stanza senza guardarsi indietro. Come osava sua moglie tentare di sedurlo mentre gli puntava il coltello alla gola?

La porta sbatté. Madame Tocinelli, quasi immobile, fissò a lungo le proprie mani, poi si alzò e uscì.

Con la mente in un turbine, Marcello andò a cercare sua figlia. Ma erano quasi le undici quando finalmente la trovò. Prima aveva dovuto offrire il caffè e uno spuntino al macellaio, mentre Matthias, il suo assistente, controllava le carni. Poi aveva fatto l'inventario di alcuni articoli, dato ordini, preparato le provviste, messo a essiccare certe carni e a marinare altre. Quando Marcello entrò in cucina era quasi ora di dare inizio allo spettacolo. Chiamò sua figlia. «Ti voglio al mio fianco, oggi. Vediamo cosa ti ha insegnato la tua scuola alberghiera snob», le disse. Amanita sembrò sorpresa, ma lo seguì senza aprir bocca.

Vedendolo entrare, Graciella si era alzata e, scorgendo sua sorella allontanarsi con il padre, aveva immaginato quello che lui aveva in mente. Si morse il labbro nervosa. Perché aveva esitato? Avrebbe dovuto parlare lei con Amanita, non affidarsi a quella sentimentalona di sua madre. Decise che avrebbe parlato a sua sorella appena ne avesse avuto la possibilità.

Ma anche se moglie e figlia giravano intorno a Marcello e Amanita come api ansiose con la regina, lo chef le ignorò. Si concentrò sulla più giovane, tenendola d'occhio mentre lavoravano in silenzio fianco a fianco. Una ventina di minuti dopo si rese conto che si stava divertendo. Avere gli occhi scuri, intelligenti di Amanita che seguivano ogni suo minimo gesto, che brillavano a ogni suo piccolo, abile taglio e rilucevano di approvazione alle sue mosse ispirate e complesse, infuse nelle sue azioni un piacere che gli mancava da tempo.

Ma verso la fine della preparazione si rese conto del perché l'aveva portata lì. Si guardò intorno. Miracolosamente, sia Graciella che la moglie non c'erano. Marcello colse al volo l'opportunità.

«Tua madre ti ha parlato?» bisbigliò alla figlia minore.

Lei alzò lo sguardo sorpresa. «Di cosa?»

«Del *piano*».

«Che piano?»

Lui sorrise, subodorando uno spiraglio. «Allora non lo sai davvero?»

Si accigliò. «Sapere cosa?»

«Cos'hanno in mente tua madre e tua sorella».

«No. Cosa vuoi dire?» Amanita si morse il labbro confusa.

Proprio in quel momento entrò sua moglie, il viso una maschera di sospetto. «Va tutto bene qui?» domandò. Poi si rivolse alla figlia. «Non è che tuo padre ha bevuto troppo, eh?» le chiese, estraendo da sotto il tavolo una bottiglia quasi vuota del loro Bordeaux migliore.

Marcello non reagì. Sta cercando di screditarmi, pensò, di farmi passare per un ubriacone. Che donna astuta!

«Stavo chiedendo a mia figlia se mi vuole davvero bene», disse a sua moglie. Poi si rivolse ad Amanita. «Mi vuoi bene?»

Amanita fissò i suoi genitori, prima l'uno poi l'altra. «Certo che sì», disse infine, «ma...» Marcello la interruppe. «E faresti qualsiasi cosa per me, qualsiasi cosa io ti chieda?»

Sembrava ancora più confusa, persino un po' impaurita. «Io... um... non so, penso di sì. Cosa succede, perché mi fai queste domande?»

A un tratto sua moglie perse la calma.

«Smettila», scattò alzando la voce. «Non coinvolgerla nei tuoi stupidi giochetti. Non so cosa pensi di fare, ma devi smetterla. Manderai in rovina il ristorante».

«Pensavo volessi farlo tu», ribatté lui con calma apparente, ribollendo di rabbia.

Amanita li fissò. Non li aveva mai visti litigare in cucina.

Madame Tocinelli arrossì. «Sei impossibile», borbottò, cedendo all'improvviso.

Prima che Marcello potesse assaporare la sua vittoria un'ondata di nuove ordinazioni li travolse.

Le ordinazioni arrivarono in un flusso incessante e lavorarono tutti senza posa fino al termine del pasto. Poi Graciella si allontanò per badare ai dessert. Marcello si asciugò il sudore dagli occhi e andò a prendere una birra. L'estate era un incubo per i cuochi, la calura esterna peggiorava la tortura delle cucine. All'improvviso si sentì pronto per cedere lo scettro.

Quando tornò con la sua birra era giunto a una decisione. «Esco», disse bruscamente a sua figlia.

Ma lei lo fermò. «Papà, cosa succede? Perché tu e la mamma litigate? È una cosa grave?» All'ultima domanda le tremò la voce.

Marcello, che si stava togliendo il grembiule, si fermò. Vedendo la preoccupazione negli occhi della figlia, si sentì invadere dalla tristezza. Ma anche dal sollievo. A bassa voce, le disse quello che sapeva, e di come aveva sentito sua moglie e Graciella complottare, e dell'incidente della zuppa.

Amanita era sconvolta. «Ma perché? E chi metterebbero al tuo posto? Nessuno è alla tua altezza in cucina», gridò.

«Tu», fece lui.

«Io? Ma sono solo...»

«No», la interruppe Marcello, «tu hai naso e con il tempo diventerai brava quanto me».

«Ma io sono felice dove sono», disse testarda. «Non voglio tornare. E poi non potrei mai prendere il tuo posto».

Marcello sentì un'ondata di sollievo. All'improvviso sua moglie ricomparve.

«Abbiamo quasi finito», disse, nonostante il commento fosse inutile. «Bene. Allora vado a fumare», fece lui, cercando di sembrare disinvolto. Così si allontanò, lasciando che sua moglie si conficcasse gli ultimi chiodi nella bara.

«Bene», fece lei distrattamente, concentrandosi sulla figlia minore.

Marcello sorrise tra sé e se ne andò.

Quando vide che si era allontanato, Madame Tocinelli affrontò sua figlia. «Ormai devi aver notato come si comporta stranamente tuo padre», attaccò. Poi notò la birra e aggiunse: «Sta bevendo troppo? È quello il problema?»

Amanità fissò il fondo di cottura di vitello che stava preparando e non rispose. Sentiva il gelo nel cuore.

«Non te l'ho detto prima perché non volevo che ti preoccupassi», proseguì Madame Tocinelli, «ma ha fatto delle strane cose... degli errori».

«So cos'hai in mente», la interruppe brusca Amanita.

«Graciella ti ha parlato?» chiese sollevata. «Grazie a Dio!»

Poi, vedendo l'espressione turbata della figlia, si spiegò: «So che non approvi, ma non abbiamo scelta. Almeno finché non sappiamo cos'ha che non va».

«Mamma, lo so», tagliò corto Amanita. «So tutto del piano», disse tristemente.

«Allora Graciella ti ha parlato. Sono così felice. Abbiamo bisogno di te, mia cara. Sono felice che tu sia tornata».

Amanita non reggeva più. «Non ci sto!» gridò correndo via.

Fuori, al sole, Marcello canticchiava preparandosi il sigaro. Gli sembrava che le cose andassero meglio. Tra i ranghi degli avversari si creavano le prime crepe. All'improvviso si sentì di nuovo giovane. Era di nuovo un cacciatore, colui che sapeva rimanere immobile come una pietra in attesa della preda. Era la cosa più strana della caccia, pensò, la preda finiva sempre per andare dal cacciatore. Non aveva mai capito perché gli altri non lo avessero notato. Forse perché il fascino dei vivi per la morte era così inspiegabile, così bizzarro. Non aveva mai dovuto inseguire la sua preda, mai.

All'improvviso Amanita arrivò di corsa in terrazza, il viso rosso di lacrime trattenute. Si sedette sulla panca accanto a lui. Dopo un minuto si calmò abbastanza da poter parlare. «Avevi ragione, papi», disse. «Scusa se non ti ho creduto subito».

Marcello continuò a fumare e aspettò che la figlia proseguisse. Dopo una breve pausa, gli raccontò, non senza esitazione, della conversazione con la madre.

«Ma perché? Perché ti ha detto quelle cose?» chiese Marcello quando lei ebbe terminato.

La figlia scosse il capo.

«Gliel'hai chiesto?»

Amanita si guardò le mani.

Marcello avrebbe voluto scrollarla, ma si trattenne. «Hai scoperto qualcosa in più del loro piano?»

Sembrava confusa. «Pensavo che sapessi già tutto».

«Sì, quasi tutto», disse in tono burbero. «Ma volevo essere sicuro. Volevo sentirlo da lei».

«Chiediglielo, allora», fece lei con voce implorante.

Marcello distolse lo sguardo. Non voleva che il gioco terminasse proprio ora che iniziava a piacergli.

Amanita si morse il labbro e guardò cupamente il lago.

«Ma tu sei nel giusto. Sono loro che sbagliano». Si rivolse verso di lui, con un'espressione desolata. «Ti aiuterò, papà. Dimmi cosa devo fare».

All'improvviso non sembrava più una bambina e Marcello si sentì trafiggere dal rimorso. Ma non era colpa sua. *Lei* aveva iniziato tutto. Marcello tirò Amanita verso di sé e la abbracciò con forza. «Non preoccuparti. Sarà semplice. Insieme vinceremo. Basta che tu mi stia vicino e quando cucino mi copra le spalle e le tenga d'occhio senza farti notare. Nient'altro», disse, sperando che il suo tono sembrasse disinvolto.

Lei fu percorsa da un lungo tremito e Marcello sentì i brividi entrargli nel corpo e la rabbia montare. Come poteva sua moglie fare questo a lui e a sua figlia? Si era invaghita di qualcun altro? Per questo aveva perso completamente la testa?

«Se ti parlano di nuovo, fingi di esserti lasciata convincere. Lascia che pensino che stai dalla loro parte».

Amanita si rannicchiò ancora di più contro di lui, cercando di placare i brividi che la percorrevano.

«Bene», le disse in tono frizzante. «Adesso vai dentro e comincia. Conto su di te».

Finì il suo sigaro.

Faceva caldo, e tutte le portefinestre della sala da pranzo erano aperte. Amanita entrò controvoglia. Fu immediatamente afferrata e trascinata nel piccolo atrio. Graciella le mise una mano sulla bocca per farla tacere. «Aspetta. Devo parlarti in privato», sussurrò. Poi, quando capì che Amanita non sarebbe scappata, andò a chiudere le portefinestre e tirò le tende.

Marcello guardò le tende chiudersi. Rimase immobile. Era ora. Guardò al di là della terrazza le finestre dall'altra parte della stanza. Le tende erano già tirate da quel lato, ma qualcuno si era dimenticato di chiudere una delle finestre. Si alzò, si appiattì contro il muro di mattoni, poi strisciò lungo la parete fino alle portefinestre della sala da pranzo. Quindi, alzandosi in punta di piedi, corse fino all'altro muro, dove era più al sicuro. Avvicinandosi, sentì il mormorio delle voci e si accostò di più alle tende. Ma non riusciva a capire cosa stessero dicendo. Toccò la giuntura tra le tende chiedendosi se fosse il caso di scostarla. Troppo rischioso, decise, un fascio di luce in una stanza buia avrebbe immediatamente attirato l'attenzione. Si limitò a premere l'orecchio contro il tessuto pesante.

Nella stanza, Graciella affrontò sua sorella.

«Ormai avrai un'idea di come stanno le cose», incominciò, «ma dubito che tu sappia davvero cosa sta succedendo».

Amanita scosse il capo obbediente. Capiva che non le si chiedeva di rispondere: era una perfetta Nessuno, una che aveva fatto la gavetta ed era stata via sei anni.

«Bene». Graciella le lanciò il suo tipico sguardo di superiorità da lascia-fare-a-me-e-andrà-tutto-bene.

«Il ristorante è in grave pericolo. E il pericolo è nostro padre. Fortunatamente sono riuscita a tenere sotto controllo la situazione, per ora, quindi non lo sa nessuno».

Cominciò a camminare su e giù mentre le raccontava la storia. «È partito tutto dai clienti. Abbiamo incominciato a notare strane espressioni sui visi degli habitué quando venivano serviti. Dopo i primi bocconi sembravano confusi, e molti non finivano quello che avevano nel piatto. Poi ci furono quegli strani silenzi, quando mamma chiedeva se andava tutto bene. Alla fine alcuni dei clienti regolari smisero di venire del tutto. L'altro giorno Monsieur Fabius ha riferito alla mamma di strane voci che giravano sulla qualità del cibo, che non era più come quello di una volta. Quando la mamma me l'ha detto io non le ho creduto. Pensavo che ci fosse lo zampino di qualcuno. Forse il vice cuoco stava cercando di dare una cattiva reputazione al ristorante. Poi un giorno ho assaggiato un piatto di papà. Sai, un dito veloce nella pentola mentre era di spalle, come facevamo da piccole». Fece una risata amara. «Era semplicemente sbagliato. Mancava qualcosa. All'inizio non capivo cosa, non ho il tuo olfatto. Me ne resi conto mentre cuocevo delle cose in forno, quella sera. Si era dimenticato di mettere il sedano nella base per la *béchamel*. Te lo immagini?»

Raccontava bene la storia, pensò Amanita amareggiata. «Terribile», concordò docilmente. «Cosa posso fare?»

«Puoi aiutarci standogli vicino e assicurandoti che non faccia più errori. Devi riferirci cosa pensa. Scopri perché lo fa. Penso che sospetti di me e della mamma. Ma tu, tu sei ancora la sua cocca».

Volete tenermi occupata a spiare mio padre mentre portate a termine i vostri sporchi piani, pensò Amanita.

Una raffica di vento proveniente dal lago aprì le tende. Marcello si premette subito contro il muro di pietra. Ma aveva sentito le ultime parole di Graciella ed era triste e arrabbiato. Mentiva in modo così convincente... Spostò un filo di tenda in modo da sentire meglio, rammaricato per non essere riuscito ad afferrare quello che era stato detto prima. Ma il tessuto risucchiò metà delle sillabe, trasformando le parole in un borbottio.

All'improvviso una mano gli si posò sulla spalla, e Marcello fece un balzo all'indietro.

«Cosa ci fai qui?» chiese sua moglie.

«Cosa ci fai *tu* qui?» ripeté lui. «Per poco non mi hai fatto venire un infarto: pensavo che fossi dentro anche tu».

Sembrava perplessa. «Ero nel corridoio quando ti ho visto attraversare la terrazza in punta di piedi. Stavo per chiamarti, ma sei scomparso. Pensavo ti fosse successo qualcosa, per questo sono uscita», spiegò.

«Ti stavo cercando, tutto qui», borbottò Marcello, «e facevo un po' di ginnastica».

«Allora perché stavi fuori, se pensavi che fossi dentro?»

«Io...» Marcello si interruppe. «Pensavo di venire dentro». Sentiva le orecchie in fiamme, ma sua moglie non sembrò accorgersene. Scostò le tende ed entrò.

«L'ho trovato, era qui fuori».

Le tre donne lo fissarono. Sta cercando di farmi fare la figura dello stupido, pensò Marcello furioso. Si sedette con tutta la disinvoltura che poteva sulla sua poltrona preferita. Sembrava dura, sconosciuta. Nessuno parlò, né si mosse. Lui si agitò a disagio e cercò di trovare un punto neutrale della parete da guardare.

«Cosa succede?» grugnì alla fine, fissandole imbronciato. «Cos'avete da guardare?»

Tutte e tre distolsero in fretta lo sguardo.

«Vuoi pranzare?» gli chiese sua moglie dopo qualche minuto.

«Non ho fame».

«Ti senti male? Non è che ti stai prendendo un raffreddore? Vuoi andare a fare un riposino?» gli propose.

«Sto bene. Sono andato a fare una passeggiata, mi sento meglio che mai, pieno di energia e di buon umore», rispose impaziente. Almeno l'ultima parte era vera, si disse fiero. Ci stava prendendo gusto.

«Ma non vai mai a fare una passeggiata all'ora di pranzo», sottolineò sua moglie.

«E allora? Non sono mica un contadino, non ho abitudini. Le abitudini ti possono uccidere. Andrò a fare una passeggiata tutte le volte che ne ho voglia, il ristorante può sopravvivere senza di me».

Rise in un modo che sperava suonasse autoritario. «Vi piacerebbe, eh? Farcela senza di me?» Il silenzio discese sulla stanza. Amanita incominciò a torcersi le mani nervosamente.

«Guardiamo un po' di tele?» chiese Marcello con fare innocente.

Lo fissarono incredule. «Ma tu... tu non guardi mai la televisione!» esclamò sua moglie.

«Ma la mia famiglia sì. E adesso lo farò anch'io. Ho deciso di unirmi a voi, anche se in ritardo».

Amanita, apparentemente sconvolta, aprì la bocca per dire qualcosa, ma sua sorella le diede una gomitata nelle costole. Madame Tocinelli accese il televisore. Sullo schermo qualcuno sbatteva dei tuorli in una grande ciotola d'acciaio.

«Non dovete dimenticarvi di separare i bianchi dai tuorli», disse una voce vellutata.

Marcello fissava affascinato lo schermo. Il liquido sembrava incredibilmente giallo e ogni bollicina in superficie brillava in una decina di arcobaleni. Sembrava un enorme lago di tuorli in un paesaggio dominato da una curva di luna argentea.

«Fantastico, una lezione di cucina. Si può imparare di tutto dalla TV, di questi tempi», commentò. Nessun membro della famiglia replicò. Marcello continuò a fissare lo schermo. Gli albumi sbattuti, che formavano dei picchi bianchi e rigidi, furono aggiunti alla ciotola dei tuorli, dove galleggiarono sul lago giallo come iceberg virginei.

«Le omelette mi piacciono sempre molto spumose», disse la voce morbida.

Omelette? Marcello si drizzò a sedere. Quell'uomo faceva le omelette così? Le omelette non si sbattevano, bastava dare qualche colpetto pigro con una forchetta. Marcello fissava lo schermo incredulo. La ciotola con le uova fu bruscamente sostituita da una padella contenente un trito di qualcosa che era stato rosolato a morte e galleggiava in un liquido arancione.

«Ora cominciamo la fase due», disse la voce in tono autoritario. Marcello fissava attentamente lo schermo. Non si affogano gli ingredienti di un'omelette in una salsa. Cosa stava facendo quell'uomo? La sua irritazione aumentò quando vide che venivano aggiunti funghi, gamberetti, basilico, coriandolo e menta. All'improvviso capì perché il liquido era arancione: paprica. Quell'uomo metteva spezie straniere in un'omelette francese!

«Cosa fa quel tizio?» esplose, incapace di trattenersi.

«Omelette Indocina», rispose Graciella.

Marcello si voltò verso di lei e la fulminò con lo sguardo. «Omelette *cosa*?»

«Indocina. È molto di moda a Sidney, a quanto pare. Le fanno persino a Parigi, adesso», disse Graciella, gli occhi fissi sullo schermo.

«È un abominio», disse Marcello, fissando con orrore le cozze che venivano aggiunte al miscuglio in padella. Cercò di chiudere gli occhi, ma una forza terribile glieli teneva sgranati e fissi sullo schermo.

«Continuate a mescolare, in modo da amalgamare bene i fluidi», continuò la voce vellutata. «Ecco. Ora gli ingredienti sono ben saziati, ooh, volevo dire, saturati», rise, imitato da un invisibile pubblico, «e ora possiamo metterli da parte e proseguire con la preparazione dell'omelette. È quasi pronta, ma prima una piccola pausa pubblicitaria».

Marcello cominciava a sentirsi nauseato e stava per spegnere, quando all'improvviso l'inquadratura si allargò e lo chef fu bene in vista. Marcello rimase a bocca aperta. Il proprietario della voce vellutata non era altri che Hubert, il fidanzato di Graciella.

«Oh, mio Dio. No», gemette, riuscendo finalmente a chiudere gli occhi. La musica rilassante di una pubblicità gli sembrò calce sul cuore già lacerato.

Marcello non poteva sopportare oltre. Spense il televisore. Le tre donne lo fissarono rabbiose.

«Perché mi guardate in quel modo?» chiese.

«Perché fai così?» chiese Graciella. «Solo perché sei di cattivo umore non devi prendertela con noi!»

«È un impostore! Non si può fare un'omelette così. Perfino tu dovresti saperlo».

«E allora? È il nuovo programma di Hubert. È bellissimo in televisione», ribatté Graciella.

«Ma non sa cucinare», disse suo padre, «per questo se n'è andato».

«Certo che sa cucinare, quello è solo per la TV. Deve puntare sull'aspetto del cibo. E guarda come gli riesce bene», lo difese Graciella.

«Mente sul cibo. E non è un cuoco se riesce a mentire sul cibo».

«E allora? È televisione. Tutti sanno che non è la realtà», ribatté seccamente Graciella.

«Motivo in più per non mentire. Milioni di persone, inclusi bambini e giovani donne, cercheranno di fare un'omelette così e ci rimarranno male se non funziona».

«Nessuno ci rimarrà male. Non essere così drammatico. E poi nessuno prova queste ricette a casa. Sono troppo complicate e costose».

«Non sono complicate. Semplicemente non funzionano».

«E come fai a saperlo? Non hai fatto altro che noiose ricette francesi per tutta la vita. Non sai nemmeno che c'è un mondo al di fuori di Francia e Svizzera, e forse dell'Italia».

«Solo perché ha rubato un po' di spezie dalla gente con gli occhi a mandorla pensa di essere un genio. Non è così che si crea un piatto. È tutta una farsa. *Menteur*. Pretende di essere originale, diverso», disse, sottolineando i due aggettivi con disgusto. «Sta deliberatamente distruggendo la nostra cucina con questa idea di aggiungere spezie orientali in una comune omelette ai frutti di mare e di darle un nome esotico. E tu pensi che sia giusto? Prima di tutto è un furto, in secondo luogo mente, terzo è vandalismo. Distrugge la storia. Ora milioni di persone penseranno che l'Oriente abbia conquistato la Francia qualche secolo fa e che il nostro cibo derivi da lì», ribatté Marcello.

«Stai esagerando, Marcello. Hubert è un brav'uomo», lo difese Madame Tocinelli. «Ed è il compagno di tua figlia, ricordi?»

Marcello non poteva credere alle proprie orecchie, sua moglie difendeva un impostore, preferiva un distruttore della civiltà a lui. Si voltò verso di lei, pronto a tirarle un ceffone tale da scaraventarla in Cina. Poi la verità lo colpì come un sasso. Sua moglie si era appena tradita. Il complotto si dispiegava davanti a lui in tutta la sua diabolica semplicità. Hubert, il mollaccione dalla faccia da bambino e dalla voce di velluto lo avrebbe sostituito al *Chauldron d'Or*.

«Allora si tratta di soldi», disse amaramente.

«Quali soldi?» chiese sua moglie sbigottita.

«Non sono capace di attirare clienti come una volta, quindi volete sostituirmi con un cuoco televisivo che porterà pecore e mucche a brucare cibo televisivo».

«Non volevo dirtelo, ma non mi lasci scelta», disse sua moglie con un'espressione sofferta. «Ci sono state delle lamentele, e alcuni clienti hanno smesso di venire regolarmente».

Marcello si voltò. Si sentiva nauseato. «Allora volete che me ne vada?» chiese.

«Andartene? Di che cosa parli? Marcello, non stai bene?»

«Sto benissimo», sibilò. «Non trasformare i tuoi sensi di colpa in una malattia che vuoi infliggermi».

«Ti sei comportato in modo strano per tutta la settimana. Forse dovresti riposare».

«Così tu puoi cucinare», ribatté lui con un ghigno. «Pensi davvero di riuscirci?»

Lei lo guardò perplessa. Poi si rivolse alle figlie. «Uscite un attimo solo, ragazze», ordinò. Le due giovani si alzarono e uscirono dalle portefinestre. La donna si rivolse di nuovo al marito.

«Marcello, di cosa stai parlando? Non ti seguo più». Poi abbassò la voce. «Dimmi cosa c'è che non va. Chiamerò un medico. Hai turbato le ragazze abbastanza per oggi. Graciella dice che non riesce a concentrarsi sul lavoro perché ti comporti in modo strano».

Ah, ecco il suo asso nella manica. Le figlie! Pensa che mi scioglierò, comincerò ad avere dubbi e a preoccuparmi. Così sarò nelle loro mani. All'improvviso fu pervaso dalla tristezza per il modo in cui sua moglie lo manipolava spudoratamente, colpendolo nei punti deboli che aveva imparato a conoscere in anni di convivenza, per minare le sue sicurezze.

«Perché coinvolgi le ragazze?» le chiese. «Se vuoi che me ne vada per lasciare il posto a te, basta che tu lo dica. Non m'importa. Sei mia moglie».

«Di che cosa parli? Sei impazzito?» Adesso era furiosa. «Perché dovrei volere che te ne vada?»

Perché negava? Marcello strinse gli occhi. Il gioco era più complicato di quel che sembrava. Aveva bisogno di pensare. «Magari ho solo bisogno di mangiare qualcosa», borbottò, dirigendosi verso la cucina.

In cucina si voltò, quasi aspettandosi che lei lo seguisse. Ma non era così. Abbassò le spalle, sollevato e deluso al tempo stesso. Vagò senza scopo per la cucina. Toccava i banconi freddi con una nuova consapevolezza. I suoi occhi si soffermavano sulle curve luccicanti delle pentole dal fondo di rame, delle casseruole, delle padelle, e si fissarono sulla vecchia padella di ghisa annerita, quella per friggere che non lavava mai, ma asciugava solo, e che spiccava orgogliosa sui fornelli. Il suo regno. Sarebbe mai riuscito a dimenticarlo, una volta che non fosse più stato suo?

Decise di prepararsi un'omelette, in modo da poter cancellare l'immagine dell'"altra". Ruppe tre uova in una ciotola, le batté leggermente con due forchette, aggiunse il condimento e mescolò ancora un poco. Poi prese del formaggio di capra fresco, un po' di cipollotti a rondelle, prezzemolo, qualche ciuffo di crescione avanzato, del prosciutto e li mise da parte. Scaldò il burro e fece scivolare dolcemente le uova nella padella, inclinandola per permettere che il liquido ne rivestisse la superficie. Poi lasciò che la fiamma facesse il suo lavoro. Quando le uova cominciarono a rapprendersi, versò una cucchiaiata di panna, aspettò che si mescolasse con il liquido al centro e poi aggiunse il resto degli ingredienti. Osservò l'omelette ispessirsi e gonfiarsi. Aaah... perfetta! Alzò lo sguardo, sperando che ci fosse qualcuno a osservarlo. Ma incontrò solo silenzio. La fece scivolare su un piatto e uscì. Ma il patio gli sembrava troppo esposto, troppo visibile, quindi scese in giardino attraverso il vigneto dei vicini, fino al lago. Si sedette sul piccolo molo di legno e si accinse a mangiare la sua omelette. Ma era così turbato che non riuscì a gustarsela. Alla fine lasciò perdere e gettò quello che rimaneva a un corvo appollaiato su un ormeggio alla fine del molo.

L'omelette volò oltre l'uccello e finì in acqua con un lieve plop. Il corvo non si mosse. Si limitò a fissare Marcello con i suoi occhi neri. Marcello rabbrividì. I corvi non gli piacevano. L'unico cacciatore che il corvo conosceva era la morte. E di quel cacciatore Marcello aveva paura. Lanciò all'animale uno sguardo truce. In un certo senso, il modo in cui lo fissava, così calmo e fiducioso, gli ricordava sua moglie. Marcello fremette. «Papà».

Trasalì. Amanita comparve in cima al vigneto. Lo stava

cercando. Per un attimo contemplò l'idea di rimanere dov'era. «Sono qui!» rispose alzandosi.

Il viso di Amanita si illuminò. Gli corse incontro e lo abbracciò.

Marcello le mise un braccio intorno alle spalle e si avviarono insieme verso casa.

«Allora è Hubert, giusto?» le chiese, quando arrivarono in cima al vigneto.

«Di cosa stai parlando?»

«È lui che mi sostituirà, vero?»

«Non... non so. Non l'hanno detto».

Marcello affondò le dita nella spalla della figlia. «Bugiarda. *Devono* avertelo detto».

Lanciando un urletto soffocato, Amanita si strappò dalla presa del padre e scomparve.

«Cosa le stavi facendo?» chiese sua moglie, comparendo all'improvviso sulla terrazza.

Si fissarono in silenzio.

«Non provarti a fare del male alle ragazze, altrimenti ti faccio rinchiudere in manicomio».

All'improvviso Marcello sorrise. «Cambierò il menu per la festa di nozze di stasera», le disse.

Lei rimase impietrita. «Cosa vuoi dire? Non puoi farlo. Ho già discusso il menu con Madame Martin ieri sera».

«Non capisco perché ti lascio decidere il menu, visto che non sai cucinare affatto».

«Mi hai chiesto tu di preparare il menu», ribatté lei freddamente.

Marcello non si fece distrarre. «Be', ho cambiato idea. I menu sono troppo importanti al giorno d'oggi per essere affidati a una dilettante. Proporrò ai Martin un menu che non dimenticheranno».

Il viso di lei si irrigidì, ma furbamente cambiò tattica. «E gli ingredienti?»

«Lascia fare a me», disse lui, sventolando la mano con fare teatrale. «Me la caverò».

Fece per rientrare. Ma lei gli afferrò il braccio con un'espressione implorante. «Cosa intendi fare?» chiese.

Marcello si sentì pervadere da una terribile tristezza. Quando era morto il loro amore? Perché non se n'era accorto?

«Maria...»

«Sì?» disse lei con dolcezza. Ma il suo viso era cambiato, sembrava macchinasse qualcosa.

Marcello fece marcia indietro. «Non preoccuparti», le disse bruscamente. «Vedrai, non sono superfluo come pensi».

«Cosa vuoi dire?» disse lei indietreggiando. «Non ho mai pensato che fossi superfluo. Ho sempre...» Le sue guance si riempirono di chiazze.

Lui la interruppe impaziente. «Preparerò una cena indimenticabile».

«Ma perché? Perché ora? Fallo... fallo qualche altra volta, quando possiamo pianificare le cose».

«Pianificare», disse disgustato. «I contadini pianificano, per le mucche, le pecore, le verdure, il grano. Se potessero, pianificherebbero persino il clima. Ma un essere umano è diverso. È come il vento, il fuoco, l'acqua. Un essere umano non pianifica le cose, le cambia».

Sua moglie si allontanò di qualche passo, confusa. Marcello si sentì pervadere da una sensazione di trionfo. «Ora lasciami solo. Devo concentrarmi», ordinò.

Nel silenzio del suo studio, Marcello fissò un foglio di carta bianca, con la penna in mano. I menu erano come i vestiti, pensò con disprezzo. Potevano nascondere quello che avrebbero dovuto mostrare, o mostrare quello che dovevano nascondere. Un'Omelette Indocina, per esempio, aveva un nome così ricco e seducente che di per sé bastava a stuzzicare un appetito gigantesco anche negli stomaci più delicati. Mangiavi un continente intero, cannibalizzavi un popolo, una razza, un'intera cultura. Ma veniva semplificata e resa digeribile dall'umile uovo, prodotto da cortile e fantaccino, irrobustito da numerose avventure culinarie. La coraggiosa omelette aveva civilizzato l'Oriente, purificandolo e rendendolo digeribile. Questo era il segreto dell'Omelette Indocina. Borbottò disgustato. Ma qualcuno si era mai fermato a pensare a cosa era successo alla coraggiosa moglie del contadino normanno?

Era successo che il suo contributo alla storia era caduto nell'oblio, pensò cupamente. Quindi un'omelette non evocava più Le Mont-Saint-Michel o enormi ciotole di sidro di mele e panna. La cucina francese non parlava più delle tradizioni del suo popolo, ma della conquista e dell'annessione di altri, come i popoli dagli occhi a mandorla, gli arabi, gli africani. Hubert! Che disgrazia rappresentava quell'uomo per il suo paese. Sputò disgustato.

Guardò il menu di sua moglie e si drizzò a sedere infuriato. Era noioso. Faceva apparire noioso il ristorante. Era un invito per quei porci dei turisti! Un palato raffinato, fantasioso, avrebbe perso appetito per pura noia. Smise di leggere. Si era fidato di lei, e la sua fiducia lo aveva accecato. Mai più, giurò a se stesso, mai più si sarebbe fidato di qualcuno. La fiducia era una trappola. Per questo suo padre aveva vissuto, ed era morto, sul limitare della foresta, senza mai andare al villaggio, senza mai legarsi alle persone. Guardò il menu storcendo la bocca. Lo volevano sostituire con quello stupido bamboccio che non sapeva cucinare ma era tanto telegenico! Però, probabilmente, sapeva scrivere un menu eccellente, visto che era andato all'università. Omelette Indocina! Probabilmente aveva studiato letteratura per essere in grado di inventare un nome del genere. Tutto cominciava ad avere senso.

Dopo qualche istante di intensa concentrazione, scrisse pian piano, nella sua calligrafia un po' infantile, *Soupe a l'odeur sacrée*.

Poi rifletté per qualche altro minuto.

Salade de chevre au soupirs innocents (per vegetariani).

Si fermò. La gente vorrà comunque sapere cosa mangia, dietro quei nomi fantasiosi. Formaggio di capra tiepido con pinoli su crosta di erbe, scrisse. Detestava doversi spiegare, ma se la fantasia doveva prendere il posto della storia, allora erano necessarie spiegazioni, persino bugie.

Salade sphinx.

Insalata di manzo freddo e carciofi con salsa di sesamo e limone.

Bateau farci à l'oriental.

Crêpe ripiene di arrosto d'anatra, servite con una salsa di zenzero e arance. Gliel'avrebbe fatta vedere. Hubert non era l'unico esperto di cucina orientale.

Mousse de canard "mort subite".

Paté d'anatra in crosta con *coulis* di lamponi e nocciole, servito su un letto di fiammiferi di patate fritti.

Tirò una riga e passò alle portate principali.

Medaillons de veau au jus des soldats morts.

Medaglioni di vitello guarniti con salsa bicolore, accompagnati da piselli freschi cotti in panna e mele Maria. Ecco, avrebbe dato alle mele il nome di sua moglie, decise. Avrebbe capito che intendeva offenderla, lasciando che uomini sconosciuti la consumassero non come piatto principale ma come semplice contorno, un'aggiunta non a uno solo ma a diversi piatti.

Feuilles d'automne sur tombeau printanier.

Fricassea di gamberi su un letto di risotto ai funghi, accompagnata da punte delicate di asparagi freschi.

Cotelets de porc coeurs brisés.

Cotolette di maiale dorate in padella con una crosta di erbe e senape e salsa cremosa di calvados alle ciliegie, servite su un letto di carote e rape stufate e accompagnate da verdure primaverili e mele Maria.

Poulet à la seductrice.

Petto di pollo ripieno di trito di noci, mele e maiale, servito su un letto di spinaci con salsa cremosa al finocchio.

Non toccò i dessert. Potevano occuparsene Graciella e sua moglie.

Si appoggiò allo schienale e si stiracchiò a lungo, soddisfatto dei propri sforzi. Diede una scorsa al suo nuovo menu e sorrise. Forse avrebbe dovuto andare all'università e studiare per diventare poeta. Si alzò, prese il foglio e uscì in fretta dallo studio per andare a cercare sua moglie.

La trovò intenta a preparare una *salade verte*. C'erano anche le ragazze, che stavano mangiando degli avanzi. Quando entrò ci fu un improvviso silenzio. Lo fissarono. Marcello notò le loro espressioni leggermente colpevoli e capì che avevano parlato di lui. Parte della sua euforia scomparve.

«Ecco», disse, porgendo il menu a sua moglie, «stampalo al computer».

Lei depose il coltello con assoluta calma, prese il menu e incominciò a leggerlo. Lui aspettò, non riusciva a vedere chiaramente il suo viso. Alla fine sua moglie alzò lo sguardo. Contrasse la bocca, ma non disse nulla.

«Allora, cosa ne pensi?» le chiese. «Volevi qualcosa di nuovo, qualcosa di esotico per attirare i clienti, no? Questo è più originale della tua Omelette Indocina, anche se l'ha ideato un vecchio».

«Ma è lungo il doppio di quello che avevamo deciso!»

«Non devono mangiare tutto, possono scegliere».

«Ma tu non credi nella possibilità di scelta».

«Adesso sì. E guardo anche la tele».

«Diventerai pazzo a fare tutta quella roba, nessuno ti potrà aiutare».

Per un istante Marcello sembrò confuso. Poi disse: «Mi aiuterà Amanita. Ti ricordi di nostra figlia, no? Gli altri possono occuparsi del ristorante».

«E cosa mi dici degli ingredienti?» fece lei infuriata. «Dove pensi di trovarli?»

«Sempre così cauta... È questo quello che ti preoccupa, no? La quantità. Certo, ho pensato a tutto».

«Be', lo spero per te, perché non ci sarà nessuno da mandare a far la spesa di sera, Sua Altezza».

La fissò con disprezzo. Sempre così pratica!

«Pianificare, pianificare», la prese in giro. «È per colpa di gente come te che i negozi chiudono così presto. Anzi, a pensarci bene, chiuderò il resto del ristorante. Così non rimarremo senza ingredienti. E potrete controllarmi, così non farò errori». Si voltò e si diresse verso la dispensa.

«Un'ultima cosa», disse sua moglie alzando la voce, «cos'è una *salade sphynx*?»

«Non posso dirtelo. È un segreto dello chef», rispose, sperando di sembrare spensierato.

«Dirai così anche a Madame Martin? E cosa mi dici di *feuilles d'automne sur tombeau printanier*? Nessuno vorrà mangiare un piatto con un nome così assurdo. E per quanto riguarda i *medaillons de veau au jus des soldats morts*, i nostri ospiti non sono cannibali».

Si voltò lentamente e drizzò le spalle per torreggiare su di lei con tutta la sua stazza.

«Sono ancora lo chef qui, e ti ho chiesto di stampare quel menu», ordinò. «E a proposito di nomi assurdi, pensi che siano peggiori dell'Omelette Indocina? Eppure ve ne state come mucche davanti alla televisione a ingollare quella roba».

Le labbra di lei si assottigliarono e il suo viso diventò una maschera di rifiuto. Marcello la guardò ansioso: conosceva bene quell'espressione.

All'improvviso arrivò Graciella e le prese di mano il foglio. «Vediamo, mamma». Lesse il menu e poi alzò lo sguardo, gli occhi ridenti. «Ottimo, papà. Non sapevo avessi tanta fantasia. Questi menu sono di gran moda a Sidney e a New York».

«New York? Ma qui non siamo a New York!» Madame Tocinelli alzò le braccia disperata. Marcello la guardò a lungo. È quello che volevi, diceva il suo sguardo. «Un menu assolutamente originale delizierà i nostri clienti. Voglio trasformare quei pecoroni in esseri umani. È ora di rivoluzionare le cose, altrimenti la nostra società andrà in rovina. E comunque sono ancora lo chef, qui». Ci fu un silenzio sgomento, ma nessuno lo sfidò. Marcello sorrise trionfante. «Ora ascoltatemi, ecco quello che dovete fare».

Si misero al lavoro come cani da pastore ben addestrati. Marcello si assicurò che fossero occupate in varie parti della cucina, e che i loro compiti fossero così impegnativi che non avrebbero avuto un minuto libero per pensare. Il ristorante era una macchina ben oliata, e quel fatto poneva loro parecchi limiti. In fin dei conti, solo un uomo era abbastanza forte da spezzare le pastoie dell'abitudine. Solo un uomo poteva essere un cacciatore. E solo un cacciatore poteva essere un creatore.

La cucina era l'immagine speculare della caccia, comprese all'improvviso, tranne per il fatto che mentre il cacciatore cercava di far uscire l'ultimo alito di vita dal corpo della vittima, lo chef cacciava l'anima dell'animale, cercando di afferrarla e inchiodarla su un letto di sapori complementari di uguale forza e potere per tenerla bloccata lì. Sia il cacciatore che lo chef si affidavano al senso dell'olfatto. L'odore era la dichiarazione silenziosa dell'anima di una creatura, e anche il traditore e il nemico del suo corpo.

Uno chef, come un gran sacerdote, purificava il corpo e liberava l'anima. E poi diceva a Dio di andare al diavolo e intrappolava di nuovo l'anima in una pozione magica di sua creazione. La zuppa incarnava tutto ciò. Ecco perché, per essere un vero chef, bisognava essere maestri nella preparazione delle zuppe. Una zuppa non era niente meno che un'anima dissolta e presentata al palato come un gusto, eternamente imprigionata in una base fragile e ordinaria. Scosse il capo, stupito della genialità di quella pensata. Perché non l'aveva capito prima?

Cominciò a sentire il corpo leggero e, mentre brandiva la mannaia sulle carni, sentiva le dita formicolare e la testa sul punto di scoppiare. Poi, quando aveva quasi finito, sentì degli occhi trafiggergli la schiena. Aumentò la presa sulla mannaia. Sua moglie e Graciella lo fissavano.

«Cosa c'è? Avete finito quello che dovevate fare?» chiese brusco.

«Cosa si mette esattamente in un pollo seducente?» chiese Graciella sorridendogli nervosamente.

«Ah sì. Ovviamente vuoi annotartelo, no? Hai finito di preparare il fondo di cottura?» le chiese, fissandola minaccioso.

«Pur essendo noioso da preparare», fece lei, facendogli abbassare lo sguardo, «è necessario per il successo del ristorante, quindi va fatto».

Il suo autocontrollo lo sgonfiò. Avrebbe preferito che gli tirasse coltelli, gli strappasse la mannaia di mano, lacrime, capitolazione totale, paura, sudore, terrore. «Non so ancora», rispose sincero, «ma visto che l'arte della seduzione si basa sul raggiro, il pollo dovrà essere ripieno. E visto che la seduzione dipende da passione, gelosia e malvagità, lo riempirò di cose verdi, rosse e nere, sovrastate dalla carne bianca del petto». Si interruppe e le guardò con fare beffardo. «Ma di sicuro non potete aver già finito tutto quello che vi ho chiesto di fare, no?»

Riluttanti, le donne si allontanarono.

«Facci sapere cosa usi per il ripieno, così possiamo annotarlo», disse sua moglie.

Marcello non rispose. Annotarlo... certo. Voleva rubare la sua immaginazione, pensò. Ma era una sciocca. Non capiva che l'organo pensante, quando si trattava di cibo, era il naso.

Stava rimuovendo l'ultimo osso quando sentì un passo leggero alle sue spalle. Voltandosi di scatto vide la figlia minore. Sembrava che stesse per fargli una domanda. Sarà davvero dalla mia parte? si chiese. Decise di scoprirlo. «Vieni, figlia mia, lascia che ti faccia vedere come metto a marinare il pollo». Le prese la mano e la condusse dall'altra parte della stanza.

La seconda fase per separare il sapore dalla carne era la marinata. Marcello credeva fermamente nell'importanza della marinata, anche se certi cuochi la trascuravano del tutto. Ora capiva il perché: la marinata induceva i fluidi segreti del pollo a uscire. Felice della propria intuizione, preparò una semplice marinata di olio, vino, erbe, aglio e scorzette d'arancia, e vi immerse il pollo. L'arancia e l'aglio avrebbero fatto uscire rispettivamente la dolcezza e la passione del volatile, mentre il vino avrebbe purificato i sapori. L'olio era un grande pacificatore, perché riconciliava l'anima del pollo con i suoi nuovi compagni di ricetta. Sospirando, pensò a quanto gli sarebbe piaciuto condividere quelle intuizioni con sua moglie. Erano stati sempre così vicini, avevano costruito insieme un grande ristorante. E ora che il suo genio era all'ultima fioritura, al culmine del trionfo, che l'avrebbe sicuramente reso famoso, non poteva condividerlo.

«Maledizione a lei», borbottò.

«Sì, papi?» disse educatamente Amanita.

«Cosa?» Si era dimenticato di lei. Era sempre così silenziosa. Le lanciò un'occhiataccia, desiderando che ci fosse sua moglie al posto della figlia.

«Volevi qualcosa?» gli chiese.

«No», rispose lui accigliato.

«Vuoi che vada via?» domandò nervosa.

«No». La guardò. Sembrava pronta alla fuga, e a Marcello fece venire in mente un uccellino dalle piume brune. Rise e la afferrò per le spalle. «Oh, uccellino mio. Posso fidarmi di te?»

Lei lo fissò impaurita.

Marcello la lasciò andare di scatto. «Oh, che diavolo, anche la volpe ha un amico. Ora, ascoltami bene», disse, picchiando il pugno sul bancone per toglierle la paura dagli occhi. «Il segreto della buona cucina è prendere l'ultimo soffio di vita di una creatura e inchiodarlo in un letto di sapori complementari, in modo che giaccia inerte e impotente mentre viene consumato», disse ad Amanita in un bisbiglio.

«Che orrore!» ansimò Amanita, chiedendosi se il suo amato padre non fosse davvero impazzito.

«È la vita, non è orribile», le spiegò. «Non devi aver paura della vita, altrimenti lei ti scova e poi ti divora. Anche la vita è un cacciatore».

Amanita non aprì bocca, perciò lui proseguì. «La marinata è il primo passo nel processo di fissaggio. Circondi la vittima di antagonisti potenti. Devi intimidirla con la loro presenza, poi, pian piano, versi sopra il grasso. La vittima è troppo occupata a combattere i nemici più ovvi e non nota la presenza del traditore, finché non è troppo tardi. Il grasso si apre un varco nella carne e permette alle spezie di penetrare. Questo, mia cara figlia, è il segreto della marinata».

Amanita non resse più. Borbottando qualcosa di incoerente, corse via. Marcello la guardò allontanarsi, frustrato. Che bambina schifiltosa! Decise di lasciarla perdere. Sua figlia avrebbe capito in seguito cosa si stava perdendo.

Poi si concentrò sulla zuppa. Aveva deciso di optare per un semplice consommé d'anatra. Nulla poteva essere più sacro di un consommé, la cui autorità indiscussa stava nel fatto che assorbiva l'essenza della creatura, il suo odore, e la fissava in modo trasparente in una base umile come l'acqua. Il consommé non si mangiava e nemmeno si ingoiava, il consommé si inalava come l'incenso. Era il gusto, puro, dell'anima. Per questo era così delicato, così ingannevolmente semplice.

Tagliò l'anatra, tolse la carne del petto e delle zampe e, mettendo da parte i pezzi carnosi, la immerse in acqua fredda. I consommé erano incredibilmente difficili da preparare. I legami che univano l'essenza della creatura all'acqua erano fragili: qualche ortaggio, un mazzetto di odori, una lacrima d'aglio e qualche granello di pepe nero. Per questo motivo gli chef preparavano di rado il consommé. Marcello fissò gli ingredienti assemblati davanti a sé e rabbrividì. Si diceva che i consommé fossero associati all'anima del cuoco. Se il cuoco non si dimostrava abile, il consommé non si chiarificava.

Marcello mise la pentola sul fornello e accese il gas. Sperava che le verdure fossero abbastanza forti da intrappolare l'anima dell'anatra. Con un tuffo al cuore si ricordò di quanto erano spenti gli ortaggi che aveva comprato al mattino. Incrociò le dita e pregò la fortuna di non abbandonarlo.

«Ssst, guardalo, incrocia le dita e prega. Deve essere impazzito... non ha mai messo piede in una chiesa in vita sua», sussurrò Graciella a sua madre dietro la porta della cucina.

Madame Tocinelli sbirciò dalla finestrella della porta e d'istinto si fece il segno della croce. «Pregare non gli farà male. Ha una mole di lavoro enorme davanti a sé, questa sera».

«Ma non è tutto. Ho parlato con Amanita. È terrorizzata, poverina. Continua a parlarle di cacciare, uccidere cose e mangiare le loro anime. Penso... penso che sia diventato cannibale».

«Non essere sciocca. È tuo padre», ribatté Madame Tocinelli seccata.

«Non sembra», borbottò Graciella.

Madame Tocinelli si riaffacciò alla finestrella e osservò ansiosamente il marito.

Dalla zuppa, Marcello era passato alla fricassea di gamberi. Mise i gamberi interi in un semplice brodo, aggiunse vino bianco e un mazzetto di odori e li lasciò sobbollire gentilmente. Per Marcello questa era la fase più spirituale della cucina, perché in quel caso l'ingrediente magico era il vino. Il vino diventava l'offerta sacrificale che rendeva il resto del pasto un successo. Da sola, l'acqua non riusciva a ritenere i sapori di ossa e verdure rilasciati durante la bollitura, ma quando si aggiungeva il vino, l'alcol evaporava e sostituiva il gusto, inducendo ossa e verdure a cedere le proprie essenze all'acqua invece che all'aria. Nel processo rimaneva ben poco del vino, ma si otteneva una base deliziosa che poteva essere affinata o diluita a seconda della necessità, e usata come acqua santa per rianimare lo spirito del morto.

Alla fine Madame Tocinelli si voltò verso la figlia. «Guardalo, sta bene. Non farti prendere da strane fantasie. Vai e osservalo attentamente. Impara, ha molto da insegnarti».

Graciella spinse controvoglia la porta ed entrò in cucina.

Marcello aveva appena finito di condire il vitello e il maiale. «Ah, eccoti», disse, sorprendendola. Poi incominciò a preparare il ripieno per il pollo. Tagliò finemente il finocchio e i cipollotti verdi stufati, poi tritò il maiale e le mele, mentre il pane sbriciolato e le noci arrostivano sotto il grill. Nel frattempo tolse i gamberi dal fuoco, li mise a raffreddare e scremò le impurità dalla superficie del consommé. A un tratto si rese conto di sudare abbondantemente. Si asciugò la fronte e imprecò sottovoce. Graciella gli passò un asciugamano e gli fece un sorrisino.

Prese l'asciugamano con gratitudine. «Allora, ti senti meglio?» le chiese burbero.

Lei annuì, non si fidava della propria voce.

«Bene». Scaldò il burro e ci gettò le cipolle. «Dammi i petti di pollo».

Quando lei glieli porse, Marcello li tagliò rapidamente a tocchetti e li buttò in padella insieme al maiale e agli altri ingredienti. Fissò il contenuto della padella e sorrise. Là dentro gli elementi, opposti e incompatibili, stavano per fronteggiarsi in un violento conflitto. Ma anche la più cruenta delle lotte, pensò con rincrescimento, finiva con il ripristino dell'armonia. Persino la morte era una sorta di armonia, rifletté.

All'improvviso il contenuto della padella incominciò a sfrigolare e Marcello si concentrò sulla preparazione. Le ci polle furono le prime a essere buttate nella mischia, e rilasciarono un alone di vetriolo verde. Seguirono le mele e il finocchio. Marcello gettò in padella anche il pangrattato misto alle erbe e i tre elementi circondarono i nuovi venuti e li attaccarono. Nel frattempo, il maiale e il pollo si trattenevano. Marcello aggiunse un po' di grasso d'oca per stimolarli. Il maiale fu il primo a reagire, attirando il grasso, risucchiando il falso amico. Il grasso trascinò gli altri sapori e, prima che il maiale potesse difendersi, la battaglia era terminata. Insieme si buttarono sul pollo. Ma la forza degli altri, uniti, ebbe subito la meglio.

Chi era il vincitore? rise Marcello. Nessuno. Erano tutti ridotti a una singola massa, ancora in fermento, caotica e instabile all'interno, ma esternamente la battaglia era finita.

Aggiunse qualche goccia di vino per fissare il gusto e ancora un po' di condimento. A giudicare dall'odore, gli sembrava un po' insipido.

«Da questa fase in poi», disse a Graciella, rimettendo la padella sul fuoco, «il processo di cottura è tutto dissoluzione e ricostituzione. Dopo aver indotto con un sotterfugio la carne a rilasciare il suo sapore essenziale, lo dissolvi in burro, vino o panna, e poi lo riduci per ricostituire il sapore, isolato in una nuova base».

Graciella scosse il capo. «Non capisco», mormorò sconsolata, chiedendosi cosa fosse successo a suo padre per farlo parlare così.

«Perché così quello che ottieni è dieci volte più potente di quello che avevi all'inizio; avendo perso l'essenza, il corpo, il sapore è puro, così puro che il palato umano non può accettarlo, è come un veleno, perciò va diluito di nuovo. Quindi lo uniamo a un ingrediente complementare in modo che il gusto rimanga ma sia gradevole al palato, perché contiene, nascosto in sé, l'elemento chiave che fa la differenza, il punto nero al centro del sole». A quel punto fece una pausa e la guardò impaziente, aspettandosi dei complimenti.

Invece la sentì dire: «Papà, mi sembra che stia per bruciare».

«Certo che no. Quello che senti, mia perspicace ragazza, è il fuoco interiore risvegliato dalla cottura, il fumo nero della putrefazione che costringe il gusto a uscire dal corpo. Un bravo cuoco lo sa, e aspetta che un velo di bruciato gli dica che tutti gli ingredienti vanno bene e che il fuoco ha fatto il suo lavoro. Ora dobbiamo inumidirlo, in modo da fissare il gusto». Fece per prendere il brodo e, con orrore, notò che il contenuto della padella stava effettivamente bruciando ai bordi e sotto. Spostò in fretta la padella dal fuoco e vide che si era dimenticato di abbassare la fiamma. Imprecò sottovoce e, dopo aver annusato il contenuto della padella con fare guardingo, emise un sospiro di sollievo. «No, non è bruciato». Tolse la padella dal fornello e aggiunse le erbe fresche e le noci. In una piccola casseruola fece cuocere le spugnole in burro e finocchio, poi cucinò i peperoni rossi.

Quando gli ingredienti furono abbastanza freddi, li mescolò, verde, rosso e nero, e portò il ripieno al bancone, dove giacevano i polli già svuotati. Graciella lo seguì con aria infelice. Marcello procedette poi con il delicato compito di riempire e ricucire i volatili. Infine, li unse abbondantemente con il grasso d'oca, godendosi la sensazione della pelle scivolosa dell'animale sotto le dita e immaginandosi il gusto del prodotto finito.

«Il segreto della buona cucina», disse a Graciella in tono espansivo, «è il grasso. Senza di esso non ci può essere cibo. È il grande pacificatore, la spia, l'arma segreta del cuoco. Proprio come l'amore è l'arma segreta del cacciatore». La guardò attentamente mentre lo diceva, sperando di cogliere nel suo sguardo un velo di senso di colpa.

Ma non ne vide traccia. Le donne, pensò amareggiato, erano viscide come i pesci. A un tratto si ricordò dei gamberi e smise bruscamente di ungere la carcassa. «Finisci di preparare questi e mettili nella casseruola con le verdure. Bada che non li tocchi nessuno», ordinò, precipitandosi a occuparsi dei gamberi. Ma Amanita lo aveva preceduto. «Cosa ci fai qui?» la aggredì.

«Niente. Ho solo spento il gas», rispose lei, pulendosi nervosamente le mani sul grembiule. Marcello notò che aveva delle macchie fresche.

«Sei sicura di aver fatto solo quello?» le chiese, sperando di sembrare minaccioso, e afferrò la padella annusandola con fare sospettoso. C'era qualcosa di diverso, ma non riusciva a capire esattamente cosa fosse sbagliato. Imprecò a bassa voce.

Sgusciò con cura i gamberi e li immerse nel burro per mantenerli morbidi. Gli si prospettava una serata irta di perfidie e pericoli.

Alle sei meno un quarto la cucina cominciò a riempirsi. I camerieri arrivarono per primi, poi i lavapiatti, che si muovevano più lentamente e si parlavano in un miscuglio di lingue straniere. Marcello tolse le verdure dalla padella e le mise in una ciotola, coprendole attentamente. Non si poteva mai essere troppo cauti con gli stranieri: le loro lingue aliene avrebbero potuto corrompere il suo cibo costruito con cura. Tornò ai fornelli. I polli lo stavano aspettando, con le frattaglie lavate e gli ortaggi disposti tutt'intorno. Aggiunse vino, brodo, odori e un pizzico di sale. Poi infilò con cautela i polli nel forno e, soddisfatto, tornò alla zuppa.

La filtrò rapidamente e la rimise sul fuoco. Il liquido era già traslucido. Felice, preparò le polpette e la base per la chiarificazione. Dopo aver cotto le polpette, aggiunse il miscuglio per la chiarificazione al liquido e lo lasciò andare in ebollizione lentamente, rimestando di continuo. Quando il bianco d'uovo formò una crosticina soffice, si fermò ed emise un sospiro di sollievo.

«Com'è?» chiese sua moglie, comparendo all'improvviso al suo fianco.

«Eh?» La catena dei suoi pensieri si spezzò. Guardò il viso di sua moglie e scoppiò a ridere. All'improvviso fu colpito dal lato umoristico di quella situazione.

Lei sembrava a disagio. «Cosa c'è di così divertente?»

«Stavo pensando a questa», disse annuendo in direzione della zuppa. «L'essenza di una creatura vivente intrappolata in una base di comunissima acqua. È un miracolo. E mi sono reso conto di come funziona grazie a te».

Sembrava dubbiosa, poi il suo viso si schiarì. «Posso... posso assaggiarla?» chiese impaziente.

«No. È sacra. Non voglio che la assaggi».

«Ma mi lasci sempre assaggiare la zuppa».

«I rituali sono per le persone religiose. Io non ne ho bisogno».

Per un secondo, il viso di sua moglie si raggrinzì, poi si riprese. «Hai amato i nostri piccoli rituali per trent'anni. La pagherai per averli voluti distruggere», gli disse. E si allontanò a grandi falcate.

Marcello la fissò preoccupato. Cos'aveva in mente? Di certo era brava quanto lui nella caccia, forse anche migliore. Alla fine della serata l'avrebbe saputo. Poi si ricordò di Amanita, così innocente, così simile a un uccellino, così silenziosa. Non aveva nulla di cui preoccuparsi, decise.

Sua moglie arrivò con gli occhi scintillanti. «I Martin sono arrivati. Spero che tu sappia quello che fai», sibilò. Prima di andarsene, si chinò, estrasse la bottiglia di champagne che lui aveva nascosto e se la portò via.

Che bella liberazione! pensò Marcello. Rimanendo sobrio avrebbe potuto tenere sotto controllo quelle donne. Con gesti rapidi passò la zuppa al setaccio e aggiunse il cognac e un goccio d'olio di timo. Il liquido risultante era più che sacro, era divino, pensò trionfante. Versò di nuovo la zuppa nel calderone e ci mise sopra il coperchio. «Tieni gli occhi aperti. Fa' in modo che nessuno tocchi la zuppa», disse al fedele addetto alla griglia turco che l'aveva aiutato a tenere il setaccio. L'uomo annuì nervosamente. Marcello andò ai forni a controllare i polli. Aprì lo sportello e si lasciò travolgere dal profumo. Sembrava che ci mettessero più tempo del solito ad arrostire. Alzò lievemente la temperatura e andò ai fuochi. L'ultima fase del gioco stava per cominciare. E per ora, pensò, lui era in netto vantaggio.

Avanzò con passo regale verso i fornelli. Graciella e Amanita erano già ai loro posti. L'aria ronzava di emozioni represse. Entrambe le ragazze sembravano lievemente impaurite, e non si guardavano. Il primo piatto era il consommé. «Preparalo», disse alla figlia maggiore. Graciella annuì obbediente e scomparve. Padre e figlia rimasero ai fornelli, intrappolati in un breve lasso di tempo. Marcello si chiese dove fosse stata Amanita per tanto tempo. L'avevano forse tirata dalla loro parte, trasformata in una spia doppiogiochista?

«Sai cosa significa il tuo nome?» chiese Marcello alla figlia minore.

Amanita strinse le palpebre. «Un tipo di fungo?»

«È uno dei preferiti dei cacciatori. Sai perché?»

Amanita scosse il capo.

«Perché ce ne sono tanti tipi. Alcuni sono mortalmente velenosi, altri deliziosi, altri ancora, come l'*Amanita muscaria*, sono allucinogeni e venivano usati nell'antichità per entrare in contatto con Dio. L'*Amanita caesarea*, invece, è un fungo saporito, molto apprezzato sulla tavola di qualsiasi cacciatore. Ma i cacciatori poco abili spesso confondono l'*Amanita phalloides* per la *caesarea* e, misteriosamente, rimangono stecchiti».

«Mio Dio, e se...?» Amanita impallidì.

«Non preoccuparti. Io non potrei mai confonderli. Ma gli umani sono più difficili da conoscere, diversamente dai funghi». Si interruppe, all'improvviso nervoso. «Dimmi, mia selvatica, silenziosa bambina, di che tipo sei tu?»

Amanita balzò indietro e si guardò intorno impaurita. Non c'era nessuno nei paraggi. Nessuno che potesse venire in suo soccorso. «Cosa intendi, papà?» chiese.

«Cosa c'è da capire?» chiese Marcello infastidito. «Ti ho rivelato i miei segreti. Cose che non direi a nessuno, nemmeno a tua madre o a tua sorella. Ti voglio al mio fianco. E sono pronto a pagare la tua lealtà con i miei segreti».

«Certo che sto dalla tua parte, papà».

Ma non lo guardò mentre lo diceva. Marcello ci riprovò. «Brava. Mi fido di te, pian piano ti rivelerò i segreti del mio successo». Si leccò le labbra. «Ora dimmi, cos'hanno in mente?»

La paura si dipinse sul volto della ragazza.

«Non preoccuparti», fece lui. «Non lo saprà nessuno oltre a me. Ma per essere un grande artista bisogna pagare un prezzo. E qualche volta il prezzo è il tradimento. Spesso è questo il prezzo da pagare, per i migliori», la rassicurò.

Amanita aprì e richiuse la bocca come un pesce.

Marcello si voltò. Graciella era alle sue spalle.

«Cosa vuoi?» la aggredì, voltandosi verso di lei. «Non posso parlare in privato con mia figlia senza qualcuno che origlia? Ho detto che avrei annotato tutto, no? Ma di certo non posso farlo nel bel mezzo di un pasto da preparare. E poi non durante un pasto così».

Graciella sembrava ferita. «Sei pazzo. Completamente pazzo», sbottò, precipitandosi di nuovo nell'area degli antipasti.

«Certo, è questo che vuoi far pensare a tutti, giusto?» le gridò dietro lui, immaginando di torcerle il collo.

Ma non c'era tempo per lasciarsi distrarre, si disse con fermezza. C'era della gente affamata che aspettava di vedere il suo genio all'opera. Un banchetto di nozze doveva essere un evento da ricordare. Diede un'occhiata alle ordinazioni: due insalate sfinge, due *soupirs d'innocents*, e il resto crêpe all'anatra. Seguite da tre vitelli, tre maiali e due fricassee di gamberi, e gli altri prendevano il pollo. Sarebbero stati occupati, persino Graciella. Marcello bisbigliò ad Amanita: «Vieni a guardarmi cucinare. È ora che impari tutti i miei segreti».

Lei annuì riluttante, senza alzare lo sguardo.

Quando arrivò, Marcello stava già facendo saltare il vitello. Per un attimo si chiese perché ci avesse messo tanto. Poi accantonò il pensiero. «Ah, sei arrivata giusto in tempo. Stavo per cominciare la salsa». Tolse il vitello dal fuoco e lo mise su un piatto separato, poi aggiunse ai succhi del vitello un po' di scalogno e un goccio di burro di noci. «Il segreto di una buona salsa», disse ad Amanita, «sta nell'assicurarsi che ci sia molto burro per ammorbidirla. È quello che cattura il gusto e lo mantiene fresco. È lo stesso principio dell'imbalsamazione. Il grasso conserva qualsiasi cosa gli venga messa dentro». Aggiunse il vermut e la salsa e lasciò restringere il tutto fino a ottenerne due tazze. «Ora guarda», le disse, «ecco il punto in cui le salse, come due figli degli stessi genitori, diventano diverse, cambiano carattere». Divise la salsa in due porzioni. Aggiunse dragoncello e finocchio in una e la lasciò bollire finché il liquido profumato non cominciò a fumare, mentre nell'altra porzione mise pomodori, aglio e senape. Appena prima di toglierla dal fuoco aggiunse la panna. La salsa diventò di un bel colore rosato. Marcello sospirò, incapace di contenere la propria ammirazione.

«Non la assaggi?» gli chiese Amanita.

«Certo che no, il naso mi direbbe se ci fosse qualcosa da aggiungere. Il gusto è una creazione della fantasia, non della bocca».

«Posso... posso assaggiare io?» fece lei, sopraffatta dalla curiosità. Marcello, irritato, stava per rifiutare. Poi si ricordò che doveva tenerla dalla propria parte. «Va bene. Solo perché così saprai che gusto deve avere in futuro. Quando ci sbarazzeremo degli altri saremo solo tu e io a fare tutto».

Amanita sbatté le palpebre. «Solo... solo tu e... io?» balbettò.

«Certo. È quello che vuoi, no?»

Ad Amanita girava la testa. Suo padre non era pazzo, era malvagio. Decise che avrebbe raccontato tutto a sua madre. Assaggiò rapidamente le salse e si rese subito conto che nella seconda c'era troppa senape. Il cuore cominciò a batterle all'impazzata. Fu salvata da Graciella, che chiamò Marcello al bancone degli antipasti per fare la salsa delle *crêpes à l'oriental.* Amanita sentì il proprio corpo distendersi per il sollievo. Si mise subito al lavoro per diluire la salsa con la panna e correggere l'errore.

Nel frattempo, Marcello si stava divertendo a punzecchiare Graciella.

«Cos'ha la salsa di così speciale che io non posso fare?» gli chiese accigliata.

«Creare una salsa richiede immaginazione. Richiede imprevedibilità. Tu non hai né l'una né l'altra», ribatté lui.

Graciella arrossì. «Davvero? Come puoi esserne così sicuro?»

«Ti conosco. Sei come la pasta di pane, ti appiccichi ad altri del tuo tipo e aspetti un uomo che ti strappi via e ti impasti». Vide il viso di Graciella incupirsi e cambiò subito argomento. «È pronto lo zenzero?»

«Sì, eccolo», disse e fece per passarglielo con un gesto brusco, ribelle. Quando Marcello stava per afferrare la ciotola di vetro, lei se la lasciò scivolare via dalle dita.

«Buon Dio! Cos'hai adesso?» le chiese Marcello.

«Volevi imprevisti? Eccoteli», replicò lei freddamente.

«Sparisci dalla mia vista prima che mi arrabbi tanto da rovinare la salsa».

Lei se ne andò ridacchiando e in dispensa si scontrò con la madre e la sorella.

«Ho assaggiato la salsa delle scaloppine di vitello, era completamente sbagliata. Il dragoncello schiacciava tutti i sapori in una salsa, la senape nell'altra», spiegò Amanita ansimando.

Madame Tocinelli rimase a bocca aperta. «È impossibile. Dovrebbe star male per fare un errore così banale, e se fosse malato me ne sarei accorta».

«Allora magari non è un errore», disse Graciella cupamente. «Magari lo fa apposta».

Madame Tocinelli e Amanita sembravano sconvolte. Graciella, furiosa, sostenne il loro sguardo. Poi Amanita divenne pian piano rossa come una barbabietola, e incominciò a mordersi il labbro con fare colpevole.

Graciella la guardò. «Ah! Lo sapevo. Tu ne sai qualcosa, no? Sai che ho ragione».

«Di cosa parli?» Madame Tocinelli si rivolse alla figlia minore.

«Graciella ha ragione. Io... è una lunga storia. Troppo lunga per raccontarvela adesso», disse Amanita stancamente. «Ma a quanto pare papà pensa che tu e Graciella stiate cercando di sbarazzarvi di lui».

«Ah, ecco cos'è». Il viso di Madame Tocinelli si illuminò. «Venite, dobbiamo mettere subito fine a questa farsa».

«Oh mamma, ti prego, non ora», la implorò Amanita, «altrimenti saprà che te l'ho detto. Lui... penserà che l'ho tradito».

«E allora?» sbottò Madame Tocinelli impaziente.

«Dobbiamo farlo uscire dalla cucina prima che ci rovini, non dopo», aggiunse Graciella.

Amanita la fissò sdegnata. «Non puoi. Non a metà pasto, e poi soltanto lui sa come preparare gran parte dei piatti».

«Non importa. Possiamo inventare il resto. Dovremmo essere brave quanto lui, se non di più, visto che lo osserviamo da quando siamo piccole», replicò Graciella. «E poi si è rimbambito, è l'età. Pensa di essere un cacciatore. Mi ha detto che solo i cacciatori possono cucinare. Ve lo immaginate. Quel vecchio grassone di papà che va a caccia».

«Non è rimbambito», scattò Amanita, «ed era un ottimo cacciatore. Me l'ha detto lui. Gliel'ha insegnato suo padre».

«Davvero? Hai mai sentito di un cacciatore che fa il cuoco?» sibilò Graciella.

«Va... va a caccia di funghi. Ne ha presi un sacco intero ieri, ed era troppo timido per dircelo. Devi avere un buon naso per quello, proprio come... come...» Amanita balbettò arrossendo.

«Un cacciatore di funghi», scoppiò a ridere Graciella con fare sprezzante. «Prima di incontrare la mamma faceva l'assistente di un macellaio, piccola stupida che non sei altro. Ha fatto solo quello».

Amanita diventò ancora più rossa. «Ma è un bravo cuoco. Lo controllerò, in modo che non faccia altri errori».

«Ma davvero? E come farai? Ti taglia la testa se ti vede pasticciare con le sue salse».

«Smettetela, smettetela tutte e due, non esagerate», disse la madre, cercando di placarle. «Amanita ha ragione. Lasciamo che lo controlli». Si interruppe e sorrise a Graciella. «E stanotte gli parleremo. Insieme».

Nel frattempo, per paura dei danni che Graciella poteva combinare con i suoi piatti, Marcello si affrettò a terminare la salsa. Mise nella padella zenzero, cannella, noce moscata e cumino. Poi versò il vino e il brodo concentrato, aggiunse il liquore all'arancia e i grani di pepe nero e lasciò sobbollire il composto. Quando gli aromi ebbero assunto un'identità unica, tolse la salsa dal fuoco e aggiunse la panna e lo zafferano. La rimise per un attimo sul fornello e la sbatté con poco burro di noci. Eppure non era soddisfatto. C'era qualcosa di sbagliato. La sua *sauce orientale* era un falso, lo sentiva dall'odore. Avrebbe voluto poterle cambiare nome, ma i menu stavano già circolando tra gli ospiti e lui era nel bel mezzo di una battaglia, cercando disperatamente di tenersi aggrappato a ciò che amava di più. Aggiunse ancora un po' di brodo e di condimento, nella speranza che la salsa si riprendesse un poco, e la versò sulla crêpe. Sistemò a lato due fette d'arancia e una foglia di menta e suonò il campanello per il cameriere.

Ma invece del cameriere comparve sua moglie, e prese il piatto.

«Ah, no, tu no». Marcello si allungò e le prese la mano. «Fallo portare al cameriere».

«Perché? Servo sempre io i clienti speciali. Te lo sei dimenticato?»

Stava per lasciarla andare, poi cambiò idea. I cacciatori non seguono le abitudini delle altre persone. Ecco perché era cambiato, perché aveva seguito le abitudini di sua moglie.

«No, fallo portare al cameriere, o lo farò io stesso».

All'improvviso Amanita comparve di fianco a sua madre. «Lo porto io, mamma», disse con calma.

Marcello la guardò attraversare le porte che conducevano alla sala da pranzo e il suo sorriso si allargò. Amanita era proprio brava come doppiogiochista.

Nel corridoio che portava alla sala da pranzo, Madame Tocinelli trovò ad aspettarla la figlia minore. Il cuore le si strinse.

«Che succede adesso?» domandò.

Amanita glielo spiegò velocemente.

Madame Tocinelli sbiancò. «Oh, no. Come faccio ad allontanarlo per un quarto d'ora?»

«Mamma, devi provarci», insisté Amanita. Madame Tocinelli si voltò mordendosi il labbro.

Intanto Marcello stava facendo allegramente saltare le braciole di maiale. Per essere un animale così brutto, pensò, la sua carne era incredibilmente dolce, il gusto delicato, quasi femminile. Non vedeva l'ora di attaccare i succhi, di trasformarli in qualcosa di fiorito, piccante, edonistico, una delicata salsa color salmone che si adattasse al fragile, quasi innocente sapore del maiale. Guardò i succhi vitali dell'animale che colavano lentamente dal suo corpo. «Marcello, dobbiamo parlare». All'improvviso sua moglie era davanti a lui.

Si voltò e la guardò di traverso. «Siamo nel bel mezzo di una cena».

«Non m'importa. Devo parlarti subito», insisté lei, leccandosi nervosamente le labbra.

Marcello socchiuse gli occhi. Di che cosa intendeva parlargli? Voleva una tregua o aveva in mente di intrappolarlo di nuovo? All'improvviso si ricordò una frase che diceva sempre suo padre: quando un uomo comincia a preoccuparsi si aggrappa alle cose, e quando si aggrappa è destinato a sfinirsi. Un cacciatore non si preoccupa mai. Sa che riuscirà sempre ad attirare le prede nelle sue trappole. Preoccuparsi equivale a diventare una vittima.

Raddrizzò la schiena. «Va bene. Dammi cinque minuti e sono da te», borbottò poco gentilmente.

In padella, i succhi dorati turbinavano lentamente intorno alle braciole, indecisi su dove andare. Con gesti rapidi, Marcello fece scivolare la carne in un piatto e rimise la padella sulla fiamma, togliendo l'unto con un goccio di vermut. Separati dalla carne che li teneva insieme, i succhi si misero a danzare in padella in un'agonia di desiderio. Marcello sorrise e aggiunse le cipolle e i funghi stufati. L'aroma languido del maiale cozzava violentemente con i profumi di cipolle e funghi. Dalla padella si levò una nuvoletta di vapore. Marcello osservava la battaglia e, senza volerlo, il suo sguardo deviò sulla moglie. Questa era una guerra da cui non sarebbe emerso nessun vincitore, pensò cupamente. Improvvisamente come erano esplosi, i profumi si annientarono l'un l'altro. Marcello aggiunse un goccio di grasso d'oca per rianimare la loro passione. I sapori sembravano ancora poco esaltati e Marcello decise di lasciar sobbollire il liquido. Dopo qualche istante, sentì l'aroma salire verso di lui saturo di desiderio e di consapevolezza della perdita, dell'incompletezza.

«Ah, pronto!» borbottò trionfante, prendendo la panna.

«Cosa?» chiese sua moglie.

Lui alzò lo sguardo infastidito. «Niente. Ho solo detto che è pronto».

«Pronto per cosa?»

Marcello si accigliò. «Per la prossima fase». Versò la panna e aggiunse una spruzzata di noce moscata. La panna formò un tranquillo laghetto nel liquido in ebollizione. Rimestò e sentì la tensione che si allentava nella padella man mano che la panna veniva assorbita nel liquido, sedotto dalla placida allegria della panna. Alla fine aggiunse lo zafferano e la salsina di miele. Osservando un ardore appassionato formarsi sulla superficie del liquido, alzò lievemente la fiamma e vide aumentare la sua impazienza. Marcello sentiva la gioia ribollire dentro di sé. I suoi occhi si riempirono di lacrime. Anche se l'aveva preparata un'infinità di volte, quel momento, quando la salsa era pronta per l'ultimo e massimo ricongiungimento, lo emozionava fino alle lacrime. L'amore era amore, dopotutto, quale che fosse il petto da cui sgorgava. Coloro che conoscevano la differenza tra passione e amore rimanevano per sempre uniti nel suo ricordo.

D'istinto si voltò verso sua moglie, e gli si strinse il cuore. Lei distolse lo sguardo, fingendo di non averlo fissato fino a quel momento. Marcello si asciugò in fretta le lacrime, sperando che lei pensasse fosse soltanto sudore.

«Ecco, finisci tu», ordinò ad Amanita, seguendo la moglie in cortile.

Fuori, una luna arancione cavalcava nel cielo. Marcello la guardò sorpreso. Erano anni, forse persino dieci, che non vedeva una luna arancione. Gli ricordò il lago di panna in padella prima che si sciogliesse nei succhi della carne.

Guardò sua moglie. Ai bei tempi, quando suo suocero era a capo del ristorante, lui e Maria, se la notte era rischiarata dalla luna, correvano fuori a fare l'amore. Osservò il suo viso. Non era più quello che ricordava bene, quello che vedeva in sogno ogni notte.

«Ti ricordi...» gli uscì, con tutto il dolore dell'amore perduto.

«Marcello», lo interruppe lei, «devi smetterla immediatamente».

Lui gemette. Non riuscì a trattenersi. Era debole, era un uomo.

«Marcello, mi ascolti?»

«Quando mai non ti ho ascoltato? Se anche mi versassi veleno nell'orecchio, te lo porgerei ancora», disse con amarezza.

«Smettila di scherzare. Non è un gioco. Ti stai rovinando la reputazione, per non parlare del ristorante».

Era troppo.

«Come osi?» ruggì. «Sei tu che complotti alle mie spalle, cercando di buttarmi fuori dal mio ristorante».

Sua moglie sgranò gli occhi.

La soddisfazione di Marcello lottava con la delusione. A volte sapere le cose non dava piacere.

«Pensavi che non me ne fossi accorto?» disse tristemente.

Sua moglie non rispose.

Ma il suo silenzio non fece altro che farlo infuriare ancora di più. «Perché l'hai fatto? Non ero abbastanza bravo?»

«Cosa vuoi dire?»

«Pensi che non veda quello che stai facendo? Ti sei dimenticata come, insieme, aspettavamo e pianificavamo il giorno in cui avremmo preso il posto di tuo padre?»

Lei assunse un'espressione colpevole. Marcello proseguì: «Perché questa segretezza? Avresti potuto fidarti di me. Sono anche figlie mie. Se volevano prendere il mio posto, potevo aiutarle».

«Allora è questo che credi», disse sua moglie. Sembrava triste.

«Non è che lo credo, lo so».

«E come fai a saperlo?» sibilò Maria. «Non c'è niente da sapere».

«E invece sì. Ti ho sentito l'altro giorno dopo pranzo che dicevi a quei clienti che stavo invecchiando, come per suggerire un cambiamento di chef».

«Di che diavolo stai parlando?»

«Del resto, Amanita mi ha detto tutto», proseguì lui.

Gli occhi di sua moglie si accesero.

«Amanita?»

«Certo, lei è la vera figlia del mio spirito. Le insegnerò tutto. La farò diventare lo chef migliore del mondo, anche se è una ragazza».

Madame Tocinelli scrollò il capo. «Non ci credo».

«Allora andiamo a chiederglielo», la sfidò Marcello.

Lei annuì cupamente. Rientrarono, questa volta con Marcello in testa. Amanita era così presa a riparare il danno alla *sauce orientale* che non si accorse dell'arrivo di Marcello. Solo quando lui non riuscì a trattenere un grido e la afferrò per le spalle, si rese conto della catastrofe che stava per scoppiare.

«Nooo!» Suo padre ruggiva come un animale ferito. «Non anche tu!»

Amanita fissò lo sguardo ferito del padre e sentì le lacrime inondarle gli occhi. «Mi... mi dispiace», balbettò. «Stavo solo... cercando di aiutare».

«Aiuto. Non ho bisogno di quel tipo di aiuto». Allentò la presa sulle spalle di Amanita e si rivolse a sua moglie. «Allora era lei la tua arma segreta, giusto? Hai pianificato tutto questo fin dall'inizio, eh? Per carpirmi tutti i segreti prima di sbattermi fuori. Mi congratulo con te».

Il viso di sua moglie diventò rosso. «Ne ho abbastanza di questa farsa, Marcello. Perché non riesci ad accettare la verità? Hai fatto degli errori, tutto qui. Non... non so perché, ma ne hai fatti troppi per ignorarli. O ci dici perché, oppure dovremo assaggiare noi tutto quello che cucini», disse con decisione.

«Volete imbavagliarmi? Non ve lo permetterò mai!» gridò lui. «E tu... tu, traditrice», continuò, voltandosi verso Amanita. «Ti avrei regalato tutti i miei segreti, se fossi stata al mio fianco. Ma eri troppo avida, proprio come loro. Volevi tutto subito, vero?» La afferrò per le spalle e fece per scrollarla. «Vero?»

«Lasciala stare!» Sua moglie accorse come una tigre in difesa della figlia. Marcello abbandonò la presa. Amanita emise un profondo singhiozzo e si allontanò di corsa. Madame Tocinelli fece per seguirla, ma Marcello l'afferrò per un braccio. «Come hai potuto aizzarle contro di me?» le sussurrò con la voce roca. «Perché mi odi così tanto? Non sono un orco come tuo padre. Sarei stato felice di lasciarvi condurre il ristorante. Se solo...»

«Non capisci», lo interruppe sua moglie. «Ti sbagli completamente. Stavo cercando...»

In quel momento Matthias, nervosissimo, si piantò davanti a loro.

«Scusatemi, dov'è il *poulet*? Aspettano già da venti minuti».

Marito e moglie sembravano impietriti.

«Vedi, è tutta colpa tua», borbottò Marcello, il primo a riprendersi.

«Non è vero. Non sarebbe successo se non avessi cambiato il menu».

«Quanto devo aspettare ancora?» chiese il cameriere irritato.

Marito e moglie si voltarono verso di lui simultaneamente e ordinarono, all'unisono: «Lasciali aspettare».

Il cameriere se ne andò, sempre brontolando. Lo guardarono scomparire e poi si affrontarono di nuovo.

«Me lo lascerai fare?» disse Marcello a bassa voce.

Lei distolse lo sguardo, mordendosi le labbra.

«Senti, me ne andrò dopo questa sera», disse Marcello, cercando di assumere un tono conciliante. «Prometto. Non voglio il ristorante. Puoi prendertelo. Ma solo per questa volta, lasciami cucinare come dico io».

«Ma io non voglio...» iniziò sua moglie, ma richiuse bruscamente la bocca.

«Non vuoi cosa? Di che hai paura adesso? Hai vinto», disse lui rabbioso.

Madame Tocinelli lo guardò con tristezza e distacco, poi si allontanò. Marcello sentì il corpo afflosciarsi. All'improvviso la sua voglia di cucinare era sparita. Imbronciato, si costrinse a concentrarsi. Il foglietto rosa dell'ordinazione lo fissava. *Poulet à la seductrice*. Era stato forse il povero sposo a ordinarlo? Sapeva di essere lui la preda e che ora avrebbe perso per sempre la sua libertà? rifletté Marcello attraversando la cucina fino ai forni. Intorno a lui cadde un manto di silenzio. Persino gli aiutanti stranieri sembravano aver percepito quel che succedeva. Marcello li ignorò. Il suo fedele aiutante turco era ancora a guardia dei forni. Vedendo il suo capo si fece da parte.

Nel forno, il pollo scintillava dorato. Perfetto per essere

trinciato, pensò Marcello soddisfatto mentre lo estraeva.

Travasò i succhi in una padella per farli addensare sul fuoco e cominciò a trinciare il pollo. Quando ebbe finito, adagiò amorevolmente le fette su letti di spinaci appena scottati e li decorò con la salsa al finocchio. Poi dispose le patate e le barbabietole tutt'intorno alla carne. Era bellissimo. Suonò il campanello per chiamare Matthias e, mentre lo aspettava, completò gli altri piatti. Poi ne prese due lui stesso e li portò in sala.

Il banchetto nuziale era al culmine e tutti erano un po' alticci. Sorridevano e annuivano l'un l'altro. Qualcuno aveva appena finito un discorso improvvisato. Tutti sgranarono gli occhi quando videro lo chef. Monsieur Martin, con i capelli bianchi che formavano un'aureola brillante intorno al viso arrossato, si alzò. «Un brindisi allo chef», gridò alzando il bicchiere.

«Un brindisi allo chef!» ripeterono gli invitati.

Mounsieur Martin alzò la mano per chiedere il silenzio. «Per ventitré anni...» cominciò. «Ventiquattro», lo corresse sua moglie. «Mi hai detto ventiquattro».

Lui le lanciò uno sguardo accigliato. «No, ventitré. Lo so bene, ho scoperto questo ristorante subito dopo essermi trasferito qui a Ginevra. Ricordo che nei fine settimana guidavo ore per arrivare fino a qui».

«Basta, ti si fredda quello che hai nel piatto!» gridò sua figlia dall'altra parte del tavolo. Aveva ordinato il vitello, notò Marcello. Era davanti a lei, e si stava raffreddando.

«Ah sì. Comunque il succo della storia è che in questo ristorante ho chiesto a mia moglie di sposarmi. Qui ho introdotto mio figlio ai piaceri della vita. Forse è per questo che adesso viaggia e scrive di cibi. Non sono un uomo molto religioso, ma sento che, dopo una vita intera di devozione al cibo, posso definirmi un sacerdote del tempio del buon cibo».

Fece cenno a Marcello di mettere i piatti davanti a suo figlio e alla nuora.

«Un matrimonio», proseguì, «è l'inizio di un viaggio lungo e a volte stancante. Le persone per natura non sono fatte per stare insieme. Come due pietre di fiume, devono sfregarsi l'uno con l'altro per diventare levigate». Gli invitati incominciarono ad applaudire, impazienti di cominciare. «Poi accade qualcosa di magico, nasce una nuova vita, una singola entità, da due persone che prima erano sole». Fece una breve pausa per stringere la mano sottile della moglie. Poi riprese: «Ho quasi finito». Si rivolse a Marcello. «Nella vita ho imparato che non c'è nulla che non si può risolvere davanti a un buon piatto. Un brindisi all'uomo che lo ha creato!» Sollevò il bicchiere e bevve.

«Bravo, bravo», gli invitati pestavano i piedi in segno di approvazione. Matthias servì le ultime portate. Marcello si inchinò lievemente, prese una rosa da un vaso vicino e la diede alla sposa. Ci furono altri applausi, poi il silenzio quando gli invitati posarono gli occhi sui loro piatti. Marcello osservò i loro visi, soprattutto quelli degli sposi. Per questo cucino, pensò. Per questo momento.

Con i visi radiosi per la felicità, gli sposi si sorrisero con gli occhi. Lui fu il primo ad assaggiare. La sposa lo imitò. Lui impallidì. Prese il bicchiere di vino e ingollò un gran sorso. Dopo qualche secondo, lei smise di masticare e ingoiò il boccone. Gli sposi si fissarono l'un l'altro, poi guardarono Marcello. Il disagio sui loro visi rispecchiava quello che lui sentiva scorrergli nel sangue.

Lo chef si voltò. Si tolse il cappello. Come se avessero vita propria, le sue mani slegarono il grembiule. Nell'atrio prese il suo vecchio cappotto di lana, il cappello, e li indossò. Poi aprì la porta del *Chauldron d'Or* e uscì.

Fuori, la luna era alta nel limpido cielo nero. Marcello alzò lo sguardo, ma non era la stessa luna. Non era, anzi non era mai stata, una luna da cacciatore. Non riusciva a togliersi di mente le espressioni degli invitati. Cos'era andato storto? Cosa l'aveva tradito? Avanzò verso la strada vacillando un poco. Alle sue spalle sentì dei passi leggeri sulla ghiaia. Era sua moglie. Senza dire una parola, lei gli prese il braccio e s'incamminò al suo fianco. Pian piano, Marcello lasciò cadere la testa sulla spalla di lei.

Ringraziamenti

Vorrei ringraziare R.C.C. per avermi spiegato i passaggi più raffinati del procedimento per arrostire un cosciotto d'agnello; V.K. Karthika e Shantanu Ray Chaudhuri, i miei editor, per i loro suggerimenti; Laura Susijn per aver creduto che valesse la pena di scrivere le storie; Charles Buchan e Katha Poggendorf-Kakar per i loro commenti; Philippe Picquier e Simone Manceau per avermi illuminato su ciò che mancava in *Bellezza*; la Charles Wallace India Trust e l'English Department dell'Università del Kent, a Canterbury, per i tre preziosi mesi che mi sono occorsi per finire il libro; e infine mio padre, Prem Shankar Jha: i suoi commenti, la sua competenza editoriale e la sua fiducia sono stati per me una riserva preziosa.

Glossario

Abhishek, unzione, consacrazione, parte della cerimonia d'installazione della statua della divinità nel tempio (in origine anche del re).
Achkan, lungo soprabito maschile abbottonato sul davanti.
Aloopuri wala, venditore di focaccine fritte di patate.
Amma, mamma.
Attar, olio essenziale ricavato dai petali di rosa.
Baba, letteralmente padre, nonno; titolo di rispetto per persona più anziana, in genere rivolto a figure religiose carismatiche.
Barat, festa di nozze.
Basti, città satellite, colonia, insediamento, baraccopoli o anche solo quartiere.
Bechari, poverino, disgraziato.
Beedi, tipica sigaretta indiana, preparata con foglie di tabacco arrotolate a mano.
Beta, beti, figlio, figlia.
Bhai, fratello. Spesso usato come appellativo di affettuoso rispetto.
Bhajan, canto religioso indù, ripetizione del nome del dio.
Bindi, segno rotondo che viene dipinto sulla fronte, tra le sopracciglia. Oggi si trovano in commercio innumerevoli tipi di *bindi* autoadesivi.
Chai, tè.
Chai-pani, letteralmente "tè acqua", può significare colazione o "tè con snack".
Champak, l'albero *Michelia champaca*, dai fiori profumati di colore giallo pallido.
Chappal, ciabatte.
Charas, hashish.
Charasi, venditore di hashish.
Chhota, piccolo.
Chowkidar, guardia, sorvegliante.
Dal, minestra di lenticchie.

Devi, dea, di solito indica la sposa di Shiva, Parvati, nelle sue varie forme.

Dhaniya, coriandolo.

Dhobighat, luogo dove si riuniscono i lavandai, e può essere il greto di un fiume o un serbatoio d'acqua.

Dhoti, indumento maschile tradizionale, consistente in un telo che si avvolge intorno ai fianchi; può essere portato sciolto o fatto passare tra le gambe e rimboccato alla vita.

Diyas, lampada.

Dupatta, sciarpa, foulard, di solito indossato dalle donne appoggiato sulle spalle con i lembi che ricadono sulla schiena, sopra la *salwar kameez*.

Ekadasi, undicesimo giorno di ogni mezzo mese lunare, favorevole per particolari cerimoniali e sacro ai seguaci di Vishnu.

Ghaghra, gonna sottoveste, di solito da indossare sotto la *sari*.

Ghee, burro chiarificato.

Gori, bianca, di pelle chiara, europea.

Gurkha, rajput di religione indù che dominarono il Nepal nel diciottesimo secolo; soldato nepalese nell'esercito inglese o indiano; più generalmente, soldato valoroso, guardia.

Hijra, eunuco.

Holi, festa indù, simile al nostro carnevale, si celebra nella luna piena di Phalgun (dodicesimo mese dell'anno secondo il calendario lunare indù, tra metà febbraio e metà marzo). Nei giorni di holi si festeggia lanciandosi addosso polveri e acqua colorata, si fa largo consumo di alcol e *bhang lassi* (bevanda a base di yogurt e marijuana).

Jagran, veglia.

Jhuggi, baraccopoli.

-ji, suffisso di cortesia, viene posposto al nome proprio o al titolo della persona a cui ci si rivolge.

Kali mata, mata è madre, Kali è la forma terrifica della Dea, della *shakti*, la potenza femminile, consorte di Shiva.

Kirtanam, lode al dio, inno sacro.

Kurta, camicia lunga e ampia, senza colletto.

Laddoo, dolce di forma rotonda a base di latte e zucchero, molto usato come offerta nelle cerimonie religiose.

Lakh, centomila rupie (una rupia equivale a due centesimi di euro circa).

Lehnga, abito femminile, gonna ampia.
Loo o lu, vento caldo estivo, aria calda, onda di calore.
Lungi, pezzo di tessuto lungo fino alle ginocchia che si avvolge intorno ai fianchi, a mo' di perizoma.
Mahadev, invocazione a Shiva.
Mahayagna, grande sacrificio.
Mahout, conduttore di elefanti.
Maidan, spiazzo aperto, più o meno vasto, caratteristico di molte città indiane.
Mandapa, stanza coperta, tenda.
Mangalasutra, testo religioso, che si legge per assicurarsi che l'impresa (il sacrificio) si compia sotto i migliori auspici.
Mohalla, quartiere, strada, località.
Paan, mistura di calce, noce di areca e spezie avvolta in una foglia di *betel* (pianta delle Piperacee con un leggero effetto inebriante) e fermata con un chiodo di garofano. Si mastica lentamente e colora di rosso la saliva.
Paanwala, venditore di *paan.*
Panchayat, consiglio del villaggio, costituito da cinque anziani.
Pandit, pundit, uomo istruito, titolo onorifico. Di solito usato per indicare un uomo istruito sui testi sacri, che può officiare alle cerimonie religiose indù.
Payasam, riso bollito in latte e zucchero.
Pipal, *Ficus religiosa*, grande albero dalle radici aeree. È l'albero sotto il quale Buddha attese l'illuminazione.
Prasadam, offerta rituale.
Puja, preghiera, offerta rituale.
Pujari, addetto alla *puja*, spesso un sacerdote.
Pukka, *pakka*, parola angloindiana con vari significati: maturo, forte, deciso, permanente, appropriato, ben fatto.
Rajput, insieme di varie comunità etniche indù dell'India nordoccidentale.
Rudraksha, l'occhio di Rudra (una forma di Shiva), seme rotondo di un arbusto indiano, usato nelle ghirlande degli shivaiti.
Sadhu, in genere santone itinerante che vive di elemosina.
Sahib, memsahib, angloindiano, signore, signora, in origine bianco, europeo, poi usato come titolo onorifico.
Salwar kameez, abito femminile composto da una lunga tunica e ampi pantaloni allacciati in vita e a volte stretti alle caviglie.

Sambar, zuppa di lenticchie e altri ortaggi che accompagna il piatto principale.
Sanyasi, monaco o persona che ha rinunciato ai beni materiali, che ha abbandonato i legami con il mondo.
Sardar, titolo onorifico dei sikh.
Seth, uomo ricco, mercante.
Shakti, forza, energia, ipostasi della Dea, la consorte di Shiva.
Shehnai, strumento musicale simile all'oboe.
Shloka, distico, di solito riferito a un inno sacro, può anche indicare semplicemente una preghiera.
Sindoor, riga vermiglia che le donne indù sposate applicano nella scriminatura centrale dei capelli.
Tonga, piccolo calesse, o carretto, trainato da un cavallo.
Tongawala, guidatore di *tonga*.
-wala, -walla, suffisso che, posposto a un oggetto o un verbo, indica la persona che a esso è associata per appartenenza, mansione, lavoro, possesso.
Yaar, amico, appellativo affettuoso.

Indice

LE TAVOLE D'ORO

VOLUMI PUBBLICATI

1. Bapsi Sidhwa, *La spartizione del cuore*
2. Nicole Mones, *La donna di Giada* (2ª ediz.)
3. Simon Winchester, *Il fiume al centro del mondo* (3ª ediz.)
4. Sudhir Kakar, *L'ascesi del desiderio*
5. Yukio Mishima, *Stella meravigliosa*
6. Su Tong, *I due volti del mondo*
7. Dorit Rabinyan, *Spose persiane*
8. Tehmina Durrani, *Empietà* (2ª ediz.)
9. Lisa See, *La montagna d'oro*
10. Bapsi Sidhwa, *Il talento dei parsi* (2ª ediz.)
11. Harumi Setouchi, *La virtù femminile* (4ª ediz.)
12. Ha Jin, *L'attesa*
13. Khushwant Singh, *La compagnia delle donne*
14. Pico Iyer, *C'era una volta l'Oriente*
15. Natsume Sōseki, *Guanciale d'erba* (2ª ediz.)
16. Gish Jen, *Non capisco gli irlandesi*
17. Anita Nair, *Un uomo migliore*
18. James Gordon Farrell, *L'assedio di Krishnapur*
19. Radhika Jha, *L'odore del mondo* (2ª ediz.)
20. Ge Fei, *Il nemico*
21. Natsume Sōseki, *Il cuore delle cose*
22. Ha Jin, *Mica facile trovare un ammazzatigri*
23. Mark Salzman, *La spada e la seta*
24. Bapsi Sidhwa, *La sposa pakistana* (3ª ediz.)
25. Ma Jian, *Polvere rossa*
26. Khushwant Singh, *Delhi*
27. Anita Nair, *Cuccette per signora* (5ª ediz.)
28. Nicole Mones, *La fragile bellezza del passato*
29. Bo Caldwell, *Mio padre danzava a Shanghai*

30. Alka Saraogi, *Bypass al cuore di Calcutta* (2ª ediz.)
31. Meera Nair, *Lo scultore della sabbia*
32. Mark Shand, *Il fiume, il cane e il fumatore d'oppio*
33. Indra Sinha, *La morte di Mister Love*
34. Natsuo Kirino, *Le quattro casalinghe di Tokyo* (3ª ediz.)
35. Jeffrey Tayler, *La valle delle casbah*
36. Ha Jin, *Pazzia*
37. Uzma Aslam Khan, *Trasgressione*

Finito di stampare
nel mese di gennaio 2004
per conto di Neri Pozza Editore, Vicenza
dalla Milanostampa di Farigliano (Cuneo)
Printed in Italy